LE SANG
QUI TUE

Données de catalogage avant publication (Canada)

McDuff, Johanne

Le sang qui tue

Comprend des réf. bibliogr. et un index

ISBN 2-89111-633-X

1. Sang - Transfusion - Complications et séquelles - Canada. 2. Sida - Transmission. 3. Banques de sang - Canada - Qualité - Contrôle. 4. Sang - Collection et conservation. I. Titre.

RM171.M32 1995   362.1'784'0971   C95-940117-2

L'auteure remercie les producteurs Béatrice Barton et Gilles Pache de la télévision suisse romande (RTSR) qui lui ont permis d'utiliser en guise de titre à son ouvrage celui d'une de leurs émissions de la série *Temps présent* consacrée au sang contaminé.

Maquette de la couverture
FRANCE LAFOND

Photographie de l'auteure
RAYMOND CHARETTE

Photocomposition et mise en pages
COMPOSITION MONIKA, Québec

© Éditions Libre Expression
2016, rue Saint-Hubert
Montréal H2L 3Z5

Dépôt légal
1er trimestre 1995

ISBN 2-89111-633-X

Johanne McDuff

LE SANG
QUI TUE

Libre Expression

Pour Étienne.

Pour Bernadette et Yves Roy,
Normand Landry, Jean-Daniel Couture,
Marc P., Marlene et Jerry Freise,
Janet et Randy Connors, Johanne Décarie,
Raymonde Blanchard, Étienne et Lise Saumure,
et tous les autres que je ne peux nommer,
ou que je n'ai jamais rencontrés,
mais dont je connais la meurtrissure.

Comme vous pouvez le comprendre,
la fonction principale de la
Direction générale de la protection de la santé
est de prévenir l'apparition d'une maladie.
Cela requiert non seulement une vigilance constante,
sans laquelle aucune mesure préventive
ne peut être efficace, mais aussi des politiques
régulatrices solides basées sur des faits scientifiques.

ALBERT LISTON,
ex-sous-ministre adjoint,
Direction générale de la protection de la santé,
Santé et Bien-être social Canada,
en avril 1989, au sujet du retrait
des moules contaminées en 1987.

Remerciements

Je tiens à remercier la direction de la Société Radio-Canada, et plus particulièrement CBOF, la radio de la SRC dans l'Outaouais, de m'avoir encouragée à fouiller le dossier du sang contaminé et de m'avoir accordé le temps nécessaire pour le faire. Merci à Louis Martin, directeur général de l'information radio, qui m'a suggéré d'écrire ce livre; sa passion pour le journalisme et sa rigueur ont été une source d'inspiration constante. Je remercie mes collègues journalistes pour leur appui et leurs encouragements, et pour leurs connaissances qu'ils n'ont jamais hésité à partager généreusement. Pierre-Léon Lafrance et Daniel Raunet, qui ont participé au premier reportage et qui ont lu et commenté le manuscrit, sont de ceux-là.

Merci à la journaliste française Anne-Marie Casteret, collègue chaleureuse dont l'aide, même à distance, a été réconfortante. Ses conseils, son soutien moral, sa connaissance du dossier du sang, son indignation et son humour, ont grandement contribué à la gestation, puis à la naissance de ce livre. Merci aussi à Mike Hornbrook, du réseau national de la radio de la CBC: notre collaboration sur le dossier du sang pour le service des nouvelles a été stimulante et enrichissante.

Merci à la Société canadienne de l'hémophilie, section Québec, de m'avoir donné accès à ses dossiers. Merci aussi au personnel dévoué et compétent du service de référence de la bibliothèque du parlement à Ottawa. Je suis particulièrement reconnaissante envers Louise Chabalier pour sa compétence et la générosité avec laquelle elle a révisé ce livre. Merci enfin à Bob FitzGerald et à Paule LaRoche de m'avoir toujours soutenue dans les moments difficiles.

Avertissement

Certains des personnages principaux de ce livre portent un nom d'emprunt. Je respecte leur désir d'anonymat, parce que leur entourage ignore qu'ils ont été contaminés par le virus du sida et parce qu'ils ne sont pas prêts à affronter, pour le moment, ce que l'un d'eux appelle une «mort sociale». «La société qui m'a contaminé avec un médicament empoisonné n'est pas prête à se débarrasser de ses préjugés», m'a écrit Marc P. durant la rédaction de ce livre.

La majeure partie des entrevues citées dans ce livre ont été réalisées pour la radio de Radio-Canada. En bas de page, la date de chaque entrevue et, le cas échéant, la date de diffusion sont mentionnées. D'autres entrevues ont été faites spécifiquement pour la rédaction de ce livre; les dates auxquelles elles ont eu lieu sont aussi données. À moins d'indication contraire, j'ai mené moi-même toutes les entrevues.

La plupart des documents que j'ai consultés pour la rédaction de ce livre étaient en anglais, et de nombreuses entrevues se sont déroulées dans cette langue. J'ai moi-même traduit les extraits cités.

Plusieurs organismes ont joué un rôle important dans l'affaire du sang contaminé au Canada. Les lecteurs trouveront, à la page 271, une description des responsabilités des principaux organismes nationaux.

J.M.

Introduction

Toronto, le 14 février 1994. — La salle d'audience où le juge Horace Krever s'apprête à présider la Commission d'enquête sur l'approvisionnement en sang bourdonne d'activité. C'est le premier jour d'une longue série de sessions, qui va durer près de deux ans. Il y a de la fébrilité dans l'air. Une vingtaine d'avocats, représentant 17 parties, ont étalé leurs documents devant eux ; ils vérifient d'ultimes détails avec leurs assistants. Des employés de la Commission courent à gauche et à droite, ajoutent des chaises, vérifient le système de traduction simultanée et les micros. Des cameramen sont massés près de la porte pour capter l'arrivée du juge ; les journalistes tentent de repérer dans la salle ceux et celles qui pourront réagir aux premiers témoignages.

Non loin de là, un jeune couple sort de l'ascenseur. L'homme, dans la trentaine, tient dans les mains un objet encombrant. Il dit qu'il veut le remettre au juge. Prévenu, celui-ci accepte de le rencontrer dans son bureau, avec la jeune femme qui l'accompagne. À l'abri de l'éclairage brutal des caméras de télévision et des journalistes, l'homme aux cheveux longs remet alors au juge ce qu'il appelle «une carte de la Saint-Valentin».

Il s'agit d'une sorte de sculpture formée de trois cartons rouges, faite par son fils de 13 ans, mort du sida quelques mois plus tôt. Sam était hémophile. Sur sa sculpture, il a collé tout ce qui était important pour lui dans les derniers mois de sa vie : des photos de ses amis et de lui-même, des seringues, des boîtes de pilules, un sac de sang vide. Les parents disent au juge qu'ils lui remettent cette «carte» pour donner une dimension humaine à l'enquête, «quelque chose qui peut être vu et touché», expliquent-ils.

Depuis, des dizaines et des dizaines d'autres parents éplorés, des grands-parents, des jeunes mères, des hommes de tout âge et même des adolescents ont défilé devant le juge; leurs témoignages sont bouleversants. Dans toutes ces histoires poignantes, un même sentiment apparaît en filigrane: celui d'avoir été trahis. Leur histoire est d'abord et avant tout celle d'une trahison.

La tragédie du sang contaminé a touché tous les pays où les hémophiles pouvaient se procurer des produits thérapeutiques d'avant-garde. Ailleurs, les hémophiles continuaient à mourir «au bout de leur sang», faute de traitement adéquat. Le sang contaminé a eu des effets foudroyants parce que les hémophiles s'injectent directement dans les veines des doses très concentrées de produits sanguins provenant de milliers de donneurs. Lorsqu'un virus mortel s'introduit dans les stocks de sang, toute la population se trouve menacée, au premier chef les hémophiles, mais aussi tous ceux qui ont besoin d'une transfusion sanguine.

Normalement, les autorités gouvernementales doivent assurer la sécurité du public, non seulement en se tenant bien informées de la situation, mais aussi en la contrôlant. Pour ce faire, elles comptent sur des spécialistes hautement qualifiés; elles peuvent entreprendre des recherches fouillées; elles disposent d'un pouvoir législatif et réglementaire efficace. Elles sont donc bien outillées pour réagir si une épidémie ou une crise survient. Pourquoi de tels mécanismes d'intervention n'ont-ils pas fonctionné au Canada dans l'affaire du sang contaminé?

En France, le scandale a éclaté sur la place publique en 1991. Des responsables ont été identifiés, traduits devant les tribunaux et condamnés. En Suisse, en Allemagne, aux États-

Unis et au Canada, des enquêtes et des procès sont en cours : on remonte l'histoire, on en étudie tous les aspects, on s'interroge, on accuse... «On ne pouvait pas savoir...», disent les autorités, sur la sellette. Et elles ajoutent, en guise de défense : «Ne commettez pas l'erreur de juger les actes du passé avec les connaissances du présent.»

Or, de quelles connaissances disposait-on au début de l'histoire? Des documents démontrent que dès 1982 on sonnait l'alarme au Canada. Mais ensuite, sur fond de doute, les autorités se sont mises à tergiverser. Plutôt que d'assumer un leadership responsable, comme dans tout autre dossier concernant la santé publique, elles ont choisi les consensus rassurants et les atermoiements. Elles n'ont tenu aucun compte des appels au secours, des cris de détresse, des demandes d'information. Pourquoi cette attitude, pourquoi les esquives répétées des responsables?

Ce livre ne prétend pas répondre à toutes les questions, car, au moment de la recherche, bien des portes étaient encore closes, bien des témoins préféraient rester muets. Il entend néanmoins tracer le portrait le plus complet et le plus nuancé possible de l'affaire du sang contaminé.

PREMIÈRE PARTIE

L'incertitude

Un lien entre les produits sanguins et le sida ?

(juillet 1982 – novembre 1982)

Il y a un risque théorique
qu'un agent de nature inconnue,
présent dans les produits antihémophiliques,
soit responsable du sida chez ces patients.

Note interne de la Direction générale
de la protection de la santé,
Ottawa, 6 août 1982.

Philippe

Philippe naît au cœur de l'été 1982 dans un hôpital d'Ottawa. C'est un beau bébé, qui semble en parfaite santé. Les premiers mois sont néanmoins difficiles. Contrairement à son frère aîné, Philippe pleure souvent. Sa mère a du mal à l'allaiter. Elle voulait le nourrir au sein jusqu'à l'âge de six mois, mais elle doit le sevrer au bout d'un mois.

En novembre, à quatre mois, Philippe fait une chute. En s'apprêtant à l'installer sur sa chaise de bébé, son père, Jean-Claude, fait un geste maladroit et l'enfant tombe. On le conduit tout de suite à l'hôpital. «Il n'a rien de brisé, ce n'est pas grave», affirme-t-on aux parents.

Les jours suivants, Philippe vomit, a de la fièvre et pleure sans arrêt. Trois fois sa mère l'emmène chez le médecin. Chaque fois, celui-ci la rassure et lui répète qu'il n'y a rien de grave; c'est plutôt à elle qu'il prescrit un calmant. Mais Anne-Marie est convaincue que quelque chose ne va pas, et elle insiste.

On hospitalise Philippe dans un hôpital pour enfants, où un premier examen établit qu'il souffre d'anémie. D'autres examens conduisent cependant à un nouveau diagnostic, plus inquiétant: l'enfant a fait une hémorragie cérébrale et un hématome est apparu au cerveau, il faut l'opérer d'urgence. Mais il y a plus grave encore. L'hématologue en chef de l'hôpital, le Dr Victor Blanchette, révèle aux parents que leur fils est hémophile: son sang ne coagule pas.

Anne-Marie et Jean-Claude sont atterrés, leur univers vient de basculer. On les conduit dans une petite salle où le Dr Blanchette les renseigne sur l'hémophilie et ses conséquences. Il leur apprend que cette maladie héréditaire est causée par un gène défectueux qui empêche la formation de la protéine de coagulation du sang, qu'on appelle facteur VIII. Ce gène est transmis par la mère à ses enfants mâles, mais, dans 40 % des cas, on ne retrace pas d'antécédents familiaux. Un garçon sur 5 000 est hémophile.

Philippe est un hémophile grave, son taux de coagulation étant inférieur à 1 %. Le moindre choc va provoquer des épanchements de sang. Parfois il saignera spontanément dans les articulations; ce sera douloureux, ses mouvements en seront affectés. Chaque fois, il faudra lui injecter par perfusion des produits sanguins coagulants pour stopper les saignements.

Mais on rassure Anne-Marie et Jean-Claude: de nos jours, les hémophiles peuvent mener une vie normale, faire du sport, voyager... Autrefois, ils mouraient très jeunes; aujourd'hui, ils peuvent compter sur des produits concentrés très efficaces, offerts depuis la fin des années 1970. Ces produits présentent cependant quelques inconvénients, leur explique-t-on. Ils sont fabriqués avec le sang de milliers de donneurs et un seul don contaminé peut infecter tout un lot. Les hémophiles sont donc vulnérables à diverses contaminations ; le virus de l'hépatite, par exemple, est parfois présent dans les produits antihémophiliques. Mais, les rassure-t-on, le sang canadien est sûr, beaucoup plus que le sang américain.

Bouleversés, les parents de Philippe ne prêtent guère attention à ces détails. Il leur faudra apprendre à vivre avec la maladie de leur fils.

Une nouvelle maladie mortelle

Depuis quelques années, une terrible maladie fait des ravages. Aux États-Unis, on a vu des jeunes hommes en bonne santé s'effondrer les uns après les autres, affligés d'une forte fièvre, de sueurs nocturnes, de démangeaisons et d'infections jusquelà très rares. Leurs ganglions lymphatiques sont enflés. Des taches violettes apparaissent sur le corps de certains malades : il s'agit d'un cancer de la peau rare, le sarcome de Kaposi. Dans la phase avancée de la maladie, les victimes développent aussi une pneumonie à *Pneumocystis carinii.*

La maladie se propage rapidement. En 1982, on dénombre des centaines de victimes dans une vingtaine d'États américains, au Canada et dans plusieurs pays d'Europe.

Toutes les infections ont un point commun : elles se développent quand le système immunitaire fait défaut. Dans un organisme sain, les cellules T4, ces agents clés du système de défense, déclenchent l'alarme à l'approche d'une infection et activent les cellules qui vont la combattre. Or des médecins découvrent que chez les malades les cellules T4 ne font pas leur travail. Que leur est-il arrivé ?

Comme la maladie frappe surtout la communauté gay, médecins et chercheurs soupçonnent d'abord les *poppers*, substances chimiques aphrodisiaques inhalées par beaucoup d'homosexuels, d'être responsables du dysfonctionnement du système immunitaire. De fil en aiguille, on découvre que la maladie se transmet par contact sexuel. On constate aussi qu'elle apparaît chez les nouveaux immigrants haïtiens et chez les personnes qui consomment de la drogue par voie intraveineuse.

En juillet 1982, les hémophiles viennent s'ajouter à cette sinistre liste des victimes. L'agence américaine de surveillance des maladies, le Centers for Disease Control (CDC), à Atlanta, rapporte en effet les cas de trois hémophiles hétérosexuels décédés des suites de la nouvelle maladie. Comme chez les autres victimes, leur système immunitaire était déficient.

Les soupçons se portent alors sur les produits qu'ils s'injectent, des dérivés sanguins provenant de plusieurs donneurs. Les épidémiologistes du CDC, dirigés par Don Francis, convoquent une réunion d'urgence à Washington en vue d'alerter les hémophiles et l'industrie américaine du sang. Si la maladie se transmet effectivement par le sang, il faut illico circonscrire les dégâts et amener les dirigeants de l'industrie à se doter de règles rigoureuses pour écarter tout donneur infecté.

Le CDC se bute à une résistance farouche de tous côtés. Les représentants des hémophiles refusent qu'on incrimine les produits qui leur ont permis de vivre une vie normale ; les manufacturiers de produits sanguins, les banques de sang commerciales et la Croix-Rouge américaine trouvent prématuré de s'affoler ainsi pour la mort de trois hémophiles.

Cependant tous s'entendent sur un point : la maladie qui jusque-là portait le nom de GRID (Gay-Related Immune Deficiency) s'appellera désormais AIDS (Acquired Immune Deficiency Syndrome). En français, on la connaîtra sous l'acronyme SIDA, pour syndrome d'immunodéficience acquise.

La réunion de Washington a eu lieu le 27 juillet 1982, quelques jours après la naissance de Philippe.

Ministère fédéral de la Santé, 3 et 4 août 1982

Le gouvernement canadien réagit avec une célérité étonnante à l'hypothèse américaine d'un lien entre le sida et le sang. Le

3 août, le bureau du sous-ministre adjoint Alex Morrison à la Direction générale de la protection de la santé (DGPS)[1] charge les scientifiques du Laboratoire de lutte contre la maladie[2] et du Bureau des produits biologiques[3] de suivre de près l'évolution de la nouvelle maladie chez les hémophiles.

Le 4 août, le directeur du Bureau des produits biologiques, le Dr John Furesz, communique avec la Croix-Rouge[4]. Précisant qu'il porte son «chapeau régulateur[5]», il demande l'aide des services de transfusion pour avertir tous les médecins qui prescrivent des produits sanguins aux hémophiles que certains de leurs patients pourraient être atteints du sida. Le Dr Furesz et John Derrick, directeur du service des produits sanguins de la Croix-Rouge, s'entendent sur une ligne de conduite : à la moindre infection suspecte chez un hémophile, des analyses de laboratoire seront effectuées dans les plus brefs délais pour vérifier si l'infection peut être reliée au sida.

Le 6 août, une note interne de la DGPS mentionne : «Il y a un risque théorique qu'un agent de nature inconnue, présent dans les produits antihémophiliques, soit responsable du sida chez ces patients[6]» [il s'agit des trois hémophiles américains décédés].

Hôpital général de Montréal, 10 août 1982

Jeune résident en immunologie, le Dr Christos Tsoukas s'intéresse depuis quelque temps à l'effet de substances étrangères sur le système immunitaire. Plus précisément, il veut savoir comment des injections d'insuline ou des traitements contre la fièvre des foins, par exemple, agissent sur le système de dé-

---

1. Voir page 272.
2. Voir page 273.
3. Voir page 272.
4. Voir page 274.
5. Voir page 271 au sujet de la responsabilité du ministère fédéral de la Santé.
6. «Acquired immune deficiency syndrome in the United States and Canada».

fense de l'organisme. Pour y arriver, il fait des tests qui mesu-
rent l'activité des cellules T4.

Le 10 août, un de ses collègues, résident en pneumologie,
lui demande de faire passer son test à un patient hémophile
qu'on vient d'hospitaliser. Il n'est pas gravement malade, mais
on a relevé chez lui certaines anomalies : il est couvert de
rougeurs, les ganglions du cou sont enflés, il tousse légèrement ; depuis quelques mois, il éprouve une grande fatigue, il
a des frissons, des sueurs nocturnes, et il a maigri.

Le Dr Tsoukas est aussitôt fasciné par ce cas. Il apprend
qu'au cours des dernières années l'homme a dû utiliser des
produits coagulants — des concentrés de facteur VIII — pour
stopper des hémorragies graves. Le patient ne jure que par ces
produits, qui, soutient-il, ont révolutionné la vie de milliers
d'hémophiles comme lui. Avant l'invention de ces produits, il
était prisonnier de sa maladie, il devait rester constamment à
proximité d'un hôpital au cas où un traitement serait nécessaire. Chaque épanchement de sang requérait des heures et des
heures de perfusion de produits coagulants. Grâce aux concentrés, des médicaments faits de sang en poudre contenu dans de
petites bouteilles, ce supplice est terminé. Il peut même voyager, il rentre d'ailleurs d'un voyage en Suède, en Autriche et en
Hongrie.

Les analyses ne sont pas parvenues à identifier un agent
infectieux spécifique, mais elles ont démontré clairement un
dérèglement du système immunitaire. Le Dr Tsoukas établit
tout de suite un lien avec ses propres recherches, qui tentent
notamment de déterminer si l'apport de protéines affecte le
système immunitaire. Il se demande si les concentrés de facteur VIII produisent un effet semblable à ceux de l'insuline et
des injections contre la fièvre des foins, dont il étudie les effets
secondaires.

Brièvement, il songe à cette autre théorie qui soutient que
le sang peut transporter des virus ; on sait déjà que celui de
l'hépatite se transmet par le sang. Les médecins du Centers for

Disease Control souscrivent d'ailleurs à cette théorie quand ils émettent l'hypothèse que les dérivés sanguins utilisés par les hémophiles transmettent l'agent causal du sida. Serait-ce alors un virus qui affaiblirait le système immunitaire des hémophiles ?

Le Dr Tsoukas est partagé entre les deux théories, la sienne et celle du transport d'un virus par le sang. À la suggestion du patient hémophile, il communique avec le Dr Hanna Strawczynski, présidente du comité consultatif médico-scientifique de la Société canadienne de l'hémophilie (SCH)[1] et directrice de la clinique d'hémophilie de l'Hôpital de Montréal pour enfants. Les deux médecins vont jeter les bases de ce qui deviendra la première étude du système immunitaire des hémophiles canadiens.

Trente-quatre hémophiles sont choisis, selon trois critères : ils doivent être en parfaite santé, avoir plus de 18 ans et avoir utilisé, au cours de l'année précédente, des quantités importantes de concentrés de facteur VIII, soit au moins 40 000 unités. Le système immunitaire de ce groupe sera comparé à celui d'un groupe témoin constitué de 23 hommes du même âge. Comme nous le verrons plus loin, les résultats seront stupéfiants. Entre-temps, le Dr Strawczynski rapporte au Laboratoire de lutte contre la maladie (LLCM) le cas de sida du patient hémophile de l'Hôpital général de Montréal. Un document interne du LLCM résume la communication téléphonique du médecin[2].

Les produits de coagulation

Avant les années 1950, aucun traitement efficace n'existait pour les hémophiles qui, pour la plupart, mouraient en bas âge.

---

1. Voir page 276.
2. «Acquired immuno-deficiency disease syndrome (AIDS) in a Canadian haemophiliac», Bureau d'épidémiologie, Laboratoire de lutte contre la maladie, 13 septembre 1982.

Lorsqu'ils saignaient, on leur injectait du sang entier, mais, en raison du faible taux de facteur coagulant, ce traitement n'était pas très efficace. Pour accroître le facteur VIII, il aurait fallu injecter des quantités astronomiques de sang ; or il y a une limite à la capacité de l'organisme d'absorber de nouveaux fluides.

Au cours des années 1950, on en vint à n'injecter que du plasma, une des composantes du sang riche en facteur VIII, au lieu de sang entier. L'espérance de vie des hémophiles augmenta considérablement, la plupart atteignant l'âge adulte.

En 1965, Judith Poole, étudiante à l'université de Chicago, découvrit par hasard, en faisant décongeler du plasma, que de fins cristaux s'étaient formés à sa surface. À l'analyse, il s'avéra que ces cristaux étaient cinq fois plus riches en facteur VIII que le sang entier. On donna le nom de «cryoprécipité» à ces cristaux, cryo signifiant froid, et précipité étant le dépôt obtenu par le phénomène chimique appelé précipitation. Pour fabriquer des cryoprécipités, il suffit de congeler le plasma, puis d'en écumer délicatement les cristaux lors de la décongélation. Bien que les cryoprécipités soient beaucoup plus efficaces que le plasma frais congelé, un inconvénient demeure : les hémophiles doivent se rendre dans un hôpital ou un centre de traitement pour en recevoir la dose nécessaire.

La vraie libération des hémophiles survint au cours des années 1970 avec les concentrés lyophilisés de facteur VIII[1]. Il s'agit de facteur VIII en poudre qui se conserve au réfrigérateur dans une petite bouteille et que l'on dilue dans de l'eau distillée. Contrairement aux cryoprécipités obtenus du sang d'un ou de quelques donneurs, les concentrés proviennent de milliers de dons de sang mélangés.

---

1. La majorité des hémophiles souffrent d'une carence de facteur VIII ; on les appelle «hémophiles de type A». Les «hémophiles de type B» sont plutôt privés de facteur IX. Ceux-ci n'avaient pas pu bénéficier des cryoprécipités, mais ils purent profiter des nouveaux concentrés.

Les hémophiles réclamèrent très vite ces nouveaux produits miracles. Mais, au Canada, la Croix-Rouge ne fabriquait que des cryoprécipités dans ses 17 centres de transfusion. La seule usine de fractionnement de produits sanguins, Connaught, une société d'État située en banlieue de Toronto, n'était pour sa part équipée que de laboratoires vétustes et, selon la Croix-Rouge, elle n'était pas en mesure de s'adapter à la nouvelle technologie requise pour fabriquer des concentrés de qualité. L'Association médicale canadienne (en 1976) et le ministre fédéral de la Santé John Crombie (en 1979) affirmaient d'ailleurs que l'usine de Connaught, la plus vieille du genre en Amérique du Nord, avait grandement besoin d'être rénovée. Comme la Croix-Rouge ne faisait pas confiance à Connaught, elle s'est tournée vers les manufacturiers américains.

Le fractionnement du sang canadien

En 1978, d'énormes camions frigorifiques, chargés de dizaines de milliers de sacs de sang, se mirent à franchir régulièrement la frontière canadienne vers l'usine de fractionnement de la société Travenol-Hyland. Deux ans plus tard, c'est à l'usine des laboratoires Cutter, aussi aux États-Unis, qu'on destinait ces chargements. Le sang revenait au Canada après avoir été transformé en une poudre blanche contenue dans de petites fioles, prêtes à être distribuées aux hôpitaux, puis aux hémophiles.

Mais le fractionnement de produits sanguins coûte cher et il n'y avait pas que le précieux plasma à prendre la direction du sud; des millions de dollars canadiens les suivaient de près... En 1980, la signature d'un contrat de neuf millions pour une période de 32 mois entre la Croix-Rouge canadienne et les laboratoires Cutter souleva l'indignation de quelques députés de l'Ontario. Le ministre ontarien de la Santé, Dennis Timbrell, réclama l'annulation pure et simple du contrat, exigeant que le fractionnement du plasma canadien se fasse au Canada, chez Connaught. D'ailleurs, depuis plusieurs années déjà, divers rapports adressés aux ministres de la Santé des provinces soulignaient le danger de dépendre de fournisseurs étrangers et recommandaient que le Canada devienne autosuffisant en matière de produits sanguins.

Malgré l'opposition farouche de la Croix-Rouge, désireuse de construire sa propre usine de fractionnement, les ministres de la Santé des provinces penchaient plutôt pour trois usines rattachées à d'autres institutions: Connaught en Ontario, l'institut Armand-Frappier au Québec et le Winnipeg Rh Institute au Manitoba. Comme au Québec et au Manitoba les usines n'étaient pas encore construites, seule celle de Connaught pouvait assurer le fractionnement. Dennis Timbrell tenait à ce que Connaught, en dépit de ses équipements désuets, transforme davantage de plasma canadien en concentrés de facteur VIII le plus tôt possible.

En 1981, le Comité canadien du sang (CCS)[1], nouvellement créé, ordonna à la Croix-Rouge de conclure un contrat de trois ans avec Connaught et de faire fractionner à cet endroit tout le plasma recueilli en Ontario; le CCS l'autorisait cependant à expédier le reste du plasma aux États-Unis en attendant la construction des deux autres usines. La Croix-Rouge annula donc son contrat initial avec Cutter. Elle en conclut un autre qui prévoyait le traitement d'une partie seulement de son plasma.

L'entente avec Connaught prévoyait que les concentrés fabriqués à l'usine torontoise seraient distribués en priorité aux hémophiles ontariens.

La Croix-Rouge était furieuse. Les hémophiles ontariens aussi, qui ne faisaient pas confiance aux équipements dépassés de Connaught et qui craignaient qu'on ne leur offrît des produits de qualité douteuse. Ils avaient bien plaidé leur cause en 1980 auprès de la ministre fédérale de la Santé, Monique Bégin, mais sans succès.

---

1.   Voir page 275.

Les conséquences de la décision du CCS

L'expérience avec Connaught s'avère désastreuse. L'usine ontarienne connaît d'énormes problèmes de production, gaspillant une quantité importante de plasma, l'équivalent de 215 000 dons de sang en trois ans, selon la Société canadienne de l'hémophilie[1]. Les hémophiles se plaignent de la piètre qualité des concentrés : ils se diluent difficilement, contiennent des impuretés, notamment des morceaux de caoutchouc, et produisent des effets secondaires.

De son côté, la Croix-Rouge estime que le rendement de son plasma est beaucoup plus faible chez Connaught que chez Cutter. Selon Steve Vick, directeur national adjoint à la production et au développement technologique de la Croix-Rouge en 1994, Connaught produisait, avec chaque litre de plasma, 30 % moins d'unités internationales (UI) de concentrés que Cutter (114 UI contre 170)[2]. Pour compenser la perte de plasma canadien, Connaught doit acheter du plasma commercial américain. Pour la même raison, la Croix-Rouge augmente ses achats de concentrés aux États-Unis.

Le sang américain

Or le sang américain n'est pas du tout sûr. Il provient en partie de donneurs rémunérés, qui sont souvent en moins bonne santé que les donneurs bénévoles, car ils sont issus de milieux défavorisés ou se recrutent chez les drogués et les prostitués. Certes, ce ne sont pas tous les donneurs qui se font payer aux États-Unis. Et la Croix-Rouge canadienne achetait aussi, jusqu'en juillet 1981, des produits sanguins de la Croix-Rouge américaine obtenus de donneurs bénévoles.

Parmi ces bénévoles se trouve une bonne proportion d'homosexuels. Leur sang était très recherché au cours des années

---

1. « Crude impact analysis of Connaught losses of Canadian sources factor VIII 1981-1983 ».

2. Entrevue réalisée à Ottawa le 25 mai 1994 pour la rédaction de ce livre.

1970, car on avait découvert qu'il contenait des anticorps nécessaires à la fabrication de vaccins contre l'hépatite. Pour s'en procurer, la Croix-Rouge américaine organisait des collectes de sang dans les quartiers gay des grandes villes. Ces homosexuels sont devenus des donneurs de sang réguliers, constituant 15 % des pourvoyeurs de la Croix-Rouge américaine.

La Société canadienne de l'hémophilie a maintes fois protesté contre la décision du Comité canadien du sang. Dans un des nombreux documents consacrés aux conséquences de cette décision, on peut lire :

> Le coût le plus important est la perte de précieux plasma canadien utilisé pour le traitement des hémophiles. On ne pourra peut-être jamais calculer ce qu'il en coûtera en frais de maladie ou même de mortalité associés à l'utilisation de plasma douteux obtenu de sources américaines[1].

Le sida au Canada à l'automne 1982

En octobre 1982, le Laboratoire de lutte contre la maladie signale 12 cas de sida au Canada : dix à Montréal, un à Windsor, en Ontario, et un à Vancouver. Dans l'édition du 2 octobre de son *Rapport hebdomadaire des maladies au Canada*, un périodique distribué à 4 000 exemplaires au monde médical et aux bibliothèques des grands hôpitaux, le Laboratoire rapporte que :

> Seulement quatre des malades étaient d'origine canadienne. Parmi les autres, cinq étaient nés en Haïti et un en Afrique équatoriale ; le pays natal des deux autres n'est pas connu. Les Haïtiens, quatre hommes et une femme, étaient au Canada depuis quatre ans ou moins ; l'Africain, depuis cinq ans. Il n'y avait qu'une seule femme et elle était mariée. Chez les hommes, sept — tous homosexuels — étaient restés célibataires et quatre étaient mariés (deux étaient hétérosexuels ; un, homosexuel ; on

---

1. «Crude impact analysis of Connaught losses of Canadian sources factor VIII 1981-1983».

ignore le penchant sexuel du dernier). [...] On a signalé neuf décès; il s'agissait de huit hommes et d'une femme.

Philippe

Durant son opération à la tête, le 29 novembre 1982, et au cours des jours qui suivent, Philippe, âgé de quatre mois et demi, reçoit des milliers d'unités de concentrés de facteur VIII. Son dossier médical n'indique pas l'origine de ces produits. Proviennent-ils de sang canadien fractionné chez Connaught? De sang canadien fractionné chez Cutter? De sang commercial américain?

2

De nouveaux indices

(décembre 1982)

La transmission possible [du sida]
par les produits sanguins est encore plus inquiétante
et a des implications pour le service national de
transfusion et pour le public en général.

Document joint au procès-verbal
de la réunion du 2 décembre 1982
d'un groupe *ad hoc* sur le sida, Toronto.

Des raisons de s'inquiéter

À l'initiative du service national de transfusion de la Croix-Rouge, et comme suite à la demande de la Direction générale de la protection de la santé, un groupe *ad hoc* de spécialistes se réunit dans le but «d'étudier des moyens pour financer une recherche sur les signes indicatifs et les causes du sida[1]». La première réunion du groupe, qui comprend une quinzaine de médecins[2], a lieu le 13 octobre 1982 à Toronto. Une deuxième réunion a lieu le 2 décembre, toujours à Toronto. Le directeur général du Laboratoire de lutte contre la maladie, Alastair

---

1. Procès-verbal de la réunion du 2 décembre 1982 du groupe *ad hoc* sur le sida.
2. Des oncologues, un dermatologue, plusieurs immunologues, un virologue, deux épidémiologistes, des spécialistes des maladies infectieuses et un médecin de la Croix-Rouge représentant aussi la Société canadienne de l'hémophilie.

Clayton, ainsi que Derek Naylor et le Dr Martin Davey, de la Croix-Rouge, respectivement directeur adjoint du service des produits sanguins et directeur national adjoint des services de transfusion, assistent à ces réunions.

On lit, dans le procès-verbal de la deuxième réunion :

> Il y a maintenant au moins neuf hémophiles qui ont contracté le sida aux États-Unis. Cela soulève des inquiétudes : les produits sanguins administrés par voie intraveineuse constitueraient-ils un mode de transmission du sida ? Si oui, il y aurait de sérieuses et très larges implications sur la collecte et la distribution du sang et des produits sanguins.

Le procès-verbal rapporte aussi les données préliminaires d'une étude réalisée au Wisconsin, selon laquelle le système immunitaire d'hémophiles utilisant des concentrés de facteur VIII est affaibli, alors que celui d'hémophiles traités avec des cryoprécipités semble normal. Dans un document joint au procès-verbal, on peut lire :

> La nature épidémique de cette maladie, qui inclut aussi des groupes qui ne sont pas homosexuels, est très inquiétante. Le taux de mortalité aussi suscite beaucoup d'inquiétude. [...] Moins de 25 % des patients diagnostiqués avant juin 1981 sont encore vivants. La transmission possible par les produits sanguins est encore plus inquiétante et a des implications pour le service national de transfusion et pour le public en général. Étant donné l'identification récente de ce problème à Toronto et l'augmentation des nouveaux cas signalés, nous pensons qu'une vague épidémique commence ici aussi.

À la fin de 1982, le ministère fédéral de la Santé et la Croix-Rouge canadienne sont donc conscients des risques de contamination des stocks de sang.

Un groupe de recherche sans moyens

Les médecins du groupe *ad hoc* sur le sida proposent d'étudier 200 homosexuels et de 50 à 100 hémophiles choisis au hasard. Ils veulent répartir ces derniers en deux groupes : ceux qui utilisent des cryoprécipités, et ceux qui prennent des concentrés de facteur VIII. Cette étude aurait pour but de suivre le développement possible d'infections opportunistes comme la pneumonie et le sarcome de Kaposi, et les réactions du système immunitaire, en fonction de différents facteurs de risque. Les résultats permettraient de faire des recommandations sur l'utilisation des produits sanguins et de repérer des avenues qui pourraient mener à la découverte de la cause du sida.

Les médecins estiment qu'il faudrait un budget de 90 000 $ la première année, couvrant le salaire d'un intervieweur-coordonnateur ainsi que les frais de laboratoire et de voyage. Une somme aussi modeste pour s'attaquer à un nouveau fléau, d'origine inconnue, dont les ravages peuvent avoir des conséquences incalculables, devrait être facile à trouver! Surtout que le groupe a été constitué à l'initiative même de la Croix-Rouge et de la Direction générale de la protection de la santé.

Mais non! Les coffres du Laboratoire de lutte contre la maladie sont à sec, semble-t-il. Le Programme national de recherche et de développement en matière de santé du ministère fédéral de la Santé pourrait sans doute être mis à contribution mais, comble de malheur, la date limite pour les demandes d'aide tombait la veille, soit le 1er décembre, souligne Greg Smith, le représentant de ce programme, qui suggère malgré tout au groupe de faire une demande avant le 1er avril suivant... au cas où des projets seraient annulés!

En attendant, le groupe de recherche songe à s'adresser à la Société canadienne de l'hémophilie, aux laboratoires Connaught (l'entreprise a peut-être des fonds à consacrer à la recherche), au ministère ontarien de la Santé. Il y aurait bien aussi le Comité canadien du sang, mentionne le porte-parole de la Croix-Rouge: pourrait-on soutirer un peu d'argent des revenus des produits de fractionnement?

Le groupe de recherche entreprend donc ses activités les mains vides, se donnant pour premier devoir de remplir une demande de soutien financier en bonne et due forme.

Comment expliquer que la Direction générale de la protection de la santé n'ait pu dégager 90 000 $ d'un budget de 92 millions et demi, alors que toutes les données disponibles laissaient entrevoir une situation inquiétante? Voici en quels termes Albert Liston, qui en était le directeur général exécutif à cette époque, expliquera, dix ans plus tard, pourquoi la DGPS ne pouvait financer le projet de recherche des médecins:

> Si vous vous souvenez, en 1982 les fonds étaient très serrés. La lutte contre le sida faisait concurrence à nombre d'autres initiatives en santé publique. En 1982-1983, on se méfiait du sida, mais le nombre de personnes atteintes était minime. Le sida représentait donc un faible impact par rapport aux maladies du cœur, au cancer, à l'épilepsie... Il y avait à peu près une cinquantaine de maladies qui dépassaient le sida de beaucoup. Alors, quand on regarde où est la meilleure place pour mettre des fonds dans la santé publique... On craignait le sida, mais on n'avait pas encore tourné le coin[1].

En 1982, il en aurait donc coûté 90 000 $ de fonds publics pour mettre en route cette recherche. Six ans plus tard, c'est à peu près ce que coûteront les soins apportés à une seule personne atteinte du sida[2].

Le bébé de San Francisco

En décembre 1982, les médecins américains continuent d'assister, impuissants, à la propagation du sida. On compte maintenant 800 victimes, le nombre doublant tous les six mois depuis 1979; il progresse maintenant au rythme de deux nouveaux cas par jour. Les victimes restent majoritairement des homosexuels, mais on en trouve aussi chez les usagers de drogues injectables, dans la population originaire d'Haïti et parmi les hémophiles.

---

1. Entrevue réalisée à Ottawa le 17 juin 1994 pour la rédaction de ce livre.
2. *Le SIDA: l'état de la question au pays. Rapport de synthèse et recommandations*, Société royale du Canada, 1988, p. 10.

L'augmentation du pourcentage d'hémophiles atteints donne du poids à l'hypothèse soutenant que la maladie se transmet par le sang. La fondation nationale d'hémophilie américaine commence à s'inquiéter et demande maintenant aux fabricants de concentrés de facteur VIII de sélectionner soigneusement les donneurs de sang.

Le 10 décembre, on apprend que le sida est apparu chez une personne d'un groupe différent de ceux observés jusqu'alors. Le bulletin hebdomadaire du Centers for Disease Control, *Mortality and Morbidity Weekly Report*, rapporte qu'à San Francisco un bébé de 20 mois, né avec des complications génétiques et dont le sang a dû être remplacé six fois à la naissance, présente maintenant tous les symptômes du sida. Il a reçu du sang et des produits sanguins provenant de 19 donneurs. L'un de ces donneurs, un homme de 48 ans qui paraissait en parfaite santé au moment de la collecte de sang, est depuis mort du sida.

C'est la consternation dans le monde médical. Le cas du bébé de San Francisco laisse présager le pire. À la liste des groupes à risque il faut maintenant ajouter les transfusés. La maladie peut donc se répandre dans une couche de population beaucoup plus vaste. Et la théorie de la transmission par le sang d'un agent infectieux causant le sida devient de plus en plus plausible.

Au même moment, au Canada, le Laboratoire de lutte contre la maladie juge bon de publier dans son bulletin hebdomadaire du 11 décembre quelques conseils au personnel des hôpitaux, tirés du bulletin du CDC. On y lit, notamment:

> Se laver les mains après avoir retiré sa blouse et ses gants et avant de quitter les chambres des patients que l'on sait ou que l'on pense être atteints du sida [...]. Lorsque du sang a été renversé, nettoyer immédiatement avec une solution désinfectante [...]. Placer les articles souillés de sang dans un sac étanche portant bien en évidence l'étiquette «Attention — SIDA»

ou «Attention — sang», avant de les envoyer pour qu'ils soient nettoyés ou jetés.

Les inquiétudes s'accroissent

À Montréal, des médecins ont vite réagi à la menace du sida. En octobre 1982, un comité-sida a été créé, sous la direction du Dr Richard Morisset, chef du département des maladies infectieuses de l'Hôtel-Dieu. Ce comité a établi un registre; il identifie des sources d'information pour mettre à jour les cas déclarés et pour coordonner la recherche. On a mis en service une ligne téléphonique d'urgence pour les médecins et on a dressé une bibliographie complète des écrits sur le sida.

En décembre paraissent les premiers résultats de l'étude du Dr Tsoukas sur les 34 hémophiles qui utilisent des concentrés de facteur VIII. L'étude démontre que 70 % d'entre eux ont vu leur système immunitaire s'affaiblir, contre 5 % dans le groupe témoin. «Ces données indiquent donc qu'une proportion importante des hémophiles asymptomatiques présentent une immunité cellulaire anormale[1]», concluent les auteurs de cette première étude sur les hémophiles montréalais.

Peu avant la publication de ces résultats, la Croix-Rouge canadienne a averti ses directeurs médicaux :

> Certaines autorités médicales américaines accordent suffisamment de crédit à l'hypothèse de la transmission du sida par les produits sanguins pour justifier une action immédiate, non seulement en ce qui concerne la sélection des donneurs, mais aussi au sujet de l'utilisation [...] des concentrés de facteur VIII destinés aux hémophiles. [...] Se basant sur des données selon lesquelles les cryoprécipités seraient moins dangereux que les concentrés, certaines organisations comme la Croix-Rouge américaine [...] songent à revenir à l'utilisation exclusive des cryoprécipités[2].

---

1. Les résultats de cette étude ont été publiés dans le *Rapport hebdomadaire des maladies au Canada* du 11 décembre 1982.
2. Lettre d'information n° 4, décembre 1982, Société canadienne de la Croix-Rouge.

La Croix-Rouge canadienne songe-t-elle à emboîter le pas à sa sœur américaine? Il est permis de le croire en lisant la suite.

> De telles réactions vont sûrement surgir au Canada à la suite de la publication prochaine d'une étude pilote sur les hémophiles et le sida, qui paraîtra le 11 décembre dans le *Rapport hebdomadaire des maladies au Canada* [...]. La Société canadienne de la Croix-Rouge ne peut se permettre d'attendre d'avoir des fonds supplémentaires avant de réagir à ces pressions [...].

Pourtant, l'urgence de réagir apparaît toute relative puisque, après avoir rappelé la nécessité de signaler les cas suspects, la Croix-Rouge canadienne conclut ainsi:

> Les études sur le sida sont encore imprécises et on ne connaît pas l'ampleur du problème au Canada. En conséquence, il n'est pas nécessaire pour le moment de changer quoi que ce soit aux pratiques de transfusion ou à la sélection des donneurs.

Le message de la Croix-Rouge à ses directeurs médicaux fait d'autre part allusion aux hémophiles américains infectés. «Deux ont moins de 10 ans. On doit maintenant considérer les enfants hémophiles comme étant à risque d'attraper la maladie.»

Cette information n'est cependant pas transmise aux médecins canadiens qui traitent les hémophiles. On ne leur dit pas non plus qu'aux États-Unis certaines autorités médicales jugent plus prudent d'abandonner les concentrés et d'utiliser exclusivement les cryoprécipités. Pourquoi la Direction générale de la protection de la santé ne les a-t-elle pas avisés directement?

Philippe

Le 17 décembre, Philippe sort de l'hôpital. Il est complètement rétabli de sa chute et de son opération à la tête. Ses parents sont heureux. Pendant son hospitalisation, il a reçu des milliers d'unités de concentrés de facteur VIII. Sur le chemin du retour, Anne-Marie, Jean-Claude et Philippe passent prendre Marc-Antoine, le grand frère de trois ans, chez sa gardienne. Ils sont accueillis par le père Noël.

3

Prudence et demi-mesures

(janvier 1983 – mars 1983)

> *Le risque que les hémophiles contractent le sida*
> *est clair. Si le recours aux cryoprécipités réduit*
> *ce risque au minimum, il faut remettre en question*
> *les traitements actuels.*

> Éditorial, *The New England Journal of Medicine*,
> 13 janvier 1983.

Une «horrible» réunion

Le 4 janvier 1983, un peu plus de cinq mois après leur premier cri d'alarme, les médecins du Centers for Disease Control convoquent de nouveau les représentants de l'industrie américaine du sang. De nouvelles données les ont convaincus que le sida se transmet par le sang et qu'il est urgent de commencer à tester le sang des donneurs pour écarter les dons infectés. Ils ont découvert une similitude entre les malades du sida et ceux qui souffrent de l'hépatite B. Comme le virus de cette maladie se transmet par le sang, ils concluent qu'il en est peut-être de même pour l'agent transmetteur du sida.

Ils proposent aux dirigeants des banques de sang d'utiliser un «test substitut», soit celui qui permet de détecter le virus de l'hépatite B. Car, selon leurs recherches, plus de 80 % des malades atteints du sida présentent dans leur sang des anticorps du virus de l'hépatite B. Grâce à ce test, croient-ils, on pourrait écarter la majorité des porteurs potentiels du sida.

Cette recommandation, tout comme celles qui visaient à exclure des collectes de sang les donneurs à risque, est aussitôt balayée par l'industrie américaine. Devant cette attitude, l'épidémiologiste Don Francis réagit avec colère: «Combien de morts vous faut-il avant de commencer à agir?» s'est-il écrié en donnant un coup de poing sur la table. En raison de cet éclat, la réunion passera à l'histoire du sida sous le nom de l'«horrible réunion».

Une revue prestigieuse sonne l'alarme

Le 13 janvier 1983, la revue scientifique *The New England Journal of Medicine* (NEJM) publie simultanément les résultats de deux études. Ces résultats sont concordants: les hémophiles qui utilisent des cryoprécipités présentent un profil immunitaire normal, alors que ce n'est pas le cas pour ceux qui ont recours aux concentrés. En éditorial, Jane Desforges, une des rédactrices de la revue, fait le point:

> Nous commençons à nous rendre compte que le traitement des hémophiles avec des concentrés peut nous coûter cher. [...] Les concentrés sont préparés à partir de réserves communes de plasma provenant de 2 000 à 5 000 donneurs [...]. Les cryoprécipités, pour leur part, le sont à partir du plasma de donneurs individuels [...]. Les préparations commerciales de concentrés sont plus efficaces que les cryoprécipités, mais, dans le cas de ces derniers, chaque sac utilisé ne provient que d'un seul donneur. [...] Le recours aux concentrés connaît un énorme succès et ne serait abandonné par les médecins et les patients qu'avec beaucoup de réticence. Mais il est temps d'y songer, même si nous n'avons pas encore toutes les preuves pour exiger un changement aussi radical.

> Le risque que les hémophiles contractent le sida est clair. Si le recours aux cryoprécipités réduit ce risque au minimum, il faut remettre en question les traitements actuels. [...] Les médecins qui traitent les hémophiles doivent être conscients de ce risque.

La prévention des complications des traitements actuels devrait peut-être avoir priorité sur la prévention des complications de l'hémophilie elle-même[1].

Le NEJM est l'une des revues scientifiques et médicales les plus prestigieuses du monde. Ses articles sont envoyés avant publication aux organismes internationaux œuvrant dans le domaine de la santé et ils ont la réputation d'influencer les traitements de millions de malades. Le NEJM a été la première publication à faire écho aux percées scientifiques importantes concernant la leucémie chez les enfants, les dangers des radiations et les substances anticancéreuses. Il est impossible qu'on ne lise pas cette revue au ministère fédéral de la Santé.

Le scepticisme du Dr Tsoukas

Le Dr Tsoukas a pris connaissance des études rapportées dans le NEJM. Il a même rencontré un des auteurs de l'une d'elles, le Dr Michael Lederman, de l'hôpital universitaire de Cleveland, qui lui avait envoyé une copie de son article. Les deux médecins ont fait connaissance dix jours avant la publication de l'article lors d'une conférence scientifique à New York, et ils se sont étonnés de la similitude de leur démarche. Contrairement aux médecins américains, cependant, le Dr Tsoukas n'est pas prêt à accuser les concentrés de facteur VIII; il considère qu'on saute un peu vite aux conclusions.

Si le système immunitaire des hémophiles est affaibli à la suite de l'utilisation de fortes doses de concentrés, cela ne signifie pas nécessairement, pense-t-il, que ces concentrés transmettent le sida. Il doute aussi de la méthodologie de l'étude comparative entre hémophiles traités avec des cryoprécipités et hémophiles traités avec des concentrés. L'un des auteurs est considéré comme un fervent promoteur des cryoprécipités, ce qui rend ses conclusions suspectes, selon le

---

1. « AIDS and preventive treatment in hemophilia », NEJM, 13 janvier 1983, p. 94-95.

Dr Tsoukas. Il pense aussi à son patient hémophile, avec qui il s'est lié d'amitié:

> Il m'a décrit ce qu'était sa vie avant les concentrés. C'était terrible. Avant la guerre, les gens étaient traités avec du plasma et des transfusions, et ils mouraient de crise cardiaque. Les hémophiles vivaient en moyenne 19 ans. L'arrivée des cryo a amélioré leur condition, mais ils ne pouvaient pas voyager, ils ne pouvaient rien faire, c'était terrible. Et puis les concentrés sont arrivés, et tout a changé pour eux: ils pouvaient retourner au travail, se marier, avoir des enfants, voyager... Donc, avant de jeter ce produit, il était d'avis qu'il fallait vraiment l'évaluer comme il faut. Et puisque nous ne savions pas si c'était un virus qui causait le problème ou si c'était juste le produit lui-même, les protéines, il fallait continuer à faire des recherches. Il fallait surtout comparer convenablement les cryoprécipités et les concentrés, ce qui n'avait jamais été fait. Les patients qui prenaient des cryo étaient habituellement des hémophiles légers qui n'avaient pas besoin de grandes quantités de produits; il fallait en tenir compte quand on les comparait avec ceux qui prenaient des concentrés[1].

Le Dr Tsoukas était donc sceptique devant les cris d'alarme concernant les concentrés. Il ajoute:

> J'étais un profane. Je n'étais pas un hématologue et je regardais cette situation purement en tant que non-hématologue. Mon scepticisme n'était pas basé sur le traitement, puisque je n'avais jamais traité d'hémophiles pour leurs problèmes de coagulation. Mais il devenait clair que les gens se divisaient en deux catégories: ceux qui croyaient aux cryo et ceux qui n'y croyaient pas.

Une réunion à New York

Le lendemain de la publication de la vigoureuse mise en garde du NEJM, la US National Hemophilia Foundation et tous les grands noms de l'industrie du sang se réunissent à New York. On ne prend pas à la légère la menace de transmission du sida

---

1. Entrevue réalisée à Montréal le 20 juin 1994 pour la rédaction de ce livre.

par le sang: l'incidence de la maladie chez les hémophiles double tous les six mois, plus de la moitié des hémophiles étudiés présentent au moins un des symptômes associés au sida. La réunion a pour but de faire le point et d'examiner les mesures à prendre les plus appropriées pour stopper, ou du moins pour freiner, la propagation du sida par les produits sanguins.

Les dirigeants de la fondation s'entendent d'abord sur une série de mesures. Ils recommandent entre autres de restreindre l'utilisation des concentrés et de prescrire des cryoprécipités aux nouveau-nés, aux enfants de moins de quatre ans, aux patients qui n'ont jamais été traités avec des concentrés et aux hémophiles légers. Pour ces derniers, on recommande d'utiliser de la DDAVP[1], une hormone synthétique qui double la production de facteur VIII dans l'organisme en quelques heures. Par ailleurs, on demande aux manufacturiers de produits sanguins de fabriquer des concentrés à partir de groupes plus restreints de donneurs, d'écarter de leurs collectes les donneurs les plus susceptibles de transmettre le sida et d'accélérer la mise en marché de produits plus sûrs.

La réunion se poursuit sous des auspices plus orageux, car les associations de collecte de sang craignent de perdre des donneurs si on les oblige à appliquer des règles de sélection plus rigoureuses. L'industrie ne prend aucun engagement formel, mais la fondation a tenu bon. Ses dirigeants restent convaincus que les hémophiles courent des risques sérieux et qu'il faut réduire ces risques en leur offrant d'autres traitements pour remplacer les concentrés de facteur VIII.

La conseillère médicale de la Société canadienne de l'hémophilie, le Dr Hanna Strawczynski, et le Dr Tsoukas ont assisté à cette réunion. Ce dernier n'en conserve pas moins son scepticisme, trouvant prématuré de blâmer les produits sanguins et craignant qu'une campagne publique sur leurs dangers

---

1. Désamino-8-D-Arginine-Vasopressine.

potentiels n'ait des conséquences fâcheuses pour les hémophiles. «J'étais très influencé par mon patient hémophile, raconte-t-il. Sa grande peur était que les gens allaient cesser de donner du sang, qu'il n'y aurait plus assez de produits coagulants, de cryo ou de facteur VIII, et que les hémophiles allaient souffrir[1].»

Des recommandations laissées en suspens

Le branle-bas de combat aux États-Unis n'a d'abord aucune répercussion au Canada. Mais, quelques semaines plus tard, le Bureau des produits biologiques invite la Société canadienne de l'hémophilie à discuter de propositions analogues à celles qui ont été formulées à New York. Une réunion a lieu à Toronto le 7 février 1983. Le comité consultatif médico-scientifique de la SCH y élabore une série de recommandations à l'intention des médecins, de la Croix-Rouge et du Comité canadien du sang.

Le comité consultatif de la SCH prône le recours aux cryoprécipités en cas de saignement pour tous les hémophiles qui n'ont jamais reçu de concentrés lyophilisés, quels que soient leur âge ou la gravité de leur état ; si cela n'est pas possible, ils ne devraient utiliser que des concentrés fabriqués à partir de plasma canadien. Le comité recommande aussi aux professionnels de prescrire des traitements traditionnels comme l'immobilisation ou la pose d'attelles, de donner de la DDAVP aux hémophiles légers et modérés, et de reporter toute opération non urgente jusqu'à ce qu'on ait plus d'information sur le mode de transmission du sida.

C'est cependant un tout autre son de cloche que transmet la SCH aux hémophiles le lendemain de cette réunion. Le communiqué de presse du 8 février 1983 annonce simplement qu'un comité d'experts se penche sur la question et qu'«il n'est pas nécessaire pour le moment que les hémophiles chan-

---

1.   Entrevue réalisée à Montréal le 20 juin 1994 pour la rédaction de ce livre.

gent leur traitement ou leur mode de vie, à moins d'avis contraire de leur médecin».

Les médecins ont-ils pu prendre connaissance des recommandations du comité consultatif de la SCH? «Je ne me souviens pas de les avoir reçues», dira plus tard le Dr Jeanne Drouin, hématologue et chef de la clinique d'hémophilie à l'Hôpital général d'Ottawa. «Le centre de traitement n'était pas encore sur pied à l'époque, tout était désorganisé... Peut-être les ai-je reçues, peut-être que non. Rien, en tout cas, en grosses lettres rouges pour attirer mon attention[1]!»

Durhane Wong-Rieger, présidente de la SCH en 1994, soutient que ces recommandations ont été envoyées à tous les directeurs de clinique d'hémophilie, mais qu'en certaines régions il n'y avait pas de clinique.

> Là où il n'y en avait pas, les recommandations auraient dû être envoyées aux membres du comité consultatif médico-scientifique de la SCH. Je pense que plusieurs médecins ne les ont pas reçues et que ceux qui les ont reçues n'en ont peut-être pas compris toute l'importance. Il faut dire aussi que certains hémophiles n'étaient traités que par leur médecin de famille[2].

Le ministère fédéral de la Santé ne monte pas aux barricades lui non plus. Ce n'est qu'un mois et demi plus tard, le 26 mars, qu'il publie les recommandations de la SCH dans le *Rapport hebdomadaire des maladies au Canada*. Onze ans plus tard, les fonctionnaires du ministère en sont très fiers, soutenant que l'information a été communiquée aux médecins. Le *Rapport* a cependant une diffusion limitée et peu de médecins en font une lecture attentive. «Je n'avais pas le temps, après ma longue journée de travail, d'aller faire des recherches à la bibliothèque, explique le Dr Drouin. On avait tellement autre chose à lire.» De plus, les médecins savent bien que, s'il y a vraiment péril en la demeure, la Direction générale de la

---

1. Entrevue réalisée à Ottawa le 2 juin 1994 pour la rédaction de ce livre.
2. Entrevue réalisée à Halifax le 27 juillet 1994 pour la rédaction de ce livre.

protection de la santé prendra les moyens qui s'imposent pour les alerter.

Nouvelles mesures de protection aux États-Unis

Aux États-Unis, le Department of Health and Human Services (HHS) — le ministère américain de la Santé — réagit avec plus de transparence. Le 4 mars, il annonce, par communiqué de presse, de nouvelles mesures pour protéger les réserves de sang destinées aux transfusions et à la fabrication de produits sanguins.

> Le sang et les produits sanguins apparaissent comme les véhicules responsables de l'augmentation des cas de sida parmi les hémophiles qui utilisent des concentrés de facteur VIII, produits de coagulation fabriqués à partir de réserves communes provenant de plusieurs donneurs. La Food and Drug Administration prépare des recommandations à l'intention des manufacturiers.

Ce communiqué reprend des directives plus précises publiées le même jour dans le bulletin hebdomadaire du Centers for Disease Control, qui prônent l'exclusion, des collectes de sang, des personnes qui risquent de transmettre le sida, c'est-à-dire ceux qui en ont déjà les symptômes, mais aussi les homosexuels et les bisexuels sexuellement actifs, les usagers de drogues injectables et les partenaires sexuels de toutes ces personnes. Cela est particulièrement important, lit-on, en ce qui concerne les donneurs dont le plasma alimente les réserves communes pour la fabrication de produits sanguins à l'intention des hémophiles[1].

La Croix-Rouge canadienne et la question haïtienne

De plus en plus harcelée par les médias, qui comparent ses initiatives à celles prises aux États-Unis, la Croix-Rouge canadienne emboîte le pas. Mais elle procède avec tact et prudence car, selon ses dirigeants, la situation est loin d'être aussi catas-

---

1.   *Morbidity and Mortality Weekly Report*, 4 mars 1983.

trophique au Canada et ses donneurs bénévoles ont un sens des responsabilités élevé. Elle met donc des gants blancs pour annoncer des mesures d'exclusion volontaire des donneurs, sans se douter que cette décision va provoquer un tollé.

Le 10 mars, la Croix-Rouge «déconseille le don du sang aux personnes appartenant aux groupes identifiés comme ayant de fortes chances d'être porteurs du syndrome d'immunodéficience acquise (SIDA)». Or, tout comme aux États-Unis, ces groupes comprennent «les Haïtiens récemment immigrés».

Pourquoi les Haïtiens? On ne sait trop, sauf qu'ils furent les premières victimes de la maladie à Montréal[1] et qu'ils sont aussi mentionnés dans les groupes à risque par la Croix-Rouge américaine (qui laissera tomber cette catégorie par la suite). Plusieurs théories ont circulé, notamment celle de l'origine africaine du virus du sida; le virus aurait transité par Haïti avant d'arriver en Amérique du Nord. Une autre théorie voulait qu'Haïti, en tant que haut-lieu de tourisme sexuel, ait favorisé l'exportation de la maladie. Les Haïtiens sont furieux d'être ainsi montrés du doigt. Ils sont d'autant plus indignés par la recommandation de la Croix-Rouge qu'ils ne sont pas, traditionnellement, de grands donneurs de sang.

La section montréalaise de l'Association des médecins haïtiens à l'étranger convoque aussitôt une conférence de presse. «Rien dans l'état actuel des connaissances et des recherches sur le sida ne permet d'affirmer que la communauté haïtienne en tant que telle constitue une population à risque[2]», affirment ses porte-parole.

Le 16 mars, le journaliste de *La Presse* Charles David, d'origine haïtienne lui aussi, s'en prend à la Croix-Rouge:

---

1. En 1983, on recense plus de 30 000 Haïtiens au Canada, dont la majorité habitent Montréal, dans la circonscription électorale même de la ministre de la Santé, Monique Bégin.
2. Rapporté dans *La Presse*, 16 mars 1983.

Gratuite, imprudemment peut-être mais bêtement gratuite, cette nouvelle gifle aux Haïtiens. [...] Inacceptable et intolérable. [...] l'intention de la Croix-Rouge [...] peut conduire une fraction de l'opinion publique [...] à conclure que la communauté haïtienne, notamment ses membres récemment arrivés au Canada, constitue médicalement une «population à risque». Donc contagieuse et, partant, à être placée en quarantaine.

Le journaliste note l'ambiguïté de la «politique timorée» de la Croix-Rouge, qui demande aux Haïtiens, aux homosexuels et aux narcomanes de ne pas donner leur sang, sans pour autant leur interdire de le faire. «On n'interdit pas, mais on souhaite», poursuit Charles David.

De deux choses l'une, ou la Croix-Rouge poursuit sa logique jusqu'à ses conséquences ultimes et fait adopter, dans un but de salubrité publique, des mesures radicales, étayées par des preuves scientifiques hors de tout soupçon; ou elle dénonce clairement les ambiguïtés qui comportent, pour l'instant, une sérieuse dose d'absurdité ayant jeté l'opprobre sur toute une communauté.

Les Haïtiens songent à protester publiquement (ils obtiennent même un permis de la Ville de Montréal), mais leurs dirigeants abandonnent le projet de manifestation. Le Dr Antony Alcindor, coordonnateur du Comité conjoint haïtien (SIDA), explique:

On s'était dit: compte tenu de l'hiver, compte tenu que cet organisme d'État [la Croix-Rouge] fonctionne en semaine, ça va être extrêmement difficile pour nous de faire sortir la communauté. Ils sont occupés, ce sont des gagne-petit; en plus, leur demander de faire ça... De toute façon, on se rendait bien compte qu'on n'avait pas de poids politique, on n'était pas des Juifs, des Italiens, on n'avait pas de force économique, ni de force électorale pour aller faire pencher la balance ici ou là[1].

Invité à participer à une tribune téléphonique, le Dr Raymond Guevin, directeur médical de la Croix-Rouge à Mont-

---

1.   Entrevue réalisée à Montréal le 24 juin 1994 pour la rédaction de ce livre.

réal, se fait copieusement insulter. La Croix-Rouge n'est pas au bout de ses peines: à Toronto, ce sont les homosexuels qui protestent. Cette controverse et la peur du sida affectent les réserves de sang. La Croix-Rouge doit rassurer le public, redorer son image, car les donneurs la boudent. «Les dommages causés à la Croix-Rouge se manifestent entre autres par une baisse de l'appui aux cliniques de sang à Montréal. Une station de radio qui donne habituellement son appui à ces cliniques le retire à cause de la question haïtienne», écrira le Dr Roger Perrault, directeur national du service de transfusion, à son secrétaire général le 5 avril. Certains hôpitaux doivent réduire le nombre de leurs opérations parce que les réserves de sang sont basses. John Derrick, de la Croix-Rouge, déclare aux médias qu'il est malheureux d'avoir laissé entendre que la Croix-Rouge veut exclure totalement les Haïtiens et les homosexuels de ses collectes de sang. Ce n'est pas le cas, affirme-t-il. Tous ceux qui ne font pas partie de la catégorie à haut risque sont les bienvenus[1].

La question haïtienne continuera longtemps de hanter la Croix-Rouge. Des négociations ont lieu entre le Dr Perrault, Alastair Clayton, directeur général du Laboratoire de lutte contre la maladie, et les représentants de la communauté haïtienne, qui ont d'ailleurs écrit des lettres de protestation au premier ministre du Canada et aux commissions fédérale et provinciales des droits de la personne. On cherche à s'entendre sur la formulation d'un communiqué conjoint qui mettrait un peu de baume sur les blessures de la communauté haïtienne. Une rencontre entre le Dr Alcindor et la ministre de la Santé, Monique Bégin, est prévue, mais elle est annulée à la dernière minute.

Le texte finalement mis au point souligne notamment que la Croix-Rouge «affirme qu'elle n'a jamais dit ni voulu dire que la population haïtienne au Canada était contagieuse». Le

---

1. Rapporté dans le *Toronto Star*, 31 mars 1983.

communiqué est signé par Monique Bégin, Roger Perrault et Alastair Clayton en août 1983, mais il y manque la signature du Dr Alcindor. Celui-ci a refusé de signer parce que, au même moment, la Croix-Rouge récidive publiquement en maintenant l'exclusion des Haïtiens. Le communiqué ne sera jamais diffusé.

Pas de preuve, pas de changement d'attitude

Si la Croix-Rouge navigue en eaux troubles sur la place publique, elle doit aussi composer avec l'inquiétude de ses directeurs médicaux. Lors d'une réunion, les 24 et 25 mars 1983, certains d'entre eux notent une augmentation des donneurs à haut risque dans leurs collectes de sang. Ils veulent des directives sur ce qu'ils doivent faire avec le sang de ces donneurs et sur la façon de les empêcher de donner du sang. Un médecin a décidé, de sa propre initiative, de demander aux donneurs s'ils présentent les symptômes du sida. Le Dr Martin Davey, directeur national adjoint des services de transfusion, croit qu'une seule question peut être posée: «Êtes-vous en bonne santé?» Pour sa part, le Dr Perrault désavoue les directeurs médicaux qui mettent de côté ou même jettent le sang des donneurs à risque; il les enjoint de cesser d'agir ainsi[1].

Mais les nouvelles en provenance des États-Unis continuent d'être alarmantes. En mars 1983, il y a maintenant trois ou quatre nouveaux cas de sida par jour, le double d'il y a six mois. On estime qu'il y aura entre 8 000 et 10 000 victimes avant la fin de l'année. La maladie commence à se répandre dans la classe moyenne hétérosexuelle. On relève au moins un cas associé à une transfusion et 15 autres probables.

Au Canada, la Croix-Rouge et la Société canadienne de l'hémophilie persistent à faire confiance au sang canadien. Le 28 mars 1983, le Dr Hanna Strawczynski, présidente du comité

---

1.   Procès-verbal de la réunion des directeurs médicaux de la Croix-Rouge, 24 et 25 mars 1983.

consultatif médico-scientifique de la SCH, mentionne les recommandations du 7 février dans son rapport annuel, mais elle
rappelle qu'il n'y a toujours pas de preuve que l'agent causal
du sida se transmette par les produits sanguins et qu'il n'y a
donc pas lieu de modifier les traitements.

Philippe

Le 30 mars, Philippe se frappe légèrement contre la rampe
d'escalier. À l'hôpital, on lui injecte sous perfusion deux petites bouteilles de concentrés de facteur VIII. Sa mère est pleinement confiante, personne ne lui a dit qu'on aurait plutôt pu
utiliser des cryoprécipités pour son bébé hémophile de huit
mois.

4

Les produits chauffés

(mars 1983 – novembre 1983)

> *Nous n'en avons pas la certitude,*
> *étant donné que nous ne connaissons pas encore*
> *l'agent qui cause le sida, mais nous espérons*
> *que ce procédé protégera les hémophiles*
> *contre le sida et contre d'autres virus connus,*
> *comme celui de l'hépatite.*
>
> EDWARD BRANDT, sous-secrétaire d'État
> à la Santé (États-Unis), 24 mai 1983.

Marc P.

Marc P. est un hémophile léger. Son niveau de facteur VIII dans le sang est de 25 %, c'est-à-dire 5 % de moins qu'une personne considérée comme normale. Contrairement aux hémophiles graves comme Philippe, dont le niveau se situe à moins de 1 %, les épanchements de sang sont rares chez lui, et quand ils se produisent, il n'a pas nécessairement besoin de prendre des produits coagulants. «Pour des coupures, pour toute hémorragie externe où on pouvait voir jaillir du sang, je n'ai jamais senti le besoin de m'administrer des concentrés, tout simplement parce que c'est facile pour un hémophile léger, avec des pansements et tout ça[1]...» Ce sont les hémorra-

---

1. Entrevue réalisée le 8 juin 1994 pour la rédaction de ce livre.

gies internes, dans les articulations, qui peuvent poser problème. «On ne voit pas le sang couler. Il se répand dans les articulations et cela peut laisser des séquelles. Dans ces cas-là, je ne prenais pas de chances, je m'administrais un concentré et j'allais directement au centre de traitement pour qu'ils évaluent la situation.» Comme Marc P. a pratiqué plusieurs sports, entre l'âge de 9 et 15 ans, de telles hémorragies sont survenues à raison de deux ou trois saignements par année. «Mais l'hémophilie ne m'a jamais empêché de faire quoi que ce soit. Ça n'a pas été un handicap comme chez un hémophile grave. Par contre, je voyais que j'étais un peu plus vulnérable que la moyenne des gens, surtout lorsque je me faisais plaquer au football ou au hockey.»

En 1983, Marc P. étudie à l'université de Miami, en communications; il suit donc les informations de près. Il se souvient de la première fois où il a entendu parler de l'existence d'un virus qui causerait le sida:

> C'était, je pense, à ABC News. Il y avait un reportage à *Nightline* avec Ted Koppell et je me souviens très bien qu'il avait interviewé quelqu'un du CDC d'Atlanta. Je crois que c'était durant l'hiver 1983. Koppell disait qu'il y avait un nouveau virus qui s'attaquait au système immunitaire, que le mode de transmission était par contact sexuel et qu'on avait également recensé des cas par transfusion sanguine.

Il a déjà entendu parler du sida, car l'université de Miami jouxte un des plus grands hôpitaux américains, le Jackson Memorial, où plusieurs cas déjà ont été diagnostiqués. L'entrevue avec le spécialiste d'Atlanta a retenu son attention, car «chaque fois qu'on entend parler d'un virus on a l'impression que nous aussi on est vulnérables et qu'il faut se protéger. Je me suis demandé: moi, en tant qu'hémophile, est-il possible que je m'injecte le virus?»

Une source d'espoir: de nouveaux concentrés

Au printemps 1983, le virus, qui n'a pas encore été identifié, continue de s'infiltrer furtivement dans les réserves de sang et rien ne semble devoir arrêter la contamination. Le moyen de défense adopté par la Croix-Rouge canadienne, qui s'est contentée de conseiller aux personnes particulièrement exposées à la maladie de ne pas donner de sang, ne risque pas d'enrayer la progression de l'agresseur. Mais, ailleurs dans le monde, l'inquiétude a accéléré les recherches. Deux manufacturiers de produits sanguins pensent avoir trouvé une arme idéale : la chaleur.

La technique de chauffage des concentrés n'est pas nouvelle. Behringwerke, en Allemagne, chauffe ses concentrés de facteur VIII pendant 10 heures à 60 °C depuis la fin des années 1970 dans l'espoir d'inactiver le virus de l'hépatite. En 1983, les laboratoires Travenol-Hyland, aux États-Unis, perfectionnent la technique, portant la durée du chauffage à 72 heures. Les deux manufacturiers croient que cette technique pourrait inactiver également le supposé virus du sida, qu'on croit maintenant être un rétrovirus[1]. Les rétrovirus seraient extrêmement vulnérables à la chaleur.

Mais le chauffage a un inconvénient : il diminue le rendement du plasma. Plus on chauffe, plus on détruit les protéines de coagulation. Il faut de 10 % à 30 % de plus de plasma pour obtenir des concentrés aussi efficaces que les produits non chauffés. Les concentrés chauffés coûtent donc plus cher.

Travenol-Hyland obtient un permis de la Food and Drug Administration (FDA) en mars 1983 pour un produit chauffé appelé Hemofil T. Dans un communiqué de presse émis à Washington le 24 mai, le sous-secrétaire d'État à la Santé Edward Brandt souligne l'espoir que ce nouveau produit représente :

> Je suis fier d'annoncer aujourd'hui que la FDA a approuvé un nouveau procédé à la chaleur pour réduire les agents infectieux dans les produits sanguins utilisés par les hémophiles. Nous n'en avons pas la certitude, étant donné que nous ne connais-

---

1. Voir page 62.

sons pas encore l'agent qui cause le sida, mais nous espérons que ce procédé protégera les hémophiles contre le sida et contre des virus connus, comme celui de l'hépatite.

En plus du marché américain, Travenol-Hyland souhaite distribuer son produit sur les marchés français et canadien. Mission difficile car, dans ces deux pays, la distribution des produits sanguins est sous le contrôle d'un monopole — le Centre national de transfusion sanguine (CNTS) en France et la Croix-Rouge au Canada — alors qu'aux États-Unis médecins et hôpitaux peuvent s'approvisionner où ils veulent. En mai, le directeur du CNTS, Michel Garretta, reçoit une lettre de Travenol-Hyland qui l'informe que le nouveau produit est disponible.

Ce nouveau produit traité par la chaleur (Hemofil T), commercialisé récemment par Hyland, a la même activité et la même efficacité que l'Hemofil normal (Facteur antihémophilique humain), mais a été soumis, au cours de sa production, à une phase additionnelle de traitement par la chaleur dans le but de réduire la contamination virale.

L'agent causal du sida n'étant pas identifié et les effets de la procédure de chauffage sur tous les virus n'étant pas déterminés, Hyland ne peut pas actuellement donner l'assurance que le traitement par la chaleur élimine le risque de transmission du sida. Toutefois, Hyland estime que l'administration du produit chauffé dans le but de diminuer la contamination virale ne peut qu'accroître la sécurité des patients et du personnel des centres de traitement[1].

À peu près au même moment, le 25 mai, Travenol Canada soumet une demande au Bureau des produits biologiques pour faire homologuer l'Hemofil T. Le processus d'approbation d'un produit est long et complexe: il faut s'assurer de son efficacité et de son innocuité. Dans ce cas-ci, il prendra six mois.

---

1. Lettre signée par M. Cibault, directeur des affaires scientifiques des laboratoires Travenol, 10 mai 1983.

En juin, Travenol-Hyland s'impatiente. Son représentant, le Dr Georgio Fontana, téléphone à Wark Boucher, chef des produits du sang au Bureau des produits biologiques à Ottawa. Il lui annonce que Travenol-Hyland abandonne progressivement la production du produit non chauffé au bénéfice du nouveau produit, ce qui compromet son contrat avec la Croix-Rouge canadienne, qui doit continuer d'acheter des concentrés aux États-Unis[1]. Il faudrait que le BPB approuve bientôt le nouveau produit puisque, dans peu de temps, ce sera le seul offert par le manufacturier américain.

Les produits américains ont cependant mauvaise presse. De plus en plus, on les accuse de propager le sida. En juin, le Conseil de l'Europe adresse une mise en garde à ses 21 pays membres:

> Étant donné l'importance grandissante du sida qui peut être causé par un agent infectieux transmissible par le sang et les produits sanguins; [et en tenant compte des mesures de base préconisées par un comité d'experts, entre autres] d'éviter d'importer du plasma et des produits de coagulation de pays où certains groupes sont à risque et où les donneurs sont rémunérés; [...] il est recommandé [...] d'éviter autant que possible l'utilisation de produits de coagulation préparés à partir de réserves communes de plasma; ceci est particulièrement important dans les pays qui ne sont pas encore autosuffisants en ce qui concerne la production de tels produits; d'informer les médecins traitants et les patients qui recevront ces produits, comme les hémophiles, des risques potentiels de cette forme de traitement et des possibilités de réduire ces risques [...][2].

Découverte du virus du sida

En mai 1983, le sida est entré dans une phase épidémique dans 16 pays. Aux États-Unis, on reconnaît qu'il constitue un pro-

---

1. Résumé de conversation téléphonique adressé à J. Furesz et D. Pope, 15 juin 1983.

2. Conseil de l'Europe, Comité des ministres, recommandation n° R(83)8 «on preventing the possible transmission of acquired immune deficiency syndrome (AIDS) from affected blood donors to patients receiving blood or blood products», adoptée le 23 juin 1983.

blème de santé publique majeur. Vingt-cinq Américains ont été contaminés par le sang : 13 hémophiles et 12 transfusés. La plupart des transfusés infectés ont reçu de très grandes quantités de sang et leurs symptômes se sont manifestés deux ans plus tard.

Au Canada, 24 cas de sida ont été recensés, principalement chez des Haïtiens de Montréal et des homosexuels. Le Laboratoire de lutte contre la maladie n'a encore été informé d'aucun cas de contamination par transfusion ou par utilisation de drogues injectables. Notons cependant que le sida n'est pas encore une maladie à déclaration obligatoire.

Le 31 mars, un premier hémophile canadien meurt du sida, à New Westminster, en Colombie-Britannique. Le jeune travailleur d'usine de 29 ans, qui ne s'était soigné qu'avec des cryoprécipités jusqu'à l'âge de 25 ans, s'était administré des concentrés en 1979, en 1981 et en 1982. Les premiers symptômes du sida étaient apparus en 1980 (gonflement des glandes lymphatiques) et son état n'avait cessé d'empirer depuis. Le diagnostic de sida avait été posé le 7 février 1983.

Par ailleurs, on commence à parler des récentes découvertes qui relient le sida à un rétrovirus. À Paris comme à Atlanta, les équipes respectives du Pr Luc Montagnier de l'Institut Pasteur et du Dr Robert Gallo du National Institutes of Health étudient cette théorie depuis octobre 1982 : la cible privilégiée du rétrovirus serait la cellule T4, la cellule clé du système immunitaire. Les rétrovirus ont été découverts par le Dr Gallo en 1981.

Les rétrovirus s'installent dans le cœur génétique de la cellule qu'ils envahissent ; c'est là leur caractéristique principale. Ils prennent ensuite les commandes et déclenchent à leur avantage le système de reproduction de leur hôte, donnant ainsi naissance à un grand nombre de nouveaux virus. Ils font tout cela grâce à une enzyme unique qu'ils possèdent : la transcriptase inverse. Les rétrovirus ont aussi pour caractéristique de pouvoir dormir pendant plusieurs années dans l'organisme avant de se manifester.

Le 20 mai 1983, le Pr Montagnier annonce dans la revue américaine *Science* que son équipe a réussi à isoler un rétrovirus dans les ganglions d'un sidéen[1]. Ce rétrovirus a été baptisé LAV (Lymphodenopathy Associated Virus).

Le Groupe de travail national sur le sida

Au Canada, le sida n'est toujours pas une maladie à déclaration obligatoire, sauf en Colombie-Britannique. Et jusqu'à maintenant, aucun budget n'a été attribué à la recherche sur cette maladie. Mais la population commence à s'affoler. L'agitation haïtienne provoquée par la décision de la Croix-Rouge d'exclure les donneurs de sang haïtiens a fait des remous à Montréal, dans la circonscription de la ministre de la Santé Monique Bégin. C'est alors que le ministère a mis sur pied le Groupe de travail national sur le sida. Albert Liston, qui était à l'époque directeur général exécutif de la Direction générale de la protection de la santé, explique :

> Il y avait des histoires exagérées dans les journaux. Cela demandait d'avoir un groupe consultatif qui ferait qu'on se fierait à ces gens-là. Nous, comme fonctionnaires, on parle par l'entremise de l'autorité du ministre. Un comité consultatif, par contre, est vu comme étant plus indépendant et peut inspirer davantage confiance, et c'est cela qu'on cherchait[2].

Le Groupe se voit confier le mandat suivant :

> [...] étudier la situation du sida au Canada et dans d'autres pays et conseiller la ministre de la Santé et les autres agences appropriées afin de mener à l'implantation de soins médicaux, de la recherche et d'autres stratégies concernant le diagnostic, le traitement, le contrôle et la prévention du sida au Canada[3].

---

1. L. Montagnier *et al.*, «Isolation of a T-lymphotropic retrovirus from a patient at risk for acquired immune deficiency syndrome (AIDS)», *Science*, 20 mai 1983, p. 868-870.
2. Entrevue réalisée à Ottawa le 17 juin 1994 pour la rédaction de ce livre.
3. Procès-verbal de la réunion du 5 mai 1983 du Groupe de travail national sur le sida.

La première réunion a lieu le 5 mai à Ottawa, dans les locaux du ministère. Elle est présidée par Alastair Clayton, directeur général du Laboratoire de lutte contre la maladie. Trois autres scientifiques du ministère sont présents: Wark Boucher, du Bureau des produits biologiques, Peter Gill et Gordon Jessamine, du Laboratoire de lutte contre la maladie. Il y a aussi John Derrick, de la Croix-Rouge, Denise Leclerc-Chevalier, directrice exécutive du Comité canadien du sang, le Dr Norbert Gilmore, de l'hôpital Royal Victoria et de l'université McGill, le Dr Richard Morisset, de l'Hôtel-Dieu de Montréal, et le Dr James Allen, du CDC d'Atlanta. Le Groupe inclut également des scientifiques rattachés à des universités et une représentante du ministère de la Santé de l'Ontario, ainsi que six observateurs du Laboratoire de lutte contre la maladie.

John Derrick souligne que, selon lui, on a fait peur au public avant même d'avoir des preuves suffisantes de la transmission du sida par le sang. Il soutient qu'il faudra d'autres études pour établir ce lien, et pour rassurer la population. De leur côté, les docteurs Richard Morisset et Norbert Gilmore décrivent respectivement l'ampleur des efforts déployés au Québec par le Comité-sida (sous-comités divers, ligne téléphonique pour les médecins, études épidémiologiques sur les homosexuels, les Haïtiens et les prostitués hommes et femmes) et l'étendue de la maladie à Montréal, où les cas confirmés de sida concernent en majorité des Haïtiens. On pense que le premier cas de sida a été diagnostiqué en 1978.

Selon le Dr Gilmore, on voit un nombre considérable de cas d'inflammation des glandes lymphatiques. Les médecins semblent au courant depuis longtemps, mais depuis qu'on parle du sida, ils sont de plus en plus nombreux à envoyer leurs patients à l'hôpital pour y subir des biopsies. Les symptômes des patients incluent des transpirations nocturnes, de la diarrhée, de la perte de poids, etc. Les patients sont des Haïtiens, des homosexuels et des hémophiles.

Le Dr Allen donne les informations les plus récentes sur la situation aux États-Unis : on y a diagnostiqué 1 361 cas de sida, dont 12 chez des hémophiles. Environ 6 % des malades ne présentaient aucun facteur de risque, or certains parmi eux avaient reçu des transfusions massives et les symptômes de la maladie ne sont apparus que deux ans plus tard.

La réunion prend fin avec cette déclaration à l'adresse de la ministre :

> Le Groupe de travail national sur le sida croit qu'on peut s'attendre à une progression géométrique des nombres de cas de sida au pays. Cette maladie va engendrer des problèmes supplémentaires pour contenir «l'agent infectieux», et concernant les risques de sa transmission aux patients qui ont besoin de sang et de produits sanguins, et aux travailleurs de la santé. Le diagnostic et le traitement des patients atteints du sida seront accompagnés d'un climat d'agitation sociale et coûteront de plus en plus cher en soins de santé. On s'attend à ce que le sida devienne un problème de santé publique et individuelle de plus en plus important qui va nécessiter la coordination de plusieurs disciplines de la santé.

> En raison de l'urgence et de l'inquiétude exprimée partout aux États-Unis et au Canada sur cette situation, le Groupe de travail national sur le sida recommande que :

> 1. des fonds soient alloués le plus tôt possible durant le présent exercice financier et sur une base annuelle continue pour les activités reliées au sida au Canada, plus précisément des fonds provenant du budget de développement social du Conseil de recherches médicales et du Programme national de recherche et de développement en matière de santé (PNRDS) ;

> 2. le Conseil du Trésor soit approché pour débloquer des fonds dans un budget spécial supplémentaire de dépenses en vue de financer des contrats de recherche contrôlés par la Direction générale de la protection de la santé ;

> 3. on donne plus de ressources à la Direction générale de la protection de la santé pour accroître la surveillance de la mala-

die et pour la recherche de méthodes de laboratoire comparables, pour le diagnostic et le contrôle du sida [...];

4. la ministre de la Santé du Canada avise ses homologues provinciaux de [l'existence et du mandat du Groupe de travail national sur le sida]. La ministre pourrait aussi envisager d'aviser d'autres groupes intéressés, tels que la Croix-Rouge, la Société canadienne de l'hémophilie, la communauté haïtienne au Canada et d'autres, que le Groupe de travail agit en tant que source d'information et de ressources et qu'il a besoin de leur collaboration;

5. la recherche sur le sida se voie attribuer par le gouvernement fédéral et les autres organismes subventionnaires une très haute priorité de financement [...].

On recommande également que le Groupe de travail ait tous les pouvoirs pour coordonner les recherches, éviter la dilution des efforts et des ressources, et tirer le meilleur parti possible des ressources.

À la suite d'une recommandation du Dr Morisset, le Groupe décide de se donner le nom de Comité consultatif national sur le sida (CCN-SIDA). La ministre Monique Bégin mettra trois mois et demi à donner suite à ces recommandations; le 15 août, elle annoncera simplement la création du CCN-SIDA. Aucun budget ne sera alloué à la recherche dans l'immédiat.

Les réponses rassurantes de la Croix-Rouge

De plus en plus, la population a besoin d'être informée et rassurée sur cette maladie qui semble incontrôlable. Les médias sont accusés d'alimenter l'inquiétude avec des manchettes sensationnalistes, mais la Croix-Rouge, qui fait peut-être de son mieux dans les circonstances, n'en transmet pas moins des messages qui semblent contradictoires. À preuve la série de questions et réponses sur le sida, datée du 18 juillet 1983, que la Croix-Rouge a préparée pour aider ses directeurs médicaux à répondre aux médias.

Les questions ont été formulées par le département de Santé publique de Toronto. Les réponses proviennent d'un «effort conjoint» du directeur national des services de transfusion de la Croix-Rouge, le Dr Roger Perrault, de son directeur adjoint, Derek Naylor, et du directeur du service des produits sanguins, John Derrick.

Question 1 : Est-ce que les hommes homosexuels et les Haïtiens peuvent donner du sang?

Réponse : Oui, mais on conseille aux Haïtiens récemment arrivés au pays et aux homosexuels qui ont plusieurs partenaires de ne pas donner de sang pour le moment.

Mais, un peu plus loin, une autre question amène une réponse un peu différente.

Question 17 : [...] À partir de combien de partenaires un homosexuel doit-il cesser de donner du sang?

Réponse : Le degré de promiscuité a cessé d'être un facteur puisqu'on sait maintenant qu'un seul contact sexuel peut transmettre le sida. Jusqu'à ce qu'on en sache plus, on conseille à tous les individus faisant partie d'un groupe à risque de ne pas donner de sang.

Les autres réponses illustrent bien ce que la Croix-Rouge canadienne juge bon de communiquer à la population, au sujet de l'état des connaissances, à l'été 1983, près d'un an après la mise en garde du CDC d'Atlanta et un mois après celle du Conseil de l'Europe.

Question 3 : Le sang au Canada est-il contaminé par le sida?

Réponse : Il n'y a aucune preuve que le sang canadien soit contaminé; il n'y a aucun cas prouvé de contamination par transfusion «de routine». Aux États-Unis, ce n'est toujours pas prouvé non plus. Cependant le resserrement des critères sur les dons de sang semble avoir réduit les possibilités de contamination.

Question 6 : Les gens devraient-ils annuler des opérations chirurgicales non urgentes?

Réponse: Certainement pas, puisqu'il n'y a aucune preuve que le sang soit moins sécuritaire maintenant qu'avant l'apparition du sida.

Question 12 a: Il y a deux hémophiles contaminés par le sida au Canada [...]. Cela veut-il dire que le sang canadien est contaminé, comme celui des États-Unis?

Réponse: Le fait qu'on ait rapporté des cas de contamination chez des hémophiles ne veut pas dire que le sang est contaminé, ni au Canada ni aux États-Unis. La cause de la maladie, les raisons de la vulnérabilité de certains groupes d'individus et les modes de transmission ne sont pas connus.

Lettre d'un hémophile du Manitoba

Excédé et en colère, un hémophile du Manitoba, Ed Kubin, écrit le 18 août une lettre bouleversante à Ken Poyser, président du comité des ressources sanguines de la Société canadienne de l'hémophilie. Il se dit extrêmement préoccupé par la quantité et la qualité des cryoprécipités disponibles pour remplacer les concentrés de facteur VIII: «Le Canada a-t-il augmenté la production de cryo?» Il s'inquiète aussi de l'utilisation sans discernement de concentrés de facteur VIII d'origine étrangère.

Il dénonce la décision gouvernementale, prise en 1981, de forcer la Croix-Rouge à envoyer une partie de son plasma chez Connaught. Il veut savoir ce qu'il s'injecte dans les veines, il veut connaître les quantités exactes de plasma canadien et étranger qui entrent dans la fabrication des concentrés; il veut surtout avoir des garanties que tout est mis en œuvre pour accroître la production de plasma canadien afin que les produits dont il a besoin soient les plus sûrs possible.

Ed Kubin veut aussi savoir si les histoires d'horreur qu'il entend au sujet des concentrés de facteur VIII produits chez Connaught sont vraies et, si oui, ce que le Comité canadien du sang a l'intention de faire au sujet de cette situation intolérable:

Après avoir englouti des millions de dollars pendant au moins cinq ans dans cette entreprise [...] et forcé depuis deux ans les hémophiles ontariens à utiliser ses produits, n'est-il pas temps de reconnaître qu'une erreur a été commise et qu'il faut corriger la situation avant que le public ne soit mis au courant et que toute l'affaire ne devienne une honte nationale?

[...] chaque fois qu'un hémophile reçoit un traitement, il se demande si c'est cette injection-là qui va lui donner le sida. [...] tenus dans l'ignorance quant à la nature des produits qu'ils s'injectent [...], plusieurs hémophiles préféreront se passer de traitement [...] et risqueront ainsi la mort et l'infirmité. [...]

Pendant des années, les hémophiles ont tout encaissé en silence et risqué, chaque jour de plus en plus, d'être contaminés par l'hépatite à cause de produits sanguins de qualité douteuse provenant d'un autre pays. Le sida ajoute une dimension terrifiante à tout cela.

Ed Kubin juge que les actes du gouvernement sont suspects dans ce dossier. Il faut une étude indépendante, dit-il, qui devrait être pilotée par le comité consultatif médico-scientifique de la Société canadienne de l'hémophilie.

Pour conclure, l'hémophile manitobain supplie son correspondant d'agir de toute urgence pour « montrer aux hémophiles canadiens que quelque chose est en train de se faire, que quelqu'un se soucie vraiment de leur sort et que le sida n'est pas la cure trouvée par le gouvernement pour mettre fin à l'hémophilie ».

Les arguments de Travenol-Hyland

À la même époque, Travenol-Hyland, toujours en attente de l'approbation de son produit chauffé, l'Hemofil T, au Canada, et consciente de la mauvaise réputation des produits américains, affirme que l'Hemofil vendu à la Croix-Rouge canadienne est sécuritaire même s'il est américain. Il est vrai que Travenol-Hyland a été l'un des premiers manufacturiers à sélectionner ses donneurs, avant même d'y être obligé par le gouvernement des États-Unis.

Le 8 août, le Dr W. Williams, directeur médical de Travenol Canada, écrit à la Société canadienne de l'hémophilie pour lui décrire les précautions que le manufacturier américain a prises: les donneurs à risque (les sidéens, les homosexuels, les Haïtiens, les usagers de drogues injectables et les partenaires de toutes ces personnes) sont exclus; un médecin rencontre personnellement chaque donneur et effectue un examen médical avant le prélèvement du sang; des analyses d'urine et de sang sont faites tous les quatre mois. Seul le plasma recueilli aux endroits qui respectent ces consignes est utilisé pour la fabrication des concentrés de facteur VIII. De plus, aucun don de sang n'est accepté dans les régions où vivent de nombreux donneurs à risque. Le Dr Williams assure les médecins canadiens que sa société va continuer à prendre toutes les mesures appropriées pour éliminer les sources de contamination par le sida.

Travenol-Hyland est aussi le seul manufacturier à rappeler les produits sanguins suspects, des concentrés de facteur VIII et IX. Le 15 septembre, Micheline Posner, représentante de Travenol, en informe la Société canadienne de l'hémophilie[1]. Elle joint à sa lettre un article du *Medical World News* paru le 22 août, qui mentionne que:

> Travenol a rappelé 187 fioles de facteur IX et mis de côté une production évaluée à trois millions de dollars parce qu'un donneur présentait des symptômes qui ressemblaient à ceux du sida. Même si l'état du donneur s'est amélioré et qu'aucun diagnostic de sida n'a été posé, la compagnie n'a pas encore décidé ce qu'elle ferait avec les produits[2].

Un appel au calme étonnant

À la Société canadienne de l'hémophilie, on commence à s'intéresser de près au nouveau produit chauffé. Le 12 septembre,

---

1.   Lettre à Ed Gurney, directeur exécutif de la SCH, 15 septembre 1983.
2.   «Guidelines for recall of blood from AIDS donors? FDA says no».

le Dr Hanna Strawczynski, présidente du comité consultatif médico-scientifique, y fait allusion dans une note à ses collègues : «On n'a toujours pas de preuve que ce nouveau produit chauffé soit efficace contre l'hépatite, mais il se peut qu'il soit plus sûr du point de vue de la contamination virale.» Mais elle précise ensuite que, selon Derek Naylor des services nationaux de transfusion de la Croix-Rouge, «l'acceptation de ce produit au Canada compromettrait les buts d'autosuffisance en raison de la perte de rendement du plasma causée par le processus de chauffage». Le Dr Strawczynski souligne que Travenol dément cette perte mais qu'elle ne peut affirmer que cette information soit exacte. Elle demande l'avis de ses collègues sur le produit.

Par ailleurs, elle lance un appel au calme aux hémophiles canadiens. Dans un communiqué d'une page intitulé «Dernières nouvelles sur le sida», elle écrit :

> L'inquiétude n'a fait que redoubler avec le récent rappel d'un certain nombre de lots de concentrés de facteurs de coagulation après qu'un donneur eut révélé qu'il avait des antécédents d'hépatite. [...] une semaine plus tard, la Croix-Rouge américaine rappelait un autre lot après avoir constaté que l'un des donneurs avait depuis contracté le sida. Le Canada ne reçoit ni plasma ni produits plasmatiques de la Croix-Rouge américaine et les deux rappels n'avaient aucun rapport, mais nous avons néanmoins été submergés d'appels de malades pris de panique. Ce climat d'angoisse n'est guère propice à l'évaluation ou au traitement des hémorragies.

Le Dr Strawczynski rappelle alors les recommandations du 7 février, et signale que : «Aucun fait nouveau n'est apparu qui justifie la modification de notre programme de traitement.» Quant aux lots rappelés : «Le rappel d'un lot prouve l'étroite surveillance qui s'exerce en permanence sur les produits du sang et ne donne pas lieu de s'inquiéter ou de modifier un traitement de suppléance.» Et elle ajoute : «Il n'y a pas lieu de s'inquiéter non plus lorsque la Croix-Rouge canadienne décide de résilier un contrat d'achat de concentrés de facteur

VIII. D'autres contrats seront conclus avec d'autres compagnies et il n'y a aucun risque de pénurie de ce type de produit. »

Pourquoi le Dʳ Strawczynski affirme-t-elle qu'il n'y a aucun fait nouveau ? La recherche à laquelle elle a participé à compter d'octobre 1982 avec le Dʳ Tsoukas a pourtant apporté un éclairage brutal sur la possibilité de contamination des hémophiles montréalais et sur la nocivité des produits qu'on leur suggère de continuer à utiliser.

Les chercheurs ont comparé les systèmes immunitaires de trois groupes d'hommes hétérosexuels asymptomatiques de Montréal[1] : 34 souffrant d'hémophilie classique grave qui recevaient des concentrés lyophilisés de facteur VIII, 10 atteints d'hémophilie classique légère et de la maladie de von Willebrand[2] qui recevaient des cryoprécipités et 22 hommes normaux qui ont servi de groupe témoin. Tout comme les auteurs des études publiées en janvier 1983 dans le *New England Journal of Medicine*, les chercheurs montréalais ont observé que les hémophiles traités aux concentrés de facteur VIII présentaient davantage d'anomalies du système immunitaire que ceux qui étaient traités aux cryoprécipités[3].

Ils ont même écrit qu'il était raisonnable de postuler que, tout comme le virus de l'hépatite, un autre agent, non encore identifié, est transmis par les préparations de facteur VIII et est responsable des anomalies du système immunitaire :

> Ces résultats indiquent qu'une majorité de sujets souffrant d'hémophilie classique mais apparemment immunocompétents montrent *in vivo* et *in vitro* des signes d'immunité cellulaire

---

1. À l'origine, le projet ne prévoyait que deux groupes. Voir page 27.
2. Maladie du système immunitaire très proche de l'hémophilie. Le sang des gens souffrant de cette maladie contient la protéine de facteur VIII, mais pas l'enveloppe qui l'entoure.
3. Christos Tsoukas, Francine Gervais, Abraham Fuks, Ronald Guttmann, Hanna Strawczynski, Joseph Shuster, Phil Gold, «Immunologic dysfunction in patients with classic hemophilia receiving lyophilized factor VIII concentrates and cryoprecipitate», *Canadian Medical Association Journal*, vol. 129, 1ᵉʳ octobre 1983, p. 713-717.

altérée et peuvent être sujets au développement des infections opportunistes et des néoplasmes.

Plus loin, les auteurs de l'étude avancent, tableaux et chiffres à l'appui, que :

> La plupart des hémophiles graves que nous avons étudiés [...] sont probablement extrêmement à risque de développer le sida. En fait, quatre des 34 patients traités avec des concentrés de facteur VIII [qui n'avaient aucun symptôme au début de l'étude] ont, depuis, développé une lymphadénopathie généralisée.

D'ailleurs, depuis la fin de l'étude — il y a plusieurs mois déjà —, le nombre d'hémophiles présentant des symptômes apparentés à ceux du sida n'a cessé d'augmenter. La consigne de ne rien changer aux traitements n'en est que plus surprenante. Comment le Dr Strawczynski, qui a participé à cette recherche, peut-elle prétendre qu'aucun fait nouveau n'est venu étayer l'hypothèse de la contamination possible des concentrés de facteur VIII ? Et comment le Dr Tsoukas peut-il se montrer encore sceptique avec des résultats aussi troublants ?

Dans le numéro d'octobre 1983 du magazine *L'actualité*, le journaliste Yannick Villedieu fait le point sur la relation possible entre le sida et le sang : le sida, écrit-il, semble «transmissible par les produits sanguins». On apprend dans l'article que, malgré les risques, Georges T., un hémophile québécois, s'injecte à titre préventif des concentrés de facteur VIII, à raison de quatre fioles tous les trois jours... Et le journaliste de citer le Dr Strawczynski : «Pas de changement dans le traitement recommandé.»

Le bébé de Sainte-Justine

Le 1er septembre, le *New England Journal of Medicine* publie l'article d'une équipe de médecins de l'hôpital Sainte-Justine[1],

---

1. Les Drs Normand Lapointe, Zave Chad, Gilles Delage, Serge Montplaisir et Jean Joncas, et Marie Blagdon Brossard.

à Montréal. Tout comme à San Francisco, quelques mois plus tôt, on aurait découvert un premier cas de contamination par transfusion sanguine au Canada.

Des médecins[1] de cet hôpital ont d'abord rapporté, en avril, dans le même NEJM, les cas de trois enfants, nés de mères haïtiennes, qui avaient contracté le sida. Un de ces enfants, une petite fille née le 14 juin 1981, est décédé. La mère de l'enfant était morte du sida peu de temps avant sa fille.

L'article qui paraît maintenant annonce que trois autres de leurs petits patients présentant des symptômes du sida sont maintenant décédés. L'un d'entre eux est «un enfant blanc, canadien-français, ayant reçu deux transfusions sanguines à la naissance». On a établi, plus tard, que l'un des donneurs était homosexuel. Les parents de cet enfant ont un système immunitaire normal. Celui des parents des deux autres enfants décédés, par contre, présentait des anomalies. Les médecins de Sainte-Justine concluent: «Ces observations [...] pointent vers un agent ou des agents transmissibles par le sang, susceptibles de causer une immunodépression menant à la mort, malgré les traitements actuels[2].»

De leur côté, les hémophiles ontariens s'inquiètent de la qualité des produits sanguins qu'on leur donne. Le 3 octobre, deux représentants de la section ontarienne de la Société canadienne de l'hémophilie font appel au Comité-sida de l'Ontario. Ils réclament des produits sanguins non contaminés et des programmes pour mieux contrôler la qualité de ces produits et étudier le développement de complications comme le sida. Un hémophile, médecin de profession, le Dr Abe Shore, fait ressortir que, contrairement à d'autres groupes infectés par le sida, les hémophiles ne peuvent pas, eux, changer leur comportement. «Les hémophiles, explique-t-il, sont dans le train jus-

---

1.   Les Drs Jean Joncas, Gilles Delage, Zave Chad et Normand Lapointe.
2.   *The New England Journal of Medicine*, 1er septembre 1983, p. 554.

qu'au bout de la ligne... Ils ne peuvent descendre quand ils le veulent[1].»

Le Dr Mary Fanning, présidente du Comité-sida de l'Ontario, dira, bien plus tard, à la Commission d'enquête sur l'approvisionnement en sang que le comité n'avait pas répondu favorablement aux demandes du Dr Shore parce que la prémisse en était que «le sang était la cause du sida[2]».

Le 9 novembre, les membres du Comité consultatif national sur le sida[3], réunis à Ottawa, apprennent une nouvelle renversante : le tiers des hémophiles de Montréal étudiés par le Dr Tsoukas ont développé les premiers symptômes du sida[4]. Le Dr Roger Perrault, directeur national des services de transfusion de la Croix-Rouge, et les observateurs avertis du ministère de la Santé présents à cette réunion (entre autres le Dr John Furesz, du Bureau des produits biologiques, et Alastair Clayton, du Laboratoire de lutte contre la maladie) devraient trouver cette nouvelle très alarmante : n'est-ce pas un signe que les concentrés de facteur VIII qu'ils persistent à ne pas soupçonner sont fort probablement contaminés ?

Les tiraillements de la Croix-Rouge

Confiance aveugle dans la qualité du sang canadien ? Refus de céder à la panique ? Volonté de garder la tête froide à tout prix ? Ceux qui devraient sonner l'alarme semblent ne pas croire à la tragédie. C'est du moins ce que laissent supposer les nombreuses notes que John Derrick, à titre de conseiller aux affaires régulatrices et aux bonnes pratiques manufacturières, adresse

---

1. Note de Jo-Anne Harper à Mark George, au sujet de la rencontre avec le Comité-sida de l'Ontario, 4 octobre 1983.
2. Audience du 8 mars 1994. Paroles rapportées par André Picard, *The Globe and Mail*, 9 mars 1994, p. A3.
3. Voir page 276.
4. Nouvelle transmise par Peter Gill, du Laboratoire de lutte contre la maladie, selon le procès-verbal de la réunion. Le Dr Tsoukas niera, en 1994, que de telles données aient été disponibles et qu'elles aient pu être transmises lors de cette réunion.

au Dr Perrault, directeur national des services de transfusion, et aux directeurs médicaux de la Croix-Rouge.

En juin 1983, par exemple, au lieu de voir dans les deux premiers cas de contamination par le sang au Canada un signe alarmant de la propagation de la maladie par les produits sanguins canadiens, John Derrick s'inquiète du traitement médiatique des événements et de ses répercussions sur la Croix-Rouge :

> *17 mai 1983 :* Le Dr Terry Stout a rapporté au Dr Perrault la mort à Vancouver d'un hémophile de 29 ans avec un diagnostic final de sida (infection opportuniste, toxoplasmose). Plus de détails sur ce cas seront rendus publics par le Laboratoire de lutte contre la maladie. Il faudra s'attendre à ce que les médias s'intéressent à ce cas. [...]

> *30 mai 1983 :* Il y a eu une fuite dans les médias concernant l'existence d'un cas de sida chez un individu de Toronto dont le seul facteur de risque était l'hémophilie. Le Laboratoire de lutte contre la maladie n'a pas encore établi qu'il s'agissait d'un cas de sida. La diffusion de cette information a causé une autre tempête médiatique[1].

En septembre, John Derrick explique, dans une note au Dr Perrault, qu'il n'y a pas lieu de changer les critères d'exclusion des donneurs, « même s'il semble que l'agent responsable du sida se transmette par le sang ». Il poursuit :

> La fréquence des cas de sida à la suite de transfusions est très faible si on considère qu'il n'y a que 15 transfusés contaminés aux États-Unis sur un total de 10 millions de transfusions en trois ans [...] dans un pays où la prévalence du sida est cinq fois plus élevée qu'au Canada.

> Compte tenu de ce faible risque, la Société canadienne de la Croix-Rouge a choisi de ne pas modifier son processus de sélection des donneurs au-delà de l'auto-exclusion [...].

Toujours dans la même note, John Derrick souligne que :

---

1. Note, 2 juin 1983.

La possibilité de poser des questions précises aux donneurs [comme cela se fait aux États-Unis] pour déterminer s'ils font partie de groupes à risque a été examinée. Il ne faut pas oublier que si les Américains ont décidé d'agir de façon plus musclée, c'est à la suite de pressions exercées par les médias [entre autres groupes].

Plus loin, il explique que l'approche plus vigoureuse des autorités américaines a eu des effets variés sur les réserves de sang.

Pour le Greater New York Blood Programme, il en est résulté le retrait de 3 % des unités de sang du réseau et une baisse de 12 % du nombre de dons de jeunes hommes âgés de 24 à 36 ans. D'autre part, une étude menée par l'American Association of Blood Banks auprès de quelque 135 centres à travers le pays n'a révélé à peu près pas de problèmes de collecte liés au sida[1].

Faisant référence au bébé de Sainte-Justine, contaminé à la suite de transfusions, John Derrick affirme que ce cas ne compte pas. Il rappelle que le CDC d'Atlanta n'inclut pas les enfants parmi les personnes ayant le sida :

[...] «parce que les connaissances actuelles ne définissent pas de façon précise la normalité du système immunitaire chez de jeunes enfants». En conséquence, nous devons conclure, à moins que les autorités canadiennes ne soient pas d'accord avec cette déclaration, qu'il n'y a eu à ce jour aucun cas de sida associé à une transfusion au Canada.

Le Dr Jean Joncas, de l'hôpital Sainte-Justine, s'opposera à cette interprétation, trois jours plus tard, à une réunion du CCN-SIDA.

Au sujet des hémophiles, John Derrick écrit :

[...] le taux d'augmentation de la contamination chez les hémophiles semble diminuer ; il est stable depuis six mois. [...] Il est important de noter qu'il n'y a jusqu'à ce jour aucune preuve scientifique liant le développement du sida chez les hémophiles aux concentrés de facteur VIII.

---

1. Note, 27 septembre 1983.

D'une part, donc, la Croix-Rouge ne modifie ni son attitude ni ses politiques, même si elle reconnaît la nécessité d'informer la population, les professionnels et les individus les plus susceptibles de contracter le sida. Elle se donne jusqu'à la fin de 1983 pour publier des dépliants et produire des vidéos expliquant la nature du sida et indiquant les moyens d'empêcher sa propagation.

D'autre part, en coulisse, elle est tiraillée par sa politique d'exclusion volontaire des donneurs à risque. Le procès-verbal de la réunion du 13 septembre d'un groupe de travail interne sur le sida rapporte que: «Le Dr Perrault a dit que l'enjeu scientifique est facile à cerner. Cependant, c'est la navigation dans les eaux politiques qui présente les plus grands dangers.»

Si le Dr Perrault et ses adjoints ont peur d'offenser les donneurs, les directeurs médicaux, eux, s'inquiètent des conséquences de mesures qu'ils jugent trop timides. Ceux de Montréal, de Calgary, de Regina, d'Ottawa et de Toronto ont déjà fait savoir que ces mesures n'étaient pas assez précises. Certains ont rapporté que les donneurs ne lisent même pas les questionnaires; ils pensent qu'il faudrait s'assurer que les réponses données sont bel et bien vraies.

À Vancouver, le directeur médical Noël Buskard a pris les choses en main: il a demandé à son personnel de rejeter le sang de toute personne «qui a l'air» de faire partie d'un groupe à risque. Méthode peu rigoureuse, peut-être, mais qui a donné des résultats: c'est à Vancouver qu'on trouve le plus haut taux de sida, mais le plus bas taux de contamination par transfusion sanguine.

Non aux concentrés chauffés

Le 23 novembre, dans l'indifférence la plus totale, Travenol-Hyland obtient enfin son permis pour vendre l'Hemofil T au Canada, premier et seul concentré qui soit probablement plus sécuritaire que tout autre concentré. Mais, pour qu'il soit offert aux hémophiles canadiens, il faut que la Croix-Rouge, seul distributeur autorisé, y consente aussi. Or, voilà qu'elle tourne le dos au nouveau produit. Pourtant, elle fait déjà affaire avec Travenol-Hyland pour des concentrés non chauffés. Maintenant que cette compagnie ne fabrique plus que des produits traités à la chaleur moins risqués, la Croix-Rouge choisit de ne pas renouveler son contrat. Elle n'achètera que des concentrés non chauffés, chez Cutter.

La Croix-Rouge ne le sait pas encore, mais, à la fin de 1983, presque tous les lots de Cutter étaient déjà contaminés. Milton Mozen, directeur médical de la recherche chez Cutter durant cette période, affirmera d'ailleurs sous serment, le 15 juillet 1987, devant un tribunal américain du Maryland : « À la lumière des données recueillies par la suite, je crois qu'à cette époque presque tous les lots de concentrés étaient contaminés par le virus du sida, et on ne peut dire qu'un lot était plus contaminé qu'un autre[1] ». Il expliquait ainsi pourquoi, à son avis, il n'avait pas été nécessaire de rappeler un lot ou un autre. Ce sont donc des produits contaminés que la Croix-Rouge va désormais acheter pour les hémophiles canadiens.

Cri d'alarme de l'OMS

En novembre 1983, l'Organisation mondiale de la santé (OMS) souligne, lors d'un symposium tenu à Genève, que « des cas de sida se sont déclarés chez des hémophiles qui ont reçu des concentrés sanguins de coagulation » et qu'il faut « informer les hémophiles et leurs médecins des risques potentiels des produits de facteur VIII ou IX, y compris les risques reliés au sida[2] ». L'autorité la plus haute en matière de santé sur le plan international suggère les approches suivantes pour réduire les possibilités de transmission du sida par les produits

---

1. Déposition lors du procès de Jane Doe (anonyme) contre les laboratoires Miles-Cutter, district du Maryland.

2. « Acquired immunodeficiency syndrome — an assessment of the present situation in the world: Memorandum from a WHO meeting », *Bulletin de l'OMS*, 1984, 62 (3), p. 419-428.

sanguins: informer le public et les donneurs de sang, exclure les donneurs à risque, éviter le recours inutile ou superflu aux transfusions ou aux produits sanguins, préparer et utiliser les produits sanguins de façon à réduire au minimum le risque de transmission du sida. Parmi les participants à ce symposium, on note la présence d'Alastair Clayton, le directeur général du Laboratoire de lutte contre la maladie du ministère canadien de la Santé.

Pourtant, il ne semble toujours y avoir aucun sentiment d'urgence au Canada. En fait, dans son rapport annuel de 1983, la Croix-Rouge met l'accent sur la construction prochaine d'un nouveau siège social. Le sida ne fait l'objet que d'un tout petit paragraphe, à la page 5:

> Le sida (syndrome d'immunodéficience acquise) n'aura eu que des répercussions négligeables sur les stocks de sang. Les commentaires des médias portaient le public à croire qu'il s'agissait d'une maladie particulièrement contagieuse transmise directement et par les receveurs, et par les donneurs de sang. Cependant, aux États-Unis, les risques de contracter le sida par transfusion sont estimés à un sur un million, tandis qu'au Canada, on n'a relevé jusqu'à présent aucun cas de sida relié à la transfusion sanguine.

5

La distribution des concentrés au Canada

(1983)

À Montréal, la faible distribution de produits
sanguins de source bénévole doit être attribuée
aux besoins élevés de prophylaxie qui doivent être
comblés par des quantités supplémentaires
de concentrés de facteur VIII de type commercial.

DEREK NAYLOR,
directeur du service des produits sanguins
de la Croix-Rouge, 26 août 1983.

Utilisation inégale des concentrés

Où vont les produits américains, c'est-à-dire ceux qui sont les plus contaminés? À Montréal surtout. Les données de la Croix-Rouge pour 1983 révèlent que dans cette ville seulement 29 % des concentrés proviennent de plasma canadien; le reste, soit 71 %, est de source américaine. Pourquoi? Essentiellement parce que les hémophiles montréalais utilisent beaucoup les concentrés à titre préventif, beaucoup plus, en fait, que ceux d'ailleurs au pays. La Croix-Rouge essaie de distribuer équitablement les concentrés provenant de donneurs canadiens entre les 17 centres de transfusion du pays, mais la part qui revient à Montréal ne suffit pas aux besoins. C'est du moins l'explication que donne le directeur du service des produits sanguins de la Croix-Rouge, Derek Naylor, au Dr Strawczynski dans une lettre datée du 26 août 1983 : «À Montréal, la faible distribution de produits sanguins de source bénévole doit être attribuée aux besoins élevés de prophylaxie qui doivent être comblés par des quantités supplémentaires de concentrés de facteur VIII de type commercial.» À Toronto aussi on utilise des produits américains en majorité (68 %), mais c'est plutôt, toujours selon la Croix-Rouge, en raison de l'insuffisance des produits transformés par Connaught qu'à cause de l'utilisation préventive comme à Montréal.

Les besoins varient d'ailleurs beaucoup d'une région à l'autre. À Québec, la moitié des concentrés sont d'origine canadienne ; à Saint-Jean au Nouveau-Brunswick, 56 % ; dans l'Île-du-Prince-Édouard, 55 %. Mais à Calgary, la proportion de concentrés canadiens atteint 89 %, et à Edmonton, 74 %. À Halifax, on n'utilise que des concentrés canadiens ; or, c'est en Nouvelle-Écosse qu'on relève le plus faible taux de contamination chez les hémophiles.

Le cas de la Nouvelle-Écosse

Le cas de la Nouvelle-Écosse mérite qu'on s'y arrête. Dans cette province, 19 % des hémophiles seront contaminés par le virus du sida[1]. Juste à côté, au Nouveau-Brunswick, la proportion atteindra 51 %, et au Québec, 48 %. Comment expliquer que la Nouvelle-Écosse et le Nouveau-Brunswick, deux provinces ayant des populations similaires, présentent des taux de contamination si différents ? Comment deux populations voisines peuvent-elles avoir respectivement le plus bas et le plus haut taux de contamination au Canada ?

---

1.   Selon Durhane Wong-Rieger, présidente de la Société canadienne de l'hémophilie, lors d'une entrevue réalisée à Halifax le 21 juillet 1994 pour la rédaction de ce livre.

De toute évidence, l'absence totale de produits sanguins américains en Nouvelle-Écosse joue un rôle majeur, mais elle n'explique pas tout. Les hémophiles de cette province ont non seulement accès à des concentrés de facteur VIII fabriqués à 100 % à partir de plasma canadien, mais ils utilisent aussi beaucoup moins de concentrés qu'ailleurs. Les chiffres indiquent que les hémophiles néo-écossais sont traités d'abord et avant tout à l'aide de cryoprécipités; ils en utilisent près de sept fois plus qu'au Nouveau-Brunswick. L'ex-responsable de la Santé publique en Nouvelle-Écosse, le Dr Wayne Sullivan, donne l'explication suivante:

> À ma connaissance, [les] médecins préféraient les cryoprécipités, qui étaient facilement disponibles: les patients pouvaient se rendre à leur hôpital local, où la Croix-Rouge les livrait. Je me souviens aussi que ces médecins craignaient que les concentrés ne transmettent l'hépatite B et que c'est la raison pour laquelle ils prescrivaient d'abord des cryo. Il est intéressant de noter que les patients venant d'autres provinces continuaient, eux, à se traiter aux concentrés. C'était plus pratique ainsi pour eux et ils suivaient, j'imagine, les conseils de leur médecin[1].

Si tous les concentrés de facteur VIII distribués aux hémophiles de la Nouvelle-Écosse ne sont fabriqués qu'à partir de plasma canadien, c'est en raison d'une décision prise en 1978 par le sous-ministre de la Santé de cette province. Celui-ci avait décidé de ne pas participer au programme d'achat centralisé de la Croix-Rouge. Pourquoi? Seize ans plus tard, les véritables raisons ne sont toujours pas claires. Il semble que le souci d'économie y ait été pour quelque chose: les produits sanguins achetés par la Croix-Rouge nationale coûtaient beaucoup plus cher que ceux qui étaient fabriqués avec du plasma canadien. Or la Nouvelle-Écosse, dont les besoins en concentrés étaient minimes, pouvait facilement se passer de concentrés commerciaux, d'autant plus que ses donneurs étaient très généreux et qu'elle recueillait dans ses collectes plus de plas-

---

1. Entrevue réalisée à Halifax le 27 juillet 1994 pour la rédaction de ce livre.

ma qu'elle n'en avait besoin. La décision d'un haut fonction-
naire aura donc eu des effets salutaires pour la santé des hémophiles.

Un partage impossible

Ce sang canadien, beaucoup plus sûr que le sang américain, la
Croix-Rouge de la Nouvelle-Écosse aurait pu en donner aux
autres provinces au début des années 1980. Mais les services
de transfusion nationaux de la Croix-Rouge lui ont demandé,
au contraire, de diminuer le volume de ses collectes de plasma[1]. Ce sujet sera abordé aux audiences de la Commission
d'enquête sur l'approvisionnement en sang, en juillet 1994, à
Halifax.

«Pendant les 27 années où vous avez été directeur médical, vous a-t-on déjà demandé d'augmenter vos collectes afin
d'aider d'autres provinces?» a demandé un avocat au Dr Max
Gorelick, directeur médical de la Croix-Rouge à Halifax.
«Non, on ne me l'a jamais demandé, a répondu celui-ci. Ce
n'était pas une décision de la Croix-Rouge, c'était une décision
de nos bailleurs de fonds», a-t-il précisé en faisant allusion au
Comité canadien du sang.

Dans une entrevue, quelques minutes plus tard, le porte-
parole de la Croix-Rouge Ken Mews ajoutera:

> Cela dépendait directement des fonds disponibles, et c'est le
> Comité canadien du sang qui décidait du budget alloué à la
> Croix-Rouge pour prélever le plasma. Les documents vont dé-
> montrer clairement et nettement que le but qu'on poursuivait
> avec ténacité devant les autorités canadiennes du sang, c'était
> justement d'essayer de devenir de plus en plus autonome dans
> la collecte du plasma. C'est-à-dire que chaque fois qu'on avait
> l'occasion de présenter notre point de vue sur la situation, on
> disait: «Augmentez, augmentez, augmentez, il faut qu'on de-

---

1. Procès-verbal de la réunion du 25 février 1983 d'un comité de la Croix-Rouge
    de la Nouvelle-Écosse sur le programme du sang.

vienne de plus en plus autonome.» C'est le Comité canadien du sang qui décidait de la quantité de plasma qu'on pouvait recueillir à travers le pays[1].

Mais la présidente de la Société canadienne de l'hémophilie, Durhane Wong-Rieger, a une autre explication. Selon elle, la véritable raison pour laquelle la Croix-Rouge a mis un frein à la collecte de plasma canadien, pourtant plus sûr, c'est qu'elle était liée par contrat à des firmes américaines, desquelles elle devait acheter une certaine quantité de produits :

> Même si les services de transfusion nationaux reconnaissaient qu'il n'y avait pas assez de plasma canadien, même s'ils savaient que ce plasma était plus sûr et qu'on l'utilisait pour fabriquer des concentrés, ils avaient une entente contractuelle qui les obligeait à acheter une certaine quantité de produits commerciaux et ils ne voulaient pas avoir de surplus. [...] Nous pensons que, s'ils avaient encouragé la collecte de plasma canadien supplémentaire, il y aurait eu davantage de concentrés de facteur VIII fabriqués à partir de plasma canadien et nous aurions pu obtenir de meilleurs résultats, c'est-à-dire un taux d'infection plus faible, comme en Nouvelle-Écosse[2].

Steve Vick, de la Croix-Rouge, responsable des contrats avec les manufacturiers, réfute catégoriquement la théorie de la SCH. À cette époque, la Croix-Rouge renouvelait ses contrats une fois par année ; il aurait été possible d'en changer les modalités, dira-t-il en septembre 1994.

Les contrats de la Croix-Rouge avec les manufacturiers de produits sanguins sont gardés secrets. Tant qu'ils le resteront, il sera impossible de vérifier de telles affirmations.

---

1. Entrevue accordée à Radio-Canada le 28 juillet 1994 et diffusée le 31 juillet 1994 à *Dimanche Magazine*.
2. Entrevue accordée à Radio-Canada le 28 juillet 1994 et diffusée le 31 juillet 1994 à *Dimanche Magazine*.

Les disparités à travers le pays

L'application des recommandations de la Société canadienne de l'hémophilie aux médecins traitants, en février 1983[1], varie énormément selon les régions. La SCH prônait notamment l'utilisation de cryoprécipités pour les hémophiles nouvellement diagnostiqués, l'administration de DDAVP aux hémophiles légers, l'usage restreint des concentrés de facteur VIII et le report de toute opération non urgente.

D'après des données de la Croix-Rouge et de la SCH rendues publiques en 1984[2], l'utilisation de cryoprécipités a augmenté de 16,1 % au pays en 1983, tandis que l'usage de concentrés de facteur VIII augmentait de 3,1 %. Cependant les variations diffèrent selon les régions et peuvent être réparties en trois tendances : dans six centres de transfusion au pays, «l'utilisation des cryoprécipités et des concentrés a augmenté de façon significative; dans quatre autres, l'utilisation des deux types de produits a diminué; dans cinq centres, l'utilisation des cryoprécipités a augmenté et celle des concentrés a diminué». Ce rapport souligne aussi que :

> Pendant les six mois qui ont suivi les recommandations [...], l'utilisation des concentrés a chuté radicalement dans la région où l'on avait le plus recours au traitement traditionnel, alors que celle des cryoprécipités a augmenté de 30 %. Après cette période, cependant, les habitudes de traitement sont revenues à ce qu'elles étaient auparavant, dans cette région et les autres.

Dix ans après la publication de ces données, soit en 1994, la Société canadienne de l'hémophilie se penchera de nouveau sur ces variations, mais elle pourra cette fois les mettre en relation avec les taux de contamination. «Nous avons trouvé un lien très étroit entre le taux d'infection et l'utilisation de

---

1. Voir page 48.
2. D. H. Naylor, C. A. Anhorn, H. Strawczynski, «Changes in utilization of Factor VIII in response to AIDS», résumé de communication, XVIe congrès international de la Fédération mondiale de l'hémophilie, Rio de Janerio, Brésil, 24-28 août 1984.

cryoprécipités, révélera la présidente de la SCH, Durhane Wong-Rieger. Les provinces où il y avait une grande utilisation de cryo, comme le Manitoba et l'Alberta, présentent un taux de contamination relativement bas[1].» Il est à noter qu'au Manitoba aucun enfant hémophile n'a été infecté par le VIH. La directrice médicale de la Croix-Rouge dans cette province, le Dr Marlis Schroeder, avait décrété qu'ils seraient traités exclusivement avec des cryoprécipités.

«Il faut considérer un autre facteur important, poursuit Durhane Wong-Rieger, celui de la quantité totale des produits utilisés par les hémophiles.» Dans les provinces où les hémophiles ont utilisé, dans l'ensemble, de grandes quantités de produits, comme au Nouveau-Brunswick et au Québec, le taux d'infection est très élevé. «En Nouvelle-Écosse, on trouve une utilisation relativement élevée de cryoprécipités, une faible utilisation de concentrés et, dans l'ensemble, une faible consommation de produits.»

Le directeur médical de la Croix-Rouge au Nouveau-Brunswick, le Dr John MacKay, affirmera qu'il ne faut pas blâmer la Croix-Rouge pour l'utilisation élevée de concentrés par les hémophiles de cette province.

> Le traitement des hémophiles relevait des médecins. C'était à eux d'expliquer à leurs patients les avantages et les risques liés à chaque produit. Si je me souviens bien, les dangers des concentrés de facteur VIII n'étaient pas évidents. Ces concentrés offraient d'énormes avantages et je me souviens très bien que plusieurs hémophiles en étaient enchantés. En fait, plusieurs en réclamaient avec insistance[2].

Cette affirmation fait bondir des hémophiles et des parents de victimes du sang contaminé. Normand Landry, père de deux jumeaux hémophiles dont l'un, Serge, est décédé en mai

---

1. Entrevue accordée à Radio-Canada le 21 juillet 1994 et diffusée le 31 juillet 1994 à *Dimanche Magazine*.
2. Entrevue accordée à Radio-Canada le 21 juillet 1994 et diffusée le 31 juillet 1994 à *Dimanche Magazine*.

1993, rétorque que si ses fils ont effectivement fait usage de concentrés, de préférence aux cryoprécipités, c'est que personne ne leur a jamais expliqué les risques qu'ils couraient.

> Si tu as le choix entre deux produits et que l'un des deux t'offre beaucoup plus de liberté, il est certain que tu vas choisir ce dernier. C'est comme si quelqu'un t'offre une Cadillac et quelqu'un d'autre une vieille Volkswagen. Tu sais laquelle prendre du point de vue confort, mais si on te dit que les freins de la Cadillac ne marchent pas, tu vas prendre l'autre voiture même si elle n'est pas si confortable. Mais si personne te dit que les freins ne fonctionnent pas, tu vas choisir la Cadillac. Le gros manque dans tout cela, c'est qu'ils n'ont jamais informé la population que les produits sanguins américains avaient une très grande chance d'être contaminés[1].

Le comportement des médecins

Les grandes variations des types de traitement chez les hémophiles peuvent aussi s'expliquer par les différences de comportement des médecins traitants. Selon Durhane Wong-Rieger, il y aurait eu trois catégories de médecins:

> D'abord ceux et celles qui se tenaient à la fine pointe de l'information, faisaient leurs propres recherches, étaient branchés sur les publications scientifiques américaines. Certains de ces médecins, comme le Dr Poon en Alberta[2] et le Dr Schroeder au Manitoba, ont fait des choix consciencieux, ils ont prescrit des traitements aux cryoprécipités à leurs patients. Dans une deuxième catégorie, on trouve des médecins moins bien informés, peut-être parce qu'ils ne traitent des hémophiles qu'occasionnellement; ces médecins n'ont pris connaissance que très tard des dangers reliés à l'utilisation des concentrés. Il y avait enfin un groupe de médecins qui se situaient un peu entre les deux, c'est-à-dire qu'ils étaient au courant des risques potentiels, mais qu'ils ont choisi de ne pas en tenir compte; ils ont

---

1. Entrevue accordée à Radio-Canada le 21 juillet 1994 et diffusée le 31 juillet 1994 à *Dimanche Magazine*.
2. Voir pages 120-121.

privilégié le traitement lui-même par rapport aux risques. En d'autres termes, ils étaient davantage préoccupés par le traitement de l'hémophilie que par la possibilité de contamination par le virus du sida[1].

Mais toutes ces variations de traitement, ces différences de comportement, démontrent l'absence d'une autorité nationale. «La réunion de février où la SCH élabora ses recommandations a été convoquée par le Bureau des produits biologiques», rappelle Durhane Wong-Rieger.

Aux États-Unis, c'est le gouvernement fédéral, le CDC, qui a émis les directives, comme pour toute nouvelle maladie. On ne peut s'attendre à ce qu'un médecin traitant soit à la fine pointe de l'information... C'était au gouvernement fédéral, à la Direction générale de la protection de la santé, de prévenir les médecins. Elle aurait pu les informer des inquiétudes soulevées au sujet de l'utilisation des concentrés, du traitement, leur dire les précautions à prendre... Ils auraient dû faire en sorte que ces informations soient connues de tous les médecins[2].

1.   Entrevue réalisée à Halifax le 27 juillet 1994 pour la rédaction de ce livre.
2.   *Ibid.*

6

Rassurer contre l'évidence

(janvier 1984 – juillet 1984)

> *Les médecins ne peuvent plus donner l'assurance*
> *à leur patient qu'il ou elle ne contractera pas*
> *le sida par transfusion.*
>
> Éditorial, *The New England Journal of Medicine*,
> 12 janvier 1984.

Nouvelle alerte aux États-Unis

1984: l'année où les grands voiliers quittent Saint-Malo pour venir commémorer au Québec le 400ᵉ anniversaire de l'arrivée de Jacques Cartier au Canada, l'année où Gaétan Boucher et Sylvie Bernier remportent des médailles d'or aux Jeux olympiques, l'année où un premier astronaute canadien, Marc Garneau, est allé dans l'espace, et l'année de la visite du pape Jean-Paul II au Canada. L'année 1984 constitue aussi un tournant majeur dans l'histoire du sida. Après les Français, les Américains «découvrent» le rétrovirus lié au sida, et ils mettent au point un test de dépistage qui va permettre de repérer les anticorps du virus dans le sang. Cette année est cependant une période noire dans l'histoire médicale canadienne: dans les derniers mois, les autorités de la Santé prendront des décisions qui, 10 ans plus tard, dépassent encore l'entendement.

L'année s'ouvre sur un branle-bas de combat dans les milieux de l'industrie américaine du sang, prévenue de la parution prochaine, dans le *New England Journal of Medicine*, d'un article qui lie indubitablement le sida aux transfusions sanguines. Personne ne prend cette information à la légère. Les nouvelles données «vont inquiéter les patients, les médecins et le public», écrivent conjointement, le 3 janvier, la Croix-Rouge américaine, l'American Association of Blood Banks et le Council of Community Blood Centers. Par conséquent, ces organisations recommandent l'adoption de nouvelles procédures pour protéger les approvisionnements sanguins et rassurer le public. Elles prédisent par ailleurs «que le nombre de cas de contamination par transfusion va augmenter dans les prochaines années à cause de la longue période d'incubation de la maladie, mais qu'il y aura ensuite une réduction résultant des mesures d'exclusion des donneurs à risque en vigueur depuis janvier 1983[1]».

Il y a maintenant, estime-t-on, 19 hémophiles contaminés aux États-Unis, et une dizaine d'autres à l'étranger qui ont été traités avec des concentrés de facteur VIII fabriqués aux États-Unis. Redoutant la réaction du public quand l'article du NEJM sera publié, la Croix-Rouge américaine décide de modifier son message aux donneurs en ajoutant le texte suivant au dépliant distribué lors des collectes de sang: «Si vous avez donné du sang aujourd'hui et que vous doutez qu'il puisse être utilisé pour des transfusions, communiquez le plus tôt possible avec votre centre de collecte.» Les nouveaux dépliants sont déjà sous presse. Le directeur exécutif des services du sang de la Croix-Rouge américaine, Alfred Katz, en informe tous ses directeurs médicaux et scientifiques et il leur envoie, en plus de la déclaration conjointe des organismes du réseau du sang, des documents qui peuvent les aider à répondre aux questions

---

1.   «Joint statement on acquired immune deficiency syndrome (AIDS) and blood transfusion», 3 janvier 1984.

du public et des médias. On trouve sur la liste d'expédition de la Croix-Rouge américaine le nom du directeur national des services de transfusion de la Croix-Rouge canadienne, le Dr Roger Perrault.

Le 12 janvier 1984, comme prévu, l'article choc paraît en première page du NEJM[1]. Les 20 auteurs, dont la majorité travaillent au CDC d'Atlanta, soutiennent que les résultats de leurs études renforcent les preuves que le sida peut se transmettre par le sang. Ces études ont porté sur 18 malades atteints du sida dont le seul facteur de risque a consisté à recevoir des transfusions sanguines au cours des cinq dernières années. Il y a, entre autres, un jeune homme de 19 ans transfusé à la suite d'un grave accident d'auto en 1979, une femme de 60 ans ayant reçu des transfusions lors d'une hystérectomie, un homme de 40 ans contaminé à la suite d'un pontage coronarien. Dans chacun des sept cas pour lesquels on a pu retracer tous les donneurs du sang utilisé, au moins un donneur appartenait à une catégorie à haut risque. Presque tous les donneurs à haut risque qui ont été identifiés présentaient des anomalies du système immunitaire et une lymphadénopathie généralisée (inflammation des ganglions lymphatiques).

Selon les auteurs, l'étude des donneurs semble démontrer que :

> [...] l'exposition à si peu que une seule unité de sang peut causer la transmission [du sida]. Notre incapacité à identifier de façon formelle des cas de sida parmi les donneurs, ou même des symptômes graves, semble indiquer que des donneurs présentant peu ou pas de symptôme de la maladie contribuent à la majorité des cas de contamination par transfusion.

Les médecins doivent donc mettre en balance les risques d'une transfusion et les avantages qu'on en espère, lit-on, en éditorial, dans le même numéro du NEJM. Il est devenu extrê-

---

1. James Curran *et al.*, «Acquired immunodeficiency syndrome (AIDS) associated with transfusions», *The New England Journal of Medicine*, 12 janvier 1984, p. 69-75.

mement important de le faire, y affirme-t-on, parce que «les médecins ne peuvent plus donner l'assurance à leur patient qu'il ou elle ne contractera pas le sida par transfusion».

Les hémophiles ontariens rassurés

Ces révélations scientifiques n'ont cependant aucune répercussion visible au Canada. Le jour même où paraît l'article du NEJM, on peut lire dans un journal canadien des extraits d'une entrevue accordée par le directeur du Laboratoire de lutte contre la maladie, Alastair Clayton[1]. Celui-ci déclare qu'il y a «de faibles signaux indiquant que le nombre de cas de sida au Canada se stabilise». Il ajoute qu'un des principaux problèmes au sujet du sida, «c'est la désinformation et la mauvaise interprétation des données». Il dit qu'on ne connaît pas le sida et qu'on ne sait pas ce qui cause la maladie.

Un mois plus tard, à la suite de la parution d'un article dans le quotidien *The Globe and Mail* sur la mort récente d'un hémophile en Colombie-Britannique, la Croix-Rouge envoie une note interne à ses directeurs des relations publiques pour leur rappeler que sa politique d'exclusion volontaire des donneurs n'a pas changé depuis mars 1983. Au fait, ni le dépliant ni le questionnaire distribués dans les centres de collecte ne mentionnent le mot sida.

En mars 1984, *Hemophilia Ontario*, bulletin de la section ontarienne de la Société canadienne de l'hémophilie, consacre un numéro spécial au sida. On y rassure les hémophiles une fois de plus. «Ne modifiez votre traitement d'aucune façon sans avoir consulté votre médecin», leur dit-on. On précise également qu'il n'y a aucune preuve que les produits de coagulation provenant de plasma commercial constituent un risque plus élevé de causer le sida. «Tous les donneurs de sang ou de plasma au Canada le font bénévolement et ils répondent aux normes de sélection médicales établies par les services de

---

1.   «Figures indicate levelling off of AIDS», *The Ottawa Citizen*, 12 janvier 1984.

transfusion de la Croix-Rouge.» Certes, on reconnaît que la Croix-Rouge doit acheter, des États-Unis, des concentrés provenant de plasma commercial, mais «la Croix-Rouge canadienne achète ses quantités supplémentaires de facteur VIII de manufacturiers américains qui ne recueillent pas de plasma dans les régions où l'incidence du sida est très élevée».

L'article rapporte que certains hémophiles ont changé leur traitement en passant aux cryoprécipités. Mais une telle modification de traitement «reste à être évaluée. Des hémophiles traités aux cryoprécipités ont développé, tout comme ceux qui utilisent des concentrés, des anomalies immunitaires». Voilà un énoncé bien étrange quand on sait que, depuis plus d'un an, les autorités médicales de divers pays recommandent de plus en plus aux hémophiles de prendre de préférence des cryoprécipités. Et les auteurs de l'article ajoutent: «Il est beaucoup plus risqué de ne pas traiter les épanchements de sang que de contracter le sida en les traitant avec des concentrés de facteur VIII.»

On indique, par ailleurs, que le sida peut être transmis par les relations sexuelles.

> Il y a eu un cas aux États-Unis où l'épouse d'un hémophile atteint du sida a elle-même contracté la maladie. Cela pourrait indiquer que les conjointes des hémophiles sont à risque. Cette éventualité est trop minime pour justifier une modification de la vie familiale normale là où les hémophiles sont en bonne santé.

Enfin, l'article fait savoir aux hémophiles qu'il y a eu une tendance, dans la presse populaire, «à faire du sensationnalisme avec le sida afin d'attirer l'attention des lecteurs. Les médias ont rapporté plusieurs théories sur la cause, la nature et la transmission du sida; en grande partie, ce n'est que de la spéculation, parce qu'il y a peu d'indices concluants jusqu'à maintenant.»

Ce numéro spécial d'*Hemophilia Ontario* ne fait aucune mention des produits chauffés, potentiellement plus sécuritaires, qui pourraient être offerts au Canada si la Croix-Rouge acceptait de les distribuer. Le Dʳ Roslyn Herst, directrice médicale adjointe de la Croix-Rouge à Toronto, a participé étroitement à l'élaboration de ce numéro; elle remplace, à ce moment-là, la présidente du conseil consultatif médico-scientifique de la SCH, le Dr Hanna Strawczynski, en congé de maladie. Mais on a aussi demandé à cette dernière de lire et d'approuver l'article.

Voilà donc les hémophiles ontariens rassurés. Ailleurs au pays, on ne parle aux hémophiles ni du sida ni des risques de contamination du sang. Le numéro de mars 1984 de *L'Hémophilie de nos jours*, version française du bulletin national de la SCH, s'attarde plutôt à l'ouverture officielle du Centre de soins complets pour adultes de l'hôpital St. Michael's, à un nouveau système d'information et... à l'arbre généalogique de la reine Victoria.

Deux dépliants, deux sons de cloche

Deux cent mille exemplaires d'un dépliant intitulé *Le sida au Canada: ce que vous devriez savoir* sont distribués dans 835 supermarchés au pays (moyenne de 240 dépliants par supermarché). On y explique, entre autres choses, que le sida se retrouve surtout chez des jeunes hommes homosexuels ou bisexuels, chez des drogués qui se piquent et partagent leurs seringues et chez des immigrants haïtiens, mais qu'en de rares occasions il survient chez des hémophiles (deux cas au Canada), qui ont pu l'attraper par l'intermédiaire des produits sanguins dont ils ont besoin pour se soigner. On affirme que, à moins de faire partie des groupes mentionnés, le risque d'attraper le sida est pratiquement nul. Quant aux dangers de contamination par les transfusions sanguines, ils ne sont que de «deux chances sur un million».

Conçu et distribué par le ministère fédéral de la Santé, plus précisément par le Comité consultatif national sur le sida, ce dépliant est semblable à celui du US Department of Health and Human Services[1]. Il y a cependant deux différences nota-

---

1. *Facts about AIDS*, décembre 1983.

bles. Au chapitre des moyens à prendre pour éviter de contracter le sida, le dépliant américain mentionne qu'il faut limiter les transfusions sanguines au strict nécessaire, ce que le dépliant canadien ne fait pas. Mais surtout, en ce qui concerne le traitement des hémophiles, le texte américain signale l'approbation par la Food and Drug Administration d'un nouveau traitement à la chaleur pour les produits sanguins. «Ce procédé va réduire la possibilité de contamination des produits sanguins par des agents infectieux comme l'hépatite B et, peut-être, le sida.» Le produit plus sûr auquel on fait allusion ici, c'est bien entendu l'Hemofil T de Travenol-Hyland... dont les hémophiles canadiens sont cependant privés, puisque la Croix-Rouge ne l'achète pas.

De l'information incomplète

Parallèlement à la distribution, en mars 1984, du dépliant à l'intention du grand public, le ministère fédéral de la Santé publie un supplément au *Rapport hebdomadaire des maladies au Canada*[1], et l'insère dans le *Medical Post* et *Le Courrier médical*, deux publications s'adressant à quelque 50 000 abonnés.

Ce supplément de quatre pages est un rapport médical sur le sida, rédigé à l'intention du personnel soignant. On y lit, au sujet des modes de transmission: «On convient en général que l'"agent" du sida est probablement transmis par un contact sexuel ou par l'injection de sang complet ou de fractions de sang.» Mais on indique qu'on n'a observé au Canada aucun cas de sida lié à une transfusion sanguine (on fait abstraction du cas du bébé de Sainte-Justine) et que «rien ne prouve pour l'instant que le risque de développer le sida soit plus élevé chez les transfusés».

---

1. *Le syndrome d'immunodéficience acquise (SIDA), étude à l'intention du personnel soignant*, préparée par le Comité consultatif national sur le SIDA, mars 1984.

En ce qui concerne les hémophiles, on mentionne:

Avec les cryoprécipités, produits provenant d'un plus petit groupe de donneurs que les concentrés (facteur VIII et facteur IX), le risque théorique d'exposition à des «agents» pathogènes est moins élevé pour les malades. [...] À l'heure actuelle, il n'existe aucune preuve concluante liant directement le développement du sida à l'emploi du concentré de facteur VIII ou du complexe de facteur IX.

Encore une fois, pas un mot sur la nécessité de réduire au minimum le recours aux concentrés, ni sur l'existence de produits chauffés.

Le fait qu'on ne puisse utiliser des concentrés chauffés au Canada semble cependant inquiéter le président de la Fédération mondiale de l'hémophilie, Frank Schnabel. Le 9 mars, il écrit une lettre au président du comité des ressources sanguines de la Société canadienne de l'hémophilie, Ken Poyser, dans laquelle il se demande si la Croix-Rouge n'aurait pas des fonds en réserve qui pourraient servir à acheter des produits chauffés ou plus récents que les stocks en inventaire d'avant janvier 1983.

Plus de deux mois se sont écoulés depuis la parution de l'article du *New England Journal of Medicine* qui établissait un lien direct entre le sida et les transfusions sanguines. Alors que cet article a poussé la Croix-Rouge américaine à intensifier ses mesures d'exclusion des donneurs à risque, la Croix-Rouge canadienne a choisi le *statu quo*, c'est-à-dire de continuer à conseiller aux personnes à risque de ne pas donner leur sang, en invoquant leur sens des responsabilités. Cette attitude se fonde toujours sur l'absence de preuves définitives de la contamination du sang et sur le fait que le Canada se croit jusqu'à maintenant à l'abri du fléau. On oublie que le virus du sida a une longue période d'incubation; comme le sida n'est pas encore une maladie à déclaration obligatoire dans l'ensemble du pays, il y a probablement davantage de cas que les statistiques ne l'indiquent. De plus, comment peut-on se sentir à l'abri du fléau quand la moitié des produits sanguins distribués au Canada provient de sang américain?

Une conférence de presse qui tombe mal

La disparité entre les États-Unis et le Canada dans la diffusion de l'information sur le sida se manifeste une fois de plus à la fin de mars 1984. «Comme vous le savez, nous avons tenu récemment une conférence de presse/session d'information pour les médias, sur le sida», écrit, le 28 du mois, le directeur des relations publiques de la Croix-Rouge en Colombie-Britannique, Rick O'Brien, au secrétaire général de la Croix-Rouge, George Weber.

> Pour ce qui est du nombre de journalistes qui y ont assisté, ce fut un succès, mais si on considère le but fixé, je nous donnerais la note de C+. [...]

> Une des principales raisons pour lesquelles j'accorde seulement cette note, c'est qu'immédiatement, et je dis bien «immédiatement», après notre conférence, de nouvelles données en provenance des États-Unis laissaient entendre qu'il existe bel et bien un lien entre le sida et les transfusions sanguines. Comme nous essayions justement de dissiper les craintes sur ce point, vous pouvez imaginer notre déception quand deux des réseaux de télévision ont diffusé le reportage à notre sujet, immédiatement suivi du reportage américain.

> Si je nous donne quand même la note relativement haute de C+, c'est que j'ai l'impression que nous nous en sommes bien tirés avec les médias. Nous avons eu l'air tout à fait ouverts et «disponibles». Nous les avons invités à poser toutes les questions qu'ils avaient en tête et je peux vous assurer qu'il y en avait des difficiles. Ce qui m'amène au but réel de cette lettre.

> Certaines des questions les plus difficiles, comme vous pouvez l'imaginer, portaient sur les mesures d'exclusion des donneurs. «Pourquoi n'êtes-vous pas plus stricts?» nous ont-ils demandé. Je peux comprendre que les services de transfusion soient à l'aise avec les mesures prises actuellement. J'aimerais l'être autant. Particulièrement à la lumière des nouvelles données qui

nous viennent du sud de la frontière, je ne peux m'empêcher de penser que nous sommes terriblement vulnérables. [...]
Suis-je le seul à penser ainsi ?

Philippe

Le 15 mars 1984, Philippe, qui a maintenant un an et demi, saigne du nez. À l'hôpital, on lui administre, par perfusion, deux fioles de concentrés de facteur VIII.

De nouveaux produits chauffés et un test de détection

Aux États-Unis, après Travenol-Hyland, trois autres manufacturiers de produits sanguins obtiennent l'approbation de la FDA pour leurs produits chauffés : Armour en janvier 1984, Cutter et Alpha en février 1984[1]. Le nouveau produit de Cutter est distribué aux États-Unis par la Croix-Rouge américaine en avril, pendant que, au Canada, la Croix-Rouge continue d'acheter le produit non chauffé de la même compagnie, ce qu'elle fera d'ailleurs jusqu'en février 1985. Par ailleurs, Travenol, seule compagnie autorisée à offrir un produit chauffé au Canada, est toujours ignorée. Enfin, le Bureau des produits biologiques a approuvé en janvier, pour la vente au Canada, le concentré de facteur VIII non chauffé de la firme Armour[2]. La Croix-Rouge achètera et distribuera ce produit jusqu'à la fin de 1984.

Le 23 avril 1984, la ministre de la santé des États-Unis, Margaret Heckler, annonce officiellement la découverte du virus du sida, le HTLV-3, découverte qu'elle qualifie de «triomphe de la science sur une maladie terrifiante». On saura plus tard qu'il s'agit en fait du même virus que celui que des chercheurs français avaient révélé un an plus tôt et baptisé à

---

1.   C. K. Kasper *et al.*, «Recent evolution of clotting factor concentrates for hemophilia A and B», *Transfusion*, 1993, vol. 33, n° 5, p. 422-434.
2.   Avis de conformité pour Factorate, émis le 17 janvier 1984, signé par Albert Liston, directeur général exécutif, Direction générale de la protection de la santé, Santé et Bien-être social Canada.

l'époque LAV. Le Dr Robert Gallo, du National Institutes of Health, à qui la découverte est attribuée, annonce durant la conférence de presse qu'il a mis au point un test pour détecter les anticorps du virus. Cette découverte va propulser de plusieurs bonds en avant l'état des connaissances sur le sida, mais elle va surtout permettre de mesurer l'étendue des dégâts. Au Canada, elle va plonger un scientifique du Laboratoire de lutte contre la maladie dans un profond désarroi.

Marc P.

Le 16 juillet 1984, Marc P. joue au soccer dans un parc du quartier Notre-Dame-de-Grâce, à Montréal. Alors qu'il se rue sur le ballon, un joueur adverse le heurte au talon. Sur le coup, Marc P. ressent un étirement douloureux dans le mollet. Le soir, la douleur persiste; le mollet est enflé. Il l'est encore plus le lendemain matin et Marc P. ne peut marcher qu'en boitant. Il soupçonne un saignement dans son mollet. De plus, il a mal à la gorge, il crache un peu de sang. Il se rend donc à son centre de traitement, où on lui dit qu'il souffre d'une pharyngite. Quant à son mollet, on soupçonne effectivement un épanchement de sang. On décide de lui administrer 1 400 unités de concentrés de facteur VIII; ce sont les premières qu'il reçoit depuis 1979. Dans son dossier médical, on trouve la note suivante, à la suite de son examen annuel de janvier 1985 : « [...] a reçu du facteur VIII cette année parce qu'il a eu une pharyngite virale et crachait un peu. Le facteur VIII a été donné davantage comme prophylaxie, puisqu'il ne semblait pas avoir de saignement dans la gorge. »

DEUXIÈME PARTIE

L'inaction

7

Le tournant

(juillet 1984 – novembre 1984)

> *Je garde un souvenir très vif de cette journée...*
> *Nous étions juste assis là, Chris [Tsoukas] et moi,*
> *bouleversés et déprimés au sujet de la maladie.*
> *Il était clair pour nous qu'un nombre important*
> *d'hémophiles étaient déjà infectés...*

> MICHAEL O'SHAUGHNESSY, virologue,
> Laboratoire de lutte contre la maladie.

Le test du Dr Gallo

À Ottawa, dans les laboratoires du ministère fédéral de la Santé, le virologue Michael O'Shaughnessy suit avec intérêt les travaux du Dr Gallo. Il a lu son article paru en mai dans le magazine *Science* et il est impatient d'en savoir plus. Pour un scientifique de l'agence canadienne chargée de suivre à la trace les progrès d'une nouvelle maladie, la mise au point d'un test[1] pour en déceler les anticorps est un pas de géant. Michael O'Shaughnessy convainc ses patrons de l'envoyer chez le Dr Gallo, aux laboratoires du National Institutes of Health, pour en apprendre davantage sur cette épreuve de détection. Il

---

1. Ce test est connu sous le nom d'ELISA (Enzym Linked Immunosorbent Assay Test).

veut même analyser sur place des échantillons de sang canadien, afin de se familiariser avec la technique avant de l'implanter dans ses laboratoires d'Ottawa.

Lors de sa deuxième visite, en juillet, le virologue emporte quelques centaines d'échantillons de sang prélevés chez des homosexuels de Montréal et de Toronto ainsi qu'un certain nombre provenant d'hémophiles. Ces derniers échantillons ont été recueillis dans le cadre de l'étude nationale sur le sida et l'hémophilie du Dr Christos Tsoukas[1]. Tous les échantillons sont codés par un nombre à cinq chiffres; il est impossible, au moment du test, de savoir exactement à quel groupe chaque échantillon appartient.

Michael O'Shaughnessy se souvient des premiers essais, réalisés sous la supervision de Margaret Robert-Guroff, une associée du Dr Gallo: «La méthode était laborieuse, ça prenait beaucoup de temps... À cette époque, il fallait tester, puis tester de nouveau avant de faire un test de confirmation[2].» Pour faire ce test, il faut verser le sang sur un plateau composé de petites alvéoles dont les parois sont tapissées de morceaux du virus. Le virus est inactif et ne présente pas de danger. Si des anticorps sont présents dans le sang, ils se collent au virus. Des produits chimiques témoins permettent alors de détecter la présence de l'anticorps.

Les analyses du sang canadien établissent qu'environ 85 % des échantillons sont positifs. C'est une proportion élevée, mais qui peut s'expliquer facilement: «Un grand nombre d'entre eux provenaient d'homosexuels déjà malades du sida[3]», se rappelle Michael O'Shaughnessy. Mais ce qu'il ne sait toujours pas, c'est combien d'échantillons proviennent d'hémophiles et combien d'homosexuels. Les résultats les plus

---

1.   L'étude est financée, depuis l'automne 1983, par le Conseil de recherches médicales du Canada.
2.   Entrevue accordée à Radio-Canada le 13 juillet 1993.
3.   *Ibid.*

révélateurs viendront lorsqu'on décodera le nombre à cinq chiffres accolé à chacun des résultats. On aura alors, pour la première fois, une idée de l'étendue de la contamination des hémophiles canadiens.

Des résultats stupéfiants

Le décodage a lieu quelques jours après le retour à Ottawa, un dimanche après-midi. Le Dr Tsoukas est venu de Montréal pour l'occasion. La femme de Michael O'Shaughnessy est également présente. Ils sont réunis tous les trois dans la cafétéria d'un laboratoire fédéral, à quelques kilomètres du Parlement, dans un endroit qu'on appelle à Ottawa le pré Tunney. C'est là qu'ils répartissent les résultats des tests entre les homosexuels malades du sida, les homosexuels asymptomatiques et les hémophiles. Ce qu'ils découvrent les renverse : 56 % des échantillons des hémophiles sont positifs, c'est-à-dire qu'ils sont porteurs d'anticorps du virus du sida.

«Je garde un souvenir très vif de cette journée», racontera Michael O'Shaughnessy neuf ans plus tard. Le virologue du ministère de la Santé se rappelle les moindres détails de ce dimanche après-midi de juillet 1984 :

> Nous étions juste assis là, Chris et moi, bouleversés et déprimés au sujet de la maladie. Il était clair pour nous, d'abord, qu'un nombre important d'hémophiles étaient déjà infectés, ensuite qu'il y avait un grand nombre d'hommes gay infectés par le même agent, qui avaient la maladie, et troisièmement qu'il y avait un nombre important d'hommes gay sans symptômes qui étaient positifs[1].

Le 11 mars 1993, dans son témoignage devant un sous-comité des Communes sur le sang contaminé, Michael O'Shaughnessy précisera : «Autrement dit, infection n'était pas synonyme de maladie. Il s'agissait déjà donc là d'un signe de la longue période de latence de la maladie. On pouvait être porteur de l'anticorps et paraître en bonne santé.»

---

1. *Ibid.*

En ce qui concerne les hémophiles, les épreuves de détection ont-elles permis d'établir dès ce jour-là une relation entre le virus du sida et la contamination des concentrés de facteur VIII?

> C'était le facteur VIII, ou quelque chose d'autre qu'ils prenaient... Mais nous savions que ces gens-là attrapaient le virus par le facteur VIII, ou nous pensions que nous savions cela. Parce que cela a pris du temps pour faire les études épidémiologiques. Mais nous avons conclu tout de suite que le facteur VIII fait à partir du sang était contaminé[1].

Que fait Michael O'Shaughnessy? À qui et quand communique-t-il ces résultats stupéfiants? «La semaine suivant mon retour, après avoir décodé les résultats avec Tsoukas, je les ai communiqués verbalement aux gens de Santé et Bien-être social, à mon patron et, je me souviens, au directeur général, M. Clayton.» Celui-ci et Peter Gill, supérieur immédiat d'O'Shaughnessy, sont les deux plus hauts fonctionnaires responsables de la surveillance de l'évolution du sida au Canada. Quelle est leur réaction à la nouvelle? «La même que la mienne! Il faut se reporter à cette époque, parce qu'il y avait tout un débat. On se disait que le VIH[2] n'allait pas être un problème dans notre pays, que c'était peut-être seulement un problème américain. Je vous assure, ils étaient aussi surpris que moi.»

«La nouvelle est si incroyable, explique-t-il encore, qu'en tant que scientifique on se dit qu'il faut confirmer les résultats, pour s'assurer qu'ils sont vrais, qu'on n'a pas contaminé les échantillons par accident, par exemple[3].»

---

1. Entrevue accordée à Radio-Canada le 13 juillet 1993 et diffusée le 18 juillet 1993 à *Dimanche Magazine*.
2. Ce n'est qu'en 1986 que le virus connu sous le nom de LAV (désignation des chercheurs français) ou HTLV-3 (désignation des chercheurs américains) fut définitivement appelé VIH, pour virus de l'immunodéficience humaine.
3. Entrevue accordée à Radio-Canada le 13 juillet 1993 et diffusée le 18 juillet 1993 à *Dimanche Magazine*.

Jusqu'à quel niveau hiérarchique les résultats des tests d'O'Shaughnessy se sont-ils rendus? Albert Liston garde un souvenir flou de cette affaire: «Je n'ai pas un souvenir précis de la façon dont Clayton m'a conseillé dans ça. En d'autres mots, je ne peux pas dire s'il était calme ou s'il marchait au plafond[1].» Dans la même entrevue, il dira aussi: «J'ai 2 200 personnes qui travaillent pour moi, on a toutes sortes de crises qui se passent de façon presque quotidienne. Est-ce que je suis au courant d'un test qui est fait dans un bureau par un chercheur? Non.»

Une lourde responsabilité

Le ministère fédéral de la Santé a maintenant de sérieuses raisons de croire que le sang distribué au Canada est dangereux et que les produits que s'injectent les hémophiles, souvent à des fins préventives, sont probablement contaminés. Il faut prévenir les hémophiles de toute urgence, leur dire, à eux et à leurs médecins, qu'il y a de nouvelles informations cruciales qui pourraient les inciter à changer de traitement. Faut-il stopper immédiatement l'utilisation des concentrés? Faut-il préconiser l'usage exclusif des cryoprécipités? Faut-il laisser des hémophiles légers comme Marc P. prendre des concentrés? Les traitements préventifs, très répandus à Montréal, sont-ils encore justifiés?

Un an et demi auparavant, en janvier 1983, Jane Desforges écrivait, en éditorial du *New England Journal of Medecine*:

> Le risque que les hémophiles contractent le sida est clair. Si le recours aux cryoprécipités réduit ce risque au minimum, il faut remettre en question les traitements actuels. [...] Les médecins qui traitent les hémophiles doivent être conscients de ce risque. La prévention des complications des traitements actuels devrait peut-être avoir priorité sur la prévention des complications de l'hémophilie elle-même.

---

1. Entrevue réalisée à Ottawa le 17 juin 1994 pour la rédaction de ce livre.

Le ministère fédéral de la Santé est la plus haute autorité en matière de protection de la santé. Il est tenu par la Loi sur les aliments et drogues de protéger la santé des Canadiens. Les dérivés sanguins utilisés par les hémophiles relèvent de sa compétence. Le mandat précis de son bras «régulateur», la Direction générale de la protection de la santé, est «d'éviter la propagation des maladies». Ses fonctionnaires disposent de pouvoirs énormes pour remplir ce mandat, ils commandent une formidable machine qui peut se mettre en branle rapidement quand une urgence survient. La DGPS peut, par exemple, écrire directement aux médecins. Elle le fait d'ailleurs à l'occasion au moyen de lettres dont la formule d'appel est invariablement *Monsieur le Docteur*. La première de ces lettres a été expédiée en 1962 au sujet de certains médicaments qui pouvaient entraîner des anomalies chez le fœtus. Au début des années 1980, d'autres lettres ont porté, notamment, sur la toxicité des produits isolants et sur les stérilets.

La DGPS aurait pu, dès l'été 1984, informer les médecins que des données préliminaires semblaient indiquer que des produits utilisés par les hémophiles étaient contaminés; que des analyses plus approfondies étaient en cours; qu'il y avait divergence d'opinions sur l'interprétation des données, mais que le ministère prenait l'affaire au sérieux; et que, en raison de la possibilité de contamination des produits sanguins par le virus du sida, on recommandait de ne prescrire des concentrés de facteur VIII qu'en cas de stricte nécessité.

Les médecins reçoivent bien une lettre *Monsieur le Docteur* en octobre 1984, mais sur un tout autre sujet, sans doute beaucoup plus préoccupant: l'emploi des leucocytes marqués par indium 111 en médecine nucléaire. Cette lettre est signée par Albert Liston, sous-ministre adjoint à la DGPS.

Une boîte de Pandore

Entre-temps, dans la solitude de leurs laboratoires, Michael O'Shaughnessy et les trois membres de son équipe poursuivent les tests. Le Dr Gallo et le National Institutes of Health leur ont fourni gratuitement plus de 20 000 agents réactifs, c'est-à-dire de quoi tester 20 000 échantillons de sang, un cadeau de plusieurs centaines de milliers de dollars. «Un don inestimable», selon Michael O'Shaughnessy. Les tests commerciaux ne sont pas encore disponibles, mais les grands manufacturiers américains s'affairent à les mettre au point. Au Canada, le Laboratoire de lutte contre la maladie est le seul endroit où l'on procède au dépistage des anticorps du virus.

À la mi-août, les tests préliminaires sont terminés et les scientifiques du ministère sont prêts à tester davantage de prélèvements. La nouvelle paraît dans le *Globe and Mail*[1]. L'article cite un virologue du Laboratoire de lutte contre la maladie, John Weber, qui déclare que ces tests ouvrent «une véritable boîte de Pandore». Citant des chiffres américains, mais taisant les données de Michael O'Shaughnessy, John Weber affirme: «Si on considère le pire des scénarios, tout le monde a des raisons de s'inquiéter.»

L'article du *Globe and Mail* soulève une question majeure: qui tester en premier? Les 2 500 hémophiles? Les 240 000 transfusés? Les homosexuels? John Weber croit qu'il faut «établir des priorités afin de donner aux chercheurs une meilleure compréhension du virus». Le président du Comité consultatif national sur le sida, le Dr Norbert Gilmore, pense pour sa part que «les premières personnes testées doivent être celles qui courent le plus le risque de développer la maladie ou celles dont le cas peut s'aggraver si elles ne sont pas informées. Est-ce qu'on doit organiser une loterie pour savoir qui va être testé en premier?» se demande-t-il.

En fait, à compter du mois d'août, le Laboratoire teste des échantillons envoyés par les hôpitaux. Il y en aura 25 000 jusqu'à la fin de 1985. Cependant, on ne prévient pas toujours

---

1. Hilary Mackenzie, «Ottawa starts simple blood tests to screen for exposure to AIDS», *The Globe and Mail*, 27 août 1984.

les patients qu'on teste leur sang pour savoir s'ils ont les anticorps du virus. Et quand les résultats sont positifs, les hémophiles concernés n'en sont pas informés. «En 1984-1985, personne n'a été informé parce que nos données n'étaient pas assez précises», expliquera plus tard le Dr Tsoukas[1].

L'ignorance de la ministre

Alors qu'au ministère fédéral de la Santé on prend connaissance dans l'ombre du contenu de la boîte de Pandore, les feux de la rampe sont tout entiers braqués sur la scène politique, à la veille des élections prévues pour le 4 septembre. La ministre de la Santé, Monique Bégin, qui ne se représente pas, continue de se consacrer à son ministère. Son projet de loi sur la santé au Canada a été adopté en avril. Mission accomplie. Elle a consacré beaucoup d'énergie à cette nouvelle loi, qui pénalise maintenant les provinces qui auraient recours à un ticket modérateur. Quant à la question de la contamination possible du sang par le virus du sida...?

Elle affirmera, bien des années plus tard, qu'elle n'en a jamais entendu parler: «Je n'ai jamais, de tout le temps où j'ai été ministre de la Santé, ni à l'interne ni de l'extérieur, entendu parler de sang contaminé... ou de toute autre question en relevant.» Lors de la même entrevue, en anglais cette fois, elle précisera qu'elle n'a jamais été informée: «During my whole ten years, in two mandates at Health and Welfare Canada, I have never been informed, it is as simple as that, of any issue related to contaminated blood. I never even heard of that[2].»

L'ignorance dans laquelle semble avoir été tenue la ministre de la Santé est extrêmement difficile à comprendre. Durant la période où Monique Bégin a été ministre (1977-1984), tour

---

1.   Entrevue réalisée à Montréal le 20 juin 1994 pour la rédaction de ce livre.
2.   Entrevue accordée à Radio-Canada le 11 février 1994 et diffusée aux nouvelles nationales de Radio-Canada les 11 et 12 février, et à la CBC, le 14 février, dans un reportage de Mike Hornbrook.

à tour la US National Hemophilia Foundation (en décembre 1982), le CDC d'Atlanta (en janvier 1983), le US Department of Health and Human Services (en mars 1983), le Conseil de l'Europe (en juin 1983) et l'Organisation mondiale de la santé (en novembre 1983) ont publiquement fait de sérieuses mises en garde sur la possibilité de transmission du sida par le sang. Cela sans compter les nombreuses publications scientifiques au Canada et à l'étranger, dont l'article percutant du *New England Journal of Medicine* en janvier 1984, qui établissait un lien très direct entre le sida et les transfusions.

Le ministère de Mme Bégin est même intervenu auprès de la Croix-Rouge à l'été 1982 pour lui demander d'alerter ses médecins au sujet des hémophiles affligés des symptômes du sida. On trouve aussi la signature de Monique Bégin sur le communiqué d'août 1983 destiné à la communauté haïtienne de Montréal, qui visait à calmer la colère de cette population à la suite des mesures d'exclusion volontaire annoncées par la Croix-Rouge en mars. Mme Bégin, dont la circonscription de Saint-Léonard/Anjou représentait la plus forte concentration d'Haïtiens au pays, se souvient d'un communiqué de la Croix-Rouge en mars 1983 : «Je me rappelle simplement qu'il faisait référence, dans le même texte, aux homosexuels et aux Haïtiens et que les gens en avaient été évidemment insultés, mais je ne me souviens pas de la teneur du communiqué.»

De nouvelles conclusions percutantes

À la fin de l'été 1984, le Laboratoire de lutte contre la maladie fait parvenir, aux organisateurs d'un symposium qui doit avoir lieu en Californie au mois de novembre, le résumé d'une communication que doit y présenter l'équipe de recherche Tsoukas-O'Shaughnessy.

> Un test ELISA et un test de confirmation Western Blot pour détecter les anticorps du HTLV-3 ont été utilisés pour évaluer la présence d'anticorps chez des patients canadiens ayant le sida, chez d'autres présentant des symptômes précurseurs du sida,

chez un groupe témoin, et chez des hémophiles et leurs partenaires. [...] Les résultats préliminaires :

1. appuient l'hypothèse que le HTLV-3 est fortement associé aux symptômes précurseurs du sida et au sida puisque 8 patients sur 8 présentant des symptômes précurseurs du sida et 28 patients sur 29 ayant le sida ont des anticorps du HTLV-3 ;

2. indiquent que 20 hémophiles sur 21 présentant une lymphadénopathie persistante et 10 sur 31 ne présentant pas ce symptôme ont des anticorps du HTLV-3. Des 17 conjointes d'hémophiles testées, une avait des anticorps du HTLV-3.

3. Les 29 travailleurs de la santé testés à ce jour sont négatifs, tout comme le groupe témoin.

Deux des cas de sida post-transfusionnel étaient séropositifs ; cependant le sang de 20 patients thalassémiques qui avaient reçu de multiples transfusions était négatif. Les tests se poursuivent[1].

Le 9 octobre, Michael O'Shaughnessy communique les résultats de la recherche au Comité consultatif national sur le sida.

Nous leur avons communiqué nos résultats pour qu'ils comprennent que le virus était bel et bien présent au pays. Parce qu'il y avait tout un débat à l'époque, sur le fait que le sida n'était, ou non, qu'un problème américain. Croyez-le ou non, il y a eu une discussion sur ce sujet. En fait, nos données montraient que le problème ne s'arrêtait pas au 49e parallèle[2].

Au début de novembre, le virologue John Weber, du Laboratoire de lutte contre la maladie, présente en personne les données de la recherche au congrès international sur la virologie médicale en Californie. Outre Weber, les auteurs de la recherche sont Michael O'Shaughnessy et le Dr Tsoukas, ainsi

---

1. M. V. O'Shaughnessy *et al.*, « Antibody to human T cell lymphotrophic virus 3 (HTLV-3) in selected Canadian groups », résumé de communication, International Symposium on Medical Virology, 8-10 novembre 1984, soumis avant le 1er octobre 1984.

2. Entrevue accordée à Radio-Canada le 13 juillet 1993 et diffusée le 18 juillet 1993 à *Dimanche Magazine*.

que Margaret Robert-Guroff du National Institutes of Health des États-Unis. Il s'agit donc toujours de cette étude dont Michael O'Shaughnessy et Christos Tsoukas ont décodé les premiers résultats en juillet.

Les derniers résultats révèlent entre autres que 95 % des hémophiles présentant une inflammation des ganglions lymphatiques et 32 % ne présentant pas ce symptôme ont des anticorps du virus. L'épouse d'un hémophile a aussi des anticorps et 7 des 29 patients hémophiles qui étaient négatifs en 1982 sont devenus positifs en 1983-1984.

En conclusion, les auteurs de la recherche font ressortir que le HTLV-3 est fortement associé au sida et aux symptômes du sida chez les patients et les hémophiles souffrant d'une inflammation des ganglions lymphatiques.

Les données semblent indiquer que le HTLV-3 est la cause de leur état.

La présence d'anticorps chez les homosexuels en bonne santé et les hémophiles asymptomatiques indique que le virus est largement répandu dans ces populations.

La séroconversion de 24 % des hémophiles dont on sait qu'ils étaient séronégatifs en 1982 indique la transmission récente du virus dans cette population.

Le développement d'anticorps du virus chez la partenaire d'un hémophile séropositif présentant les symptômes précurseurs du sida semble indiquer le risque d'une transmission hétérosexuelle.

Les données semblent démontrer que le sida et le virus sont transmis au Canada par le facteur VIII et par les transfusions sanguines, bien que le risque de contamination par transfusion soit minime.

Aucune présence d'anticorps du HTLV-3 n'a été décelée chez 114 travailleurs de la santé et d'autres groupes de sujets testés.

Le 30 novembre, Michael O'Shaughnessy présente les résultats de la recherche à Vancouver à une réunion de l'Association canadienne de microbiologie clinique et des maladies infectieuses (CACMID). Selon le résumé de communication soumis à la CACMID, les résultats préliminaires «démontrent que les hémophiles et leurs partenaires courent un risque élevé d'exposition au HTLV-3 et semblent indiquer que le développement d'anticorps spécifiques au HTLV-3 chez les individus précède l'apparition des symptômes[1]».

Cette précision est fort troublante puisque, longtemps après, Michael O'Shaughnessy, le Dr Tsoukas et le Laboratoire de lutte contre la maladie affirmeront qu'ils ignoraient, en 1984 et en 1985, le rôle que jouaient les anticorps. Voici un extrait du témoignage de Michael O'Shaughnessy devant le sous-comité des Communes sur le sang contaminé, le 11 mars 1993:

> [...] La présence de l'anticorps est révélatrice de l'infection, qui est probablement permanente. Je ne connais aucun cas de sujet qui se soit rétabli naturellement d'infection par VIH. Non seulement les sujets porteurs de l'anticorps sont contaminés, mais ils risquent aussi de transmettre l'infection. Cela, nous l'ignorions en 1984 et 1985. C'est pourquoi une controverse animée entourait la question du risque que pouvait présenter pour les banques de sang le sujet porteur d'anticorps VIH. Nous n'avions pas de réponse à cette question. Tout ce que nous avions, c'était l'épreuve de détection de l'anticorps. Les autres réponses sont arrivées trois ans plus tard.

Par ailleurs, le 20 novembre 1984, la Direction générale de la protection de la santé a préparé un document interne résumant sa position quant aux risques associés aux transfusions sanguines. On peut y lire: «De toute évidence, les transfusions sanguines et l'administration de produits sanguins aux hémophiles risquent de leur transmettre le sida[2].» Et, un peu plus loin dans le même texte: «Le ministère est conscient des risques potentiels de transmission du sida par le sang et les produits sanguins.»

---

1. M. V. O'Shaughnessy, M. Robert-Guroff, C. Tsoukas, « The presence of antibody to human T cell lymphotrophic virus 3 (HTLV-3) in selected Canadian groups», résumé de communication.

2. «Briefing information on Canadian position regarding blood donation/transfusion and the relationship to the risk of AIDS», Direction générale de la protection de la santé, 20 novembre 1984.

8

Feu vert aux produits chauffés, mais...

(septembre 1984 – décembre 1984)

> *Le Bureau des produits biologiques*
> *recommande donc que les produits non chauffés*
> *soient remplacés aussitôt que possible*
> *par des produits qui ont été traités à la chaleur.*

> Bureau des produits biologiques,
> 16 novembre 1984.

Les enjeux se précisent

Depuis le 4 septembre 1984, le Parti conservateur de Brian Mulroney a pris le pouvoir à Ottawa. Avec 211 sièges aux Communes, ce parti a obtenu la plus grosse majorité de l'histoire canadienne. Le 17 septembre, Jake Epp, ancien professeur d'école secondaire du Manitoba, ex-ministre des Affaires indiennes, devient ministre de la Santé. Il préside aussi le comité du cabinet sur le développement social et siège au puissant comité des priorités et de la planification, présidé par Brian Mulroney.

C'est au cours de l'automne 1984 que vont se préciser, se cristalliser, les enjeux et les tensions, ainsi que les priorités de chacun des groupes et des acteurs de l'affaire du sang contaminé. Le ministère de la Santé sait que le sang et les produits sanguins présentent un risque ; il attend. Les hémophiles réclament des concentrés chauffés, offerts depuis un an et demi aux États-Unis et approuvés pour la vente au Canada depuis un an. La Croix-Rouge invoque toujours l'absence de preuves scientifiques irréfutables, le coût élevé des nouveaux produits et l'impact économique sur l'industrie canadienne.

Le ministère respecte la position de la Croix-Rouge, puis recommande de passer aux produits chauffés, sans pour autant exiger l'application de cette recommandation. Incapables de trancher le nœud gordien, et ne tenant pas compte de l'urgence de la situation, les autorités de la Santé préfèrent le consensus et autorisent, à la mi-décembre, un délai avant l'introduction des produits chauffés. Du même souffle, on permet que les produits non chauffés, possibles agents de transmission du virus du sida, restent sur le marché jusqu'en juillet 1985.

Pendant ce temps, le conseil d'administration de la Croix-Rouge mobilise ses énergies pour obtenir 20 millions de dollars du ministère de la Santé... afin de construire un nouveau siège social à Ottawa. Quant au Comité canadien du sang, il semble suivre la voie que lui trace la Croix-Rouge.

Un procédé qui a fait ses preuves

Au début de l'automne 1984, les plus importants manufacturiers de produits sanguins du monde chauffent leurs concentrés de facteur VIII. Les hémophiles canadiens piaffent d'impatience. Ils se demandent pourquoi ils n'y ont toujours pas droit. La Croix-Rouge canadienne fait la sourde oreille et le ministère de la Santé regarde ailleurs. Pourtant, depuis quelques semaines les scientifiques et les fonctionnaires soupçonnent fortement que les produits non chauffés sont dangereux.

Mais ils ne peuvent plus se défiler, car la technique de chauffage des concentrés de facteur VIII vient d'acquérir ses lettres de noblesse. À la fin d'août, au congrès international de la Fédération mondiale de l'hémophilie tenu à Rio de Janeiro, les laboratoires Cutter ont présenté les résultats de leurs expériences d'inactivation par la chaleur (72 heures de chauffage à

68 °C) de virus de la même famille que celui du sida[1]. Les méthodes d'atténuation virale dans les produits thérapeutiques pour les hémophiles étaient l'un des trois thèmes du congrès, et deux autres manufacturiers, Immuno et Behring, y ont présenté leurs résultats.

Le 29 septembre, la revue médicale britannique *The Lancet*, une des bibles du monde scientifique, publie un article qui démontre que la technique de chauffage inactive le rétrovirus du sida chez la souris ; selon les auteurs de cette recherche, la même technique inactiverait aussi le rétrovirus humain dans les concentrés de facteur VIII[2]. Une pression accrue s'exerce donc sur la Croix-Rouge canadienne pour qu'elle achète enfin et distribue des produits chauffés.

Un nouveau signal d'alarme

Le 5 octobre, à New Westminster en Colombie-Britannique, le coroner Robert Crossland présente les conclusions de son enquête à la suite de la mort du premier hémophile canadien[3]. Son enquête a suscité beaucoup d'intérêt dans l'ouest du pays, où elle est apparue comme le premier véritable débat public sur la possibilité de transmission du sida par les produits sanguins au Canada.

Les commentaires du coroner et les recommandations des cinq jurés débordent largement les faits entourant directement le décès du jeune ouvrier survenu le 31 mars 1983. Ainsi, faisant référence aux recommandations de la Société canadienne de l'hémophilie, élaborées le jour même où le jeune

---

1. M. M. Mozen, R. E. Louie, G. Mitra (Cutter Group, Miles Laboratories), «Heat inactivation of viruses in antihemophilic factor concentrates», XVIe congrès international de la Fédération mondiale de l'hémophilie, Rio de Janeiro, Brésil, 24-28 août 1984, *Book of Abstracts*, n° 240.

2. Jay A. Levy, Gautam Mitra, Milton M. Mozen, «Recovery and inactivation of infectious retroviruses from factor VIII concentrates», *The Lancet*, 29 septembre 1984, p. 722-723.

3. Voir page 62.

homme recevait son diagnostic de sida, le coroner fait la remarque suivante:

> Même si la Société canadienne de l'hémophilie a envoyé cette information[1] à ses membres, les services de transfusion de la Croix-Rouge n'y ont pas donné suite. [...] On doit noter que, malgré ces recommandations, qui s'appliquent toujours, il n'y a eu en pratique aucun changement dans la quantité de concentrés de facteur VIII utilisés en Colombie-Britannique au cours des 18 derniers mois.

Une dizaine de recommandations ont été formulées à la suite de l'enquête du coroner. Entre autres, on demande aux ministres fédéral et provinciaux de la Santé de «prendre des mesures pour que les données les plus récentes sur le sida soient communiquées aux établissements de santé». D'autres recommandations, très précises, s'adressent à la Croix-Rouge:

> Prendre des mesures pour que les concentrés de facteur VIII de source américaine soient sélectionnés de telle manière qu'ils présentent le moins de risques possible pour les utilisateurs canadiens;

> Placer un avertissement sur les emballages de concentrés de facteur VIII prévenant les patients des dangers présumés de transmission du sida;

> Organiser davantage de collectes de sang dans le but de recueillir plus de plasma destiné à la fabrication au Canada de concentrés de facteur VIII, de façon à réduire l'importation de ces produits.

Une copie des recommandations est envoyée au Comité canadien du sang. Qu'advient-il de ces recommandations? On sait qu'on a continué d'acheter des produits sanguins américains et qu'on n'a pas demandé d'augmenter les collectes de plasma.

Les pressions s'intensifient

Le 15 octobre, le Dr Man-Chiu Poon, un des directeurs adjoints de la Croix-Rouge à Calgary, également président du comité

---

1.   Voir pages 48-49.

médical de la section albertaine de l'Association canadienne de l'hémophilie et professeur d'hématologie à l'université de Calgary, écrit une lettre enthousiaste à Derek Naylor, directeur du service des produits sanguins de la Croix-Rouge: «J'ai visité le CDC d'Atlanta aujourd'hui et j'ai appris des choses que vous devriez approfondir davantage.» Il décrit alors les résultats étonnants dont il a été témoin: après avoir été ajouté à des concentrés de facteur VIII, le virus du sida a été complètement détruit par la technique de chauffage. «Je vous exhorte à considérer cela sérieusement et objectivement», plaide-t-il. Il ajoute que la US National Hemophilia Foundation recommande, depuis une semaine, l'utilisation des produits chauffés pour tous les hémophiles aux États-Unis. Le CDC s'apprêterait, dit-il, à publier cette recommandation. «Je m'attends à ce que les hémophiles canadiens exercent beaucoup de pression sur la Croix-Rouge en vue d'obtenir des concentrés chauffés. Les centres de traitement de l'hémophilie ont besoin de directives claires en la matière», conclut le Dr Poon.

Quelques jours plus tard, une délégation de la Société canadienne de l'hémophilie — constituée du directeur exécutif Ed Gurney, ainsi que de Bill Rudd et de Bill Mindell, du comité des ressources sanguines — rencontre John Derrick et Derek Naylor, de la Croix-Rouge, pour leur faire part clairement de leur inquiétude à propos de la qualité des produits sanguins et réclamer des produits traités à la chaleur. Ils soutiennent, entre autres choses, que «le fractionnement du plasma doit se faire par les compagnies les plus efficaces et les plus compétentes, peu importe qu'elles soient du Canada ou d'ailleurs[1]».

La Croix-Rouge doit agir

Entre-temps, John Derrick et Derek Naylor ont préparé un article pour le bulletin *Hemophilia Ontario*, dans lequel ils

---

1. Résumé d'une rencontre tenue le 19 octobre 1984.

expliquent que la Croix-Rouge a décidé de ne pas acheter de produits chauffés parce qu'il n'y a pas de preuve que la technique soit efficace, qu'elle coûte beaucoup plus cher, qu'elle réduit le rendement du plasma de 25 % et que les deux manufacturiers canadiens, Connaught et le Winnipeg Rh Institute, n'ont pas l'autorisation d'en fabriquer. L'article paraît[1], mais sans la précision sur le coût élevé des produits. Les deux auteurs auraient cependant souhaité que l'article ne soit pas publié, car de nouvelles données les ont incités à réévaluer la position de la Croix-Rouge. Ils ont pris connaissance de l'article publié dans *The Lancet* et de la lettre du Dr Poon, ainsi que du rapport d'un représentant du service national de transfusion qui a participé à une réunion spéciale de l'American Association of Blood Banks du 20 au 24 octobre.

Le 26 octobre, aux États-Unis, le CDC recommande de passer aux produits chauffés : «Les résultats préliminaires [...] plaident fortement en faveur de l'utilisation de ces produits et semblent indiquer que l'utilisation de produits non chauffés devrait être restreinte[2].»

La Croix-Rouge faiblit. «Il faut s'attendre à de fortes pressions», écrivent John Derrick et Derek Naylor au Dr Roger Perrault, directeur national des services de transfusion. Et ce, précisent-ils, en dépit du fait qu'il n'a pas encore été clairement démontré que le virus LAV/HTLV-3 soit la cause du sida, et qu'il n'y a eu, depuis deux ans, que deux hémophiles canadiens malades du sida. Ils estiment, d'autre part, qu'il faudra probablement plusieurs années avant de voir les effets bénéfiques d'un passage éventuel aux produits chauffés puisque tous les hémophiles (à part ceux qui n'ont jamais reçu de traite-

---

1. D. H. Naylor, J. B. Derrick, «Heat treated coagulation factor products», *Hemophilia Ontario*, octobre 1984.
2. «Update : Acquired immunodeficiency syndrome (AIDS) in persons with hemophilia», *Morbidity and Mortality Weekly Report*, US Department of Health and Human Services, p. 589.

ment) «ont à peu près certainement déjà été exposés à l'agent causal du sida[1]».

Quelle contradiction! D'un côté, on semble mettre en doute la nécessité d'avoir recours à des produits plus sûrs, parce qu'on ne compte que deux hémophiles atteints du sida; puis, quelques lignes plus loin, on avoue qu'à peu près tous les hémophiles ont probablement déjà été exposés au sida. Est-il trop tôt, ou trop tard?

De toute façon, la Croix-Rouge n'aura sans doute pas le choix, car «il est probable que tous les concentrés de facteur VIII achetés aux États-Unis [...] seront traités à la chaleur. Il est même possible que les autorités américaines exigent que tous les concentrés de facteur VIII fabriqués aux États-Unis soient traités à la chaleur[2].»

L'idée d'une réunion «du consensus»

La Croix-Rouge doit prendre une décision très bientôt, car elle devra passer une commande d'ici un mois. John Derrick et Derek Naylor recommandent donc la tenue d'une réunion «du consensus» avec des représentants du Comité canadien du sang, les conseillers médicaux de la Société canadienne de l'hémophilie, la Croix-Rouge et les manufacturiers de produits sanguins. «Cette réunion, conseillent les deux spécialistes, devrait se tenir sous les auspices du Comité canadien du sang.»

Le Comité canadien du sang[3] (CCS) est un organisme qui finance la Croix-Rouge. Toute décision d'acheter des produits chauffés, qui coûtent plus cher, doit être entérinée par le CCS. Le gouvernement fédéral pourrait exiger que la Croix-Rouge cesse de distribuer des concentrés non chauffés, en invoquant la protection du public. Or il se trouve qu'il siège au CCS, qui devrait dégager les sommes nécessaires.

---

1. Note interne, 29 octobre 1984.
2. *Ibid.*
3. Voir page 275.

Le gouvernement fédéral se trouve en situation délicate, puisqu'il porte deux chapeaux: celui du régulateur qui décide, par exemple, que la santé des Canadiens n'a pas de prix, et celui de membre de l'organisme (CCS) qui alloue les fonds[1]. Si les provinces refusent de payer les coûts supplémentaires de produits plus sécuritaires, que devrait faire le fédéral?

Aucun sentiment d'urgence

Le 30 octobre, la décision à prendre est loin d'être évidente pour les membres du sous-comité consultatif du CCS réunis au Centre des conférences à Ottawa. Malgré l'état des connaissances, le procès-verbal de la réunion[2] ne reflète aucun sentiment d'urgence chez les représentants du ministère de la Santé.

Pourtant, Alastair Clayton, présent à cette réunion, connaît les résultats des tests d'O'Shaughnessy sur la contamination des hémophiles canadiens; il a des raisons de soupçonner que les produits sanguins sont potentiellement dangereux; et il est au courant de la position du CDC, l'agence de contrôle des maladies la plus puissante et la plus respectée du monde, avec laquelle le Laboratoire de lutte contre la maladie, dont il est le directeur général, est en rapport constant.

Interrogé sur le rôle des produits sanguins dans la transmission du sida, Alastair Clayton répond que deux hémophiles ont contracté la maladie au Canada. Son collègue, Wark Boucher, chef des produits du sang au Bureau des produits biologiques, explique que si le Bureau n'a pas encore recommandé le remplacement des produits non chauffés par les produits chauffés, c'est parce qu'il n'y a «pas de preuve qu'ils sont efficaces

---

1. Le vice-président du CCS est le sous-ministre adjoint à la Direction générale des services et de la promotion de la santé du ministère fédéral de la Santé.

2. «Draft record of decisions». Sont entre autres présents à cette réunion: le Dr Roger Perrault (directeur national des services de transfusion de la Croix-Rouge), Denise Leclerc-Chevalier (directrice exécutive du Comité canadien du sang), Gilles Cossette (laboratoires Connaught), Jack Bowman (Winnipeg Rh Institute).

contre les rétrovirus associés au sida et que la technique entraîne une perte significative de rendement du plasma en facteur VIII». L'affirmation de Wark Boucher est étonnante, puisque, à peine trois semaines plus tôt, il parlait lui-même des mérites des produits chauffés dans une note à son patron, David Pope; en effet, à la suite d'un examen du produit chauffé de Cutter, il écrivait: «Cela laisse croire que le traitement à la chaleur [...] pourrait être efficace pour inactiver le virus HTLV-3 qu'on croit lié au sida[1].»

L'idée avancée par la Croix-Rouge d'organiser une réunion dite du «consensus», à laquelle participeraient le CCS, la Société canadienne de l'hémophilie, la Croix-Rouge et les manufacturiers de produits sanguins, est officiellement proposée par les représentants de l'industrie, Gilles Cossette, de Connaught, et Jack Bowman, du Winnipeg Rh Institute. Le procès-verbal rapporte qu'«après une longue discussion, la proposition est adoptée à l'unanimité».

Entre-temps, le 2 novembre, les plus hauts responsables de la Croix-Rouge (le président David Balfour, le vice-président Andrew Fleming, le secrétaire général George Weber, le directeur national des services de transfusion Roger Perrault) assistent à une réunion générale de son comité consultatif sur les services de transfusion[2]. Selon le procès-verbal, le président du comité, le Dr R. L. Matthews, rapporte que, «dans le sens strict, les services de transfusion de la Croix-Rouge ne respectent pas la Loi sur les aliments et drogues du Canada, et que, en conséquence, la Société court des risques judiciaires et financiers».

À l'unanimité on adopte une résolution invitant la Croix-Rouge à «redéfinir ses attentes sur les normes à respecter [et à]

---

1. Note de service, 4 octobre 1984.
2. Sont également présents à cette réunion le directeur de la Croix-Rouge américaine Alfred Katz, le Dr Georges-Étienne Rivard de Montréal, membre permanent de ce comité, le Dr Raymond Guevin, directeur médical à Montréal, Alastair Clayton, du Laboratoire de lutte contre la maladie, et Denise Leclerc-Chevalier, du Comité canadien du sang.

redéfinir son rôle dans le contrôle de la qualité des produits sanguins ainsi que la ligne de conduite à adopter si les produits ne respectaient pas ces normes».

Préparation de la réunion du consensus

Le 13 novembre, Cutter obtient du Bureau des produits biologiques l'avis de conformité qui lui permet de vendre au Canada son concentré de facteur VIII chauffé appelé Koate HT. Il y a déjà un an que Travenol Canada a obtenu son permis pour l'Hemofil T.

Le 15 novembre, John Derrick, de la Croix-Rouge, soumet à Denise Leclerc-Chevalier, du CCS, un document préparatoire à la réunion du consensus, prévue pour le 10 décembre. Il mentionne que si on y décide de ne pas acheter de produits chauffés :

> [...] il y aura de fortes protestations de la part des hémophiles et de leurs médecins partout au pays ; les services de transfusion de la Croix-Rouge s'exposent également à des poursuites si des patients contractent le sida après la période où il serait devenu évident qu'il existait des précautions éprouvées.

John Derrick ajoute qu'il en coûterait 300 000 $ de plus pour acheter des produits chauffés plutôt que non chauffés. Il précise aussi :

> Il est probablement encore possible d'acheter des concentrés de facteur VIII non chauffés pour l'année prochaine, mais cela serait difficile à justifier sans l'appui d'experts médicaux, scientifiques et juridiques. [...] il est tout à fait possible que les manufacturiers américains [vendant] des produits non chauffés à la Croix-Rouge exigent une clause libératoire les mettant à l'abri de toute poursuite au cas où on ferait un lien entre un donneur infecté par le sida et la contamination du produit, ou dans le cas de la contamination d'hémophiles utilisant ces produits[1].

---

1.   «Background : A Consensus Development Conference to determine the need for provision in Canada of viral attenuated (heat-treated) factor VIII concentrate», 15 novembre 1984.

La Croix-Rouge est donc fort consciente des risques judiciaires liés à la distribution de produits non chauffés. Elle est aussi consciente des dangers potentiels de ces produits pour la santé des hémophiles. Pourtant, au moment où il examine froidement les options, son représentant s'inquiète des pressions auxquelles sera soumise la Croix-Rouge si elle n'achète pas des produits chauffés, et des justifications médicales, scientifiques et juridiques qu'elle devra invoquer.

Dans le même document, John Derrick fait aussi le commentaire suivant:

> Il est fort probable que les manufacturiers américains décident de ne produire que des concentrés chauffés. Dans ce cas, nous aurons un réel problème de distribution au Canada puisque nos fabricants n'ont pas encore commencé à chauffer leurs produits. La Croix-Rouge aurait donc, dans son réseau, à la fois des concentrés chauffés et des concentrés non chauffés, jusqu'à ce que les produits canadiens soient testés et approuvés. Les médecins et les hémophiles seraient réticents à accepter du facteur VIII non chauffé si des produits traités à la chaleur sont offerts à d'autres.

Changement de cap au gouvernement

Le 16 novembre, la recommandation du Centers for Disease Control du 26 octobre semble être parvenue aux oreilles d'Ottawa. Trois jours après avoir accordé un permis à Cutter pour la vente au Canada de son produit chauffé, le Bureau des produits biologiques bouge enfin. Son directeur adjoint, David Pope, envoie un télex à Roger Perrault:

> Parce qu'il a été démontré que le traitement à la chaleur des produits antihémophiliques inactive certains agents viraux pouvant causer une grave maladie, l'utilisation de produits non chauffés ne peut plus être justifiée. Le Bureau des produits biologiques recommande donc que les produits non chauffés soient remplacés aussitôt que possible par des produits qui ont été traités à la chaleur. Nous avisons de notre décision tous les

fournisseurs homologués par ce Bureau afin qu'ils puissent procéder sans délai aux adaptations manufacturières requises.

Le télex qu'envoie David Pope le même jour aux manufacturiers — Connaught, Alpha, Travenol-Hyland, Winnipeg Rh Institute, Cutter, Armour et Immuno — mentionne que «l'utilisation de produits non chauffés ne peut plus être justifiée et que ces produits devraient être remplacés le plus tôt possible par des produits chauffés».

Les options de la Croix-Rouge

Ce qui se passe à partir de ce moment est inexplicable. La recommandation est pourtant claire: remplacer aussitôt que possible les produits non chauffés par des produits traités à la chaleur.

Pour le moment, la Croix-Rouge a, dans ses divers centres de distribution, suffisamment de fioles de produits non chauffés pour approvisionner les hémophiles pendant deux autres mois, c'est-à-dire jusqu'en janvier 1985. Elle a aussi du plasma qui doit être fractionné en usine. Une fois transformé, ce plasma produira huit millions d'unités de concentrés non chauffés, c'est-à-dire un approvisionnement pour environ trois autres mois; une partie de ce plasma se trouve chez Connaught. Enfin, elle est liée par contrat avec des fournisseurs américains, desquels elle achète toujours des produits non chauffés.

Que peut faire la Croix-Rouge? Quels sont ses choix? Comme Connaught n'est pas équipé pour chauffer les concentrés, la Croix-Rouge pourrait lui demander de stopper immédiatement sa production et de prendre des moyens pour chauffer ces produits, soit sur place, soit dans une autre usine qui peut le faire. Elle pourrait aussi demander à ses fournisseurs américains, Cutter et Armour, de lui expédier dorénavant des produits chauffés, qu'ils vendent déjà aux États-Unis. Enfin, elle pourrait acheter immédiatement l'Hemofil T de Travenol-Hyland: c'est un produit chauffé, il est disponible, il a passé tous les tests et est approuvé pour la vente au Canada depuis un an.

Que décide donc la Croix-Rouge? Nous verrons qu'elle demandera à Connaught de continuer à produire des concentrés non chauffés, qu'elle s'engage à distribuer. Et un mois après la recommandation du Bureau des produits biologiques, elle lancera un appel d'offres dans lequel elle précise que les premiers produits chauffés devront lui être livrés, non pas «le plus tôt possible», mais au mois d'avril.

Résultat: les hémophiles canadiens n'auront droit aux premiers produits sanguins non contaminés qu'à compter de mai 1985; et en quantité négligeable. Le remplacement des produits non chauffés par des produits chauffés, recommandé le 16 novembre 1984 par le Bureau des produits biologiques, ne sera complété que sept mois plus tard, en juillet 1985. Durant ces sept mois, la Croix-Rouge canadienne écoulera la presque totalité de ses produits non chauffés, qui sont potentiellement contaminés. Des centaines d'hémophiles canadiens continueront donc, pendant ces sept mois, à s'injecter, sans le savoir et en toute confiance, des produits qui risquent de les contaminer. Et cela sans qu'intervienne l'autorité ultime en matière de protection de la santé, Santé et Bien-être social Canada, son ministre et ses hauts fonctionnaires.

Les dessous du choix de la Croix-Rouge

Voici maintenant ce qui s'est passé en détail. Dix jours après la recommandation du 16 novembre, le Dr Martin Davey, directeur adjoint des services de transfusion de la Croix-Rouge, écrit à Connaught:

> Le Bureau des produits biologiques a accepté que les services de transfusion de la Croix-Rouge canadienne continuent d'accepter, jusqu'en mars 1985, le facteur VIII en cours de fabrication qui ne peut être traité à la chaleur, et de compléter les réserves canadiennes par des produits non traités par la chaleur, dans la mesure où la Croix-Rouge ne peut se procurer des

quantités suffisantes de concentrés traités à la chaleur. Nous sommes donc disposés à accepter, jusqu'au 31 mars 1985, du facteur VIII produit selon votre procédé actuel à partir du plasma frais congelé déjà fourni et nous espérons que vous aurez ainsi le temps de traiter tous les produits[1].

Cette lettre signifie que Connaught peut, malgré la recommandation du gouvernement, continuer à produire sans être inquiété des concentrés non chauffés pendant plus de quatre mois encore... et que ces produits seront acceptés par la Croix-Rouge.

Cependant, la Croix-Rouge met fin à ses envois de plasma chez Connaught et, le 20 novembre, expédie son plasma à l'usine de Cutter pour l'y faire fractionner. Pourquoi Cutter plutôt que Travenol-Hyland? Est-ce pour accélérer la production de concentrés chauffés et se conformer «le plus tôt possible» à la recommandation?

Quelques jours après avoir reçu le plasma, Cutter fait savoir à la Croix-Rouge qu'il lui faudra cinq mois, soit jusqu'à la fin d'avril 1985, pour fractionner le plasma canadien en concentrés de facteur VIII chauffés. En fait, la Croix-Rouge ne recevra les produits chauffés qu'à la fin de juin, soit sept mois plus tard. Travenol n'aurait-il pas pu faire plus vite? La Croix-Rouge s'en est-elle informée auprès de Travenol avant d'envoyer son plasma chez Cutter?

Cutter, qui vend à la Croix-Rouge américaine des produits chauffés depuis sept mois, continue par ailleurs de vendre à la Croix-Rouge canadienne des produits non chauffés, tout comme Armour. On peut se demander si les deux manufacturiers américains n'ont pas, comme le redoutait John Derrick, exigé une renonciation à toute poursuite s'il survenait des cas de contaminations liés à leurs produits non chauffés.

---

1. Lettre de Martin Davey, signée par Derek Naylor, à P. Campbell, laboratoires Connaught, 26 novembre 1984. Copies à Wark Boucher et à Denise Leclerc-Chevalier.

La Croix-Rouge avait une autre option : commander des produits chauffés à Travenol-Hyland. Pourquoi ne le fait-elle pas ? Il est difficile de le savoir. Depuis que cette compagnie n'a que des produits chauffés à vendre, c'est comme si elle avait disparu de la carte. Pourquoi la Croix-Rouge a-t-elle ignoré Travenol ? Elle ne s'en expliquera pour la première fois qu'en 1993, à la suite de reportages diffusés à la radio de Radio-Canada. Voici quatre raisons formulées dans un communiqué de presse, le 23 juillet 1993 ; on notera que la Croix-Rouge fait allusion à la compagnie Baxter, qui a fusionné avec Travenol-Hyland en 1986.

> 1. Le produit de Baxter n'avait pas reçu de permis pour inactiver le virus du sida. Son permis de traitement à la chaleur était pour inactiver l'hépatite B.
>
> 2. Cela aurait pris plusieurs mois à Baxter pour obtenir son avis de conformité du Bureau des produits biologiques pour sa méthode de chauffage dans le but d'inactiver le VIH.
>
> 3. La méthode Baxter différait de la méthode spécifiée le 16 novembre 1984 par le Bureau des produits biologiques.
>
> 4. Baxter ne pouvait garantir la livraison de son produit à la Croix-Rouge dans un délai court.

Ces explications ne sont pas du tout convaincantes. D'abord la recommandation du Bureau des produits biologiques mentionnait qu'il fallait « remplacer les produits non chauffés par des produits chauffés », point ; elle ne précisait pas la méthode[1]. Deuxièmement, Travenol-Hyland offrait un produit chauffé auquel se fiait la Food and Drug Administration

---

1. La chronologie officielle déposée par Santé et Bien-être social Canada au sous-comité des Communes sur le sang contaminé en 1993 allègue que, dans sa directive du 16 novembre 1984, « le Bureau des produits biologiques demande que tous les produits destinés à être utilisés au Canada soient soumis à un procédé de chauffage dont on a démontré qu'il inactive le VIH ». Or les documents de l'époque, obtenus en vertu de la Loi sur l'accès à l'information, ne font pas mention de la dernière partie de cette phrase, qui commence par « dont on a démontré... ». D'ailleurs, Travenol avait obtenu son permis avant qu'on identifie formellement le virus du sida.

depuis mars 1983. On a même prouvé que ce produit ne transmettait pas le virus du sida : 18 hémophiles à qui on n'a prescrit que de l'Hemofil T de Travenol-Hyland de décembre 1982 à juin 1984 sont demeurés séronégatifs. Ces résultats ne seront publiés dans la revue *The Lancet* qu'en février 1985, sous la signature du Pr Montagnier, mais, le 5 décembre 1984, le représentant de Travenol lui-même en a informé la Croix-Rouge lors d'une réunion : « Selon une étude, des données révèlent qu'aucun patient traité avec ce produit n'a développé d'anticorps du LAV en comparaison avec 60-75 % de ceux qui ont reçu un produit non chauffé[1]. » La quatrième raison est difficile à prouver à cause de son manque de précision : que veut dire « un délai court » ? Les sept mois écoulés avant que tous les hémophiles puissent recevoir des concentrés chauffés constituaient-ils un délai court ?

En 1994, la Croix-Rouge apportera une autre explication, par la voix de son spécialiste de la question, Steve Vick. Celui-ci précise que Travenol-Baxter-Hyland aurait pu fournir des produits chauffés au Canada mais pas en quantité suffisante : « Baxter avait d'autres clients. Le Canada n'était qu'un client potentiel. L'Europe, les États-Unis et l'Asie voulaient ces produits. [...] Si je me souviens bien, seulement deux compagnies pouvaient nous garantir les quantités que nous voulions[2]. » Steve Vick affirme avoir des documents pour le prouver, mais il refuse de les rendre publics, alléguant qu'ils ont été remis à la Commission d'enquête sur l'approvisionnement en sang. Et même si cette explication est fondée, pourquoi la Croix-Rouge n'a-t-elle pas au moins acheté la quantité que pouvait lui fournir Travenol ? Un représentant de Travenol-Baxter, qui préfère garder l'anonymat, affirme de son côté que le produit chauffé était disponible dès 1983 au Canada et que jamais la Croix-Rouge ne s'y est intéressée. Et à sa connais-

---

1. Compte rendu de Derek Naylor, note interne, 6 décembre 1984.
2. Entrevue accordée à Radio-Canada le 11 février 1994.

sance, sa compagnie n'a jamais été en rupture de stock de produits chauffés[1].

Une question d'argent ?

Les produits chauffés coûtent plus cher, et leur fabrication requiert une plus grande quantité du précieux plasma recueilli par la Croix-Rouge. Pour se conformer à la recommandation du gouvernement, il faudra non seulement acheter d'importantes quantités de produits chauffés, mais aussi détruire les produits non chauffés en stock ou en cours de production qui, en décembre 1984, équivalent à 22 semaines d'approvisionnement et sont évalués à environ deux millions de dollars.

Le gouvernement fédéral ne devrait-il pas faire passer la santé et la sécurité des Canadiens avant l'impératif financier ? Le ministre de la Santé, Jake Epp, est président du comité du cabinet sur le développement social et il siège au puissant comité des priorités et de la planification ; il a donc tous les atouts politiques nécessaires pour convaincre ses collègues de dégager les sommes requises. Il détient également tous les pouvoirs pour faire appliquer dans les plus brefs délais la recommandation sur les produits chauffés. Il doit surtout, en tant que ministre de la Santé, faire appliquer la Loi sur les aliments et drogues.

Voici ce que stipule l'article 12 de cette loi :

> Il est interdit de vendre une drogue mentionnée à l'annexe C ou D [les concentrés de facteur VIII en font partie] à moins que le ministre n'ait, selon les modalités réglementaires, attesté que les locaux où la drogue a été fabriquée, ainsi que le procédé et les conditions de fabrication, sont propres à garantir que la drogue ne sera pas d'un usage dangereux.

Cela signifie qu'il incombe au ministre et au ministère fédéral de la Santé de s'assurer que les concentrés de facteur VIII vendus au Canada sont sûrs. Plus précisément, ils doivent

---

1.   Entrevue accordée à Radio-Canada le 23 juillet 1993.

s'assurer que le procédé de fabrication des produits vendus au Canada ne met pas la santé des Canadiens en danger. Est-il possible que le ministre et ses fonctionnaires ne sachent pas que des manufacturiers américains vendent au Canada des produits non chauffés potentiellement contaminés?

Or, à ce moment, l'attention et la faveur de Jake Epp sont très sollicitées par la Croix-Rouge. Mais les demandes de celle-ci n'ont rien à voir avec le sang contaminé. Le dossier prioritaire est la construction d'un nouveau siège social, auquel les administrateurs de la Croix-Rouge rêvent depuis des années. Le projet est sur le point d'aboutir. Deux ans auparavant, la Croix-Rouge a accepté que le siège social soit déménagé de Toronto à Ottawa et, à la fin de 1983, plusieurs plans d'aménagement ont été présentés; un cadre de la Croix-Rouge travaille à temps plein sur ce dossier. Dans le rapport annuel de 1983, le secrétaire général George Weber en parle abondamment: «Il ne constituera pas un "siège social" au sens d'un lieu secret que personne ne voit, ne connaît ou ne veut connaître si ce n'est au moment de l'établissement des budgets. Il contribuera plutôt à donner une image moderne de la Société et à accroître son rayonnement au sein de la population.» Le projet est estimé à 27 millions de dollars, dont 7 proviendront de dons du public; la Croix-Rouge compte sur l'appui du nouveau gouvernement pour obtenir les 20 autres millions.

Sitôt nommé ministre, Jake Epp rencontre le président de la Croix-Rouge, David Balfour. Cette rencontre a lieu en octobre et, en novembre, l'appel d'offres pour la construction du siège social est prêt à être diffusé. La Croix-Rouge veut accélérer les choses. Dans une lettre adressée au ministre le 26 novembre, David Balfour précise:

> Dans les prochaines semaines, vous ou votre personnel verrez peut-être l'annonce ci-jointe dans les journaux spécialisés du domaine de la construction. Cela ne signifie pas que nous commençons le processus d'appel d'offres comme tel. Nous ne prendrons aucune décision sur l'achat de services tant que nous

n'aurons pas terminé nos négociations qui, nous l'espérons, résulteront en des engagements fermes des gouvernements avant la première semaine de décembre au plus tard.

Le ministre transmet le dossier à la directrice exécutive du Comité canadien du sang, Denise Leclerc-Chevalier, puisque le CCS assure le financement de la Croix-Rouge en coordination avec les gouvernements fédéral et provinciaux.

L'information au ministre

La recommandation du Bureau des produits biologiques de passer aux produits chauffés a été communiquée à la Croix-Rouge et aux manufacturiers le 16 novembre, mais ce n'est apparemment qu'au début de décembre qu'on fournit des éclaircissements au ministre sur cette affaire. Le 4 décembre, à la suite d'une demande de renseignement du bureau du ministre[1], le sous-ministre David Kirkwood fait parvenir à Jake Epp une lettre et deux documents d'information en annexe ; ces derniers visent à informer le ministre des raisons et des conséquences de la recommandation du 16 novembre. La lettre, confidentielle, semble s'adresser plus à un ministre de l'Industrie qu'à un ministre de la Santé. En effet, on y mentionne la réunion du consensus qui doit avoir lieu le 10 décembre en soulignant «l'impact considérable que [la recommandation] pourrait avoir sur l'industrie du sang au Canada».

En conclusion, la lettre laisse entendre que le ministre n'a pas apprécié être mis au courant aussi longtemps après la recommandation du Bureau des produits biologiques : «J'en ai discuté avec M. Liston, écrit David Kirkwood, qui prendra les mesures nécessaires pour faire en sorte qu'à l'avenir vous et moi soyons prévenus à l'avance de toute initiative à caractère régulateur ou quasi-régulateur de ce type.» Le 10 décembre,

---

1. On posait trois questions précises : «1. Pourquoi cette recommandation a-t-elle été faite ? 2. Quel est l'impact sur l'industrie canadienne ? 3. Quelles sont les autres implications et comment la recommandation se compare-t-elle avec la position américaine ?» Demande de renseignement, 26 novembre 1984.

Albert Liston enverra, à ce sujet, une note à un de ses subalternes, Dennis Cook, directeur général de la Direction des médicaments.

> Veuillez faire en sorte qu'à l'avenir le sous-ministre soit d'abord prévenu quand nous entreprenons des mesures régulatrices qui risquent d'affecter des manufacturiers en leur imposant de nouvelles exigences, ou en augmentant leurs coûts d'exploitation dans ce pays. Un exemple est l'exigence sur le traitement à la chaleur [...].

Dans les documents d'information joints à la lettre au ministre[1], on peut lire :

> Des données préliminaires semblent indiquer que l'agent présumément responsable du sida (le rétrovirus HTLV-3) peut être transmis par le sang et les produits sanguins. [...] Des études récentes menées par les Américains ont montré que les rétrovirus humains sont sensibles à la chaleur. Le HTLV-3 ajouté à du facteur VIII a été complètement inactivé par une technique de traitement à la chaleur mise au point par les laboratoires Cutter (trois jours à 68 °C). Il n'a pas été démontré, jusqu'à ce jour, que ce traitement affecte la sécurité ou l'efficacité des concentrés de facteur VIII. Même si le rôle du HTLV-3 en tant qu'agent causal du sida n'a pas encore été clairement démontré, des dispositions régulatrices ont été prises pour réduire le risque d'exposition des hémophiles aux agents infectieux.

On y informe aussi le ministre de la proposition de tenir une réunion du consensus «en vue de discuter des procédés de traitement à la chaleur des concentrés de facteur VIII» et on lui communique la recommandation du Bureau des produits biologiques. Il est précisé que la réunion du consensus se penchera sur les modalités d'application de cette recommandation.

---

1.   Annexe A : «Briefing information. Heat treatment of factor VIII blood products», Direction générale de la protection de la santé, 28 novembre 1984. Annexe B : «Briefing notes for the minister on the availability of heat-treated factor VIII for treatment of Canadian hemophiliacs», secrétariat du Comité canadien du sang, 28 novembre 1984.

Les documents traitent de l'impact de la recommandation sur l'industrie canadienne du sang, sur la Croix-Rouge et sur les hémophiles. C'est à l'impact sur les manufacturiers qu'on accorde le plus d'attention. Voici comment on l'évalue : «L'industrie du fractionnement du sang a trois options : mettre au point la technologie pour traiter le facteur VIII à la chaleur, ce qui pourrait prendre de six à douze mois ; acheter la technologie américaine, ce qui pourrait réduire le délai à quatre à six mois ; renoncer au fractionnement. » On rappelle que les ministres provinciaux de la Santé favorisent l'exploitation de trois usines en vue d'assurer l'autosuffisance du Canada en produits sanguins.

En ce qui concerne la Croix-Rouge, on précise qu'elle devra renégocier ses contrats avec Connaught au Canada et Cutter aux États-Unis, et que le traitement à la chaleur augmentera le prix des concentrés. Quant aux hémophiles, ils se verront offrir deux produits ; il faudra donc décider quels patients recevront les produits chauffés. Au sujet des hémophiles, on ajoute : «Si l'approvisionnement en facteur VIII traité à la chaleur n'est pas assuré dans un délai raisonnable, les hémophiles se sentiront peut-être mal protégés. »

Aucun des documents adressés au ministre ne fait allusion aux données de Michael O'Shaughnessy révélant que 56 % des hémophiles canadiens testés sont séropositifs. On n'y trouve aucune mention des conclusions des chercheurs du Laboratoire de lutte contre la maladie présentées un mois plus tôt à un congrès international en Californie[1], selon lesquelles le sida et le HTLV-3 sont transmis au Canada par les concentrés de facteur VIII. Rien non plus sur le fait que les hémophiles contaminés peuvent transmettre le virus à leurs conjointes.

Enfin, au moment où le ministre reçoit ces réponses à la demande d'information du 26 novembre, ses fonctionnaires font parvenir aux organisateurs d'une conférence internatio-

---

1.   Voir pages 113-114.

nale sur le sida qui se tiendra en avril 1985 à Atlanta le résumé de la communication qu'y présentera Michael O'Shaughnessy. On y lit entre autres que «ces données confirment que la présence d'anticorps du HTLV-3 est fortement associée au sida et aux symptômes précurseurs du sida[1]».

Le ministre semble avoir été tenu dans l'ignorance de ces conclusions capitales. Bien qu'on l'ait informé que le virus pouvait être transmis par le sang, on ne trouve aucun commentaire sur l'urgence de changer la façon de faire.

L'impact sur l'industrie canadienne

Lorsqu'on prend connaissance des renseignements demandés par le bureau du ministre et des réponses fournies, il semble que tant le ministre que le Comité canadien du sang aient été davantage préoccupés par l'impact éventuel sur l'industrie canadienne que par la santé de la population. Mais quel serait, en réalité, cet impact? L'application de la recommandation du Bureau des produits biologiques aurait pour effet de suspendre la majeure partie des activités de Connaught, seule usine de fractionnement du sang au Canada, et de mettre en péril la mise en service d'une seconde usine, le Winnipeg Rh Institute, située dans la circonscription de Jake Epp, au Manitoba. La construction de cette usine a été terminée en janvier et elle doit ouvrir ses portes bientôt. Quant à la troisième usine, qui doit être rattachée à l'institut Armand-Frappier, au Québec, la construction n'a pas encore débuté.

Connaught et le Winnipeg Rh Institute risquent donc de perdre leur client principal, la Croix-Rouge canadienne. Les profits de Connaught vont s'effondrer. Or Connaught est une société d'État; elle est la plus grosse entreprise de CDC Life (Canada Development Corporation), dont le gouvernement

---

1. Formulaire officiel de résumé de communication (à faire parvenir avant le 10 décembre 1984), International Conference on acquired immunodeficiency syndrome (AIDS), Atlanta, Georgia, 14-17 avril 1985; auteurs: M. O'Shaughnessy, J. Weber, C. Tsoukas, N. Gilmore, J. Boyko, S. Read *et al.*

fédéral est propriétaire à 47 %. En 1983, CDC a réalisé des ventes s'élevant à 82,6 millions de dollars, dont 69,5 millions sont attribuables à Connaught. Les activités de fractionnement menacées par la nouvelle politique représentent des ventes de près de 10 millions[1].

C'est donc avec d'importantes considérations économiques et financières en toile de fond que va s'ouvrir, le 10 décembre 1984 au Centre des congrès à Ottawa, la réunion au cours de laquelle on décidera à quel moment seront introduits au Canada les produits plus sûrs.

Philippe

Philippe a deux ans et demi; il fréquente une garderie depuis quelques mois. Anne-Marie ne peut s'empêcher de sourire en lisant l'évaluation écrite que lui font parvenir les éducatrices, le 30 novembre: «Philippe est actif, il demande beaucoup d'attention, il est le clown de la garderie, il est très gentil.»

---

1. Karen Howlett, «Prospectus of CDC affiliate leaves out expensive detail», *The Globe and Mail*, 21 décembre 1984.

9

La réunion du consensus

(10 décembre 1984)

> *Afin d'assurer une conversion complète*
> *aux produits chauffés au cours de la période*
> *de huit semaines suivant la date du 1er mai,*
> *il pourra s'avérer nécessaire de transférer des stocks*
> *de produits non chauffés de régions où il y en a trop*
> *à des régions où il n'y en a pas assez,*
> *afin que les produits non chauffés soient écoulés*
> *à travers le pays à peu près partout en même temps.*

> DEREK NAYLOR,
> directeur du service des produits sanguins
> de la Croix-Rouge, 10 décembre 1984.

Le consensus comme paravent

Ils sont 38 autour d'une grande table ovale au Centre des congrès d'Ottawa. Le Comité canadien du sang les a réunis pour décider du moment où les concentrés sanguins chauffés, plus sûrs que les produits utilisés jusque-là, seront mis à la disposition de plus d'un millier d'hémophiles canadiens.

Ensemble, ils représentent toutes les facettes et toutes les ramifications du système d'approvisionnement des produits sanguins au Canada: les bailleurs de fonds (les provinces[1]), les

---

1. Les représentants de l'Ontario, de Terre-Neuve et de l'Île-du-Prince-Édouard n'ont pas assisté à la réunion.

manufacturiers (Connaught, le Winnipeg Rh Institute et l'institut Armand-Frappier), le distributeur (la Croix-Rouge), les régulateurs (le ministère fédéral de la Santé et ses divers services), les consommateurs (la Société canadienne de l'hémophilie), les médecins (la Société canadienne du cancer, la Société canadienne de l'hématologie, l'Association médicale canadienne), les experts (le Dr Norbert Gilmore, président du Comité consultatif national sur le sida) et les coordonnateurs (le secrétariat du Comité canadien du sang, composé de fonctionnaires du ministère de la Santé). La réunion est présidée par le Dr Roger Perrault, directeur national des services de transfusion de la Croix-Rouge.

La tenue d'une réunion aussi lourde, à un moment aussi crucial, n'est-elle pas une aberration? Après tout, il y a une crise de la santé publique au pays: le sang est contaminé, on le sait. Et il existe des produits sûrs pour régler rapidement ce problème. Pourtant, au lieu de remuer mer et monde pour en trouver, en acheter, en distribuer, ceux qui sont investis de la responsabilité d'assumer le leadership dans cette situation ont choisi l'approche d'un consensus à 38 personnes. Une approche timide, à petits pas, qui permet aux autorités de se fondre dans l'anonymat d'un groupe.

Non seulement le Bureau des produits biologiques, le soi-disant «chien de garde» de la sécurité des produits sanguins, a-t-il attendu jusqu'au 16 novembre, près de trois semaines après le Centers for Disease Control, avant de recommander de remplacer les produits non chauffés par des produits chauffés, mais il a, après ce bref «jappement», réintégré sa niche. Et maintenant il assiste, au même titre que les autres, à une réunion «du consensus», alors qu'il aurait pu assumer ses responsabilités et imposer un virage radical.

Que se passe-t-il à cette réunion? Quelle information fournit-on à ces gens qui devront décider du sort de plusieurs centaines de patients hémophiles? Leur explique-t-on l'urgence qu'il y a d'agir? La Société canadienne de l'hémophilie, représentée par trois délégués à cette réunion, affirmera plus tard que les résultats des tests Tsoukas-O'Shaughnessy n'ont pas été communiqués aux participants et qu'on ne leur a transmis aucun sentiment d'urgence[1]. Le message retenu par ses représentants est que seulement deux hémophiles ont contracté le sida au Canada. Quant au résumé des exposés, il rapporte que «le Dr John Furesz [du Bureau des produits biologiques] a donné une vue générale de l'approche canadienne pour le contrôle de l'infection virale des produits sanguins et a expliqué les raisons de la décision prise par son Bureau le 16 novembre 1984[2]».

L'exposé du Bureau des produits biologiques

Dans le texte écrit préparé pour la réunion (texte obtenu du ministère de la Santé), le Dr Furesz souligne les dangers de transmission du sida par le sang et les produits sanguins chez les hémophiles. Il cite les chiffres américains (74 % des hémophiles traités avec des concentrés de facteur VIII présentent des anticorps du HTLV-3), puis le texte dit clairement: «Des données préliminaires d'études canadiennes indiquent que plus de 55 % des patients hémophiles qui ont reçu du facteur VIII ont des anticorps du virus[3].» Mais on peut voir que quelqu'un a placé les mots «plus de 55 %» entre parenthèses et écrit à la main, au-dessus: «tel que décrit par M. Clayton, un pourcentage considérable». Selon le président de la SCH, cela démontrerait que les représentants du ministère, s'ils étaient prêts à partager ces données avec les professionnels, ne voulaient pas fournir de chiffres précis aux autres membres du groupe.

---

1. Selon David Page, président de la Société canadienne de l'hémophilie en 1993; entrevue accordée à Radio-Canada le 21 mai 1993.
2. «Record of decisions of the consensus conference on heat-treated factor VIII», réunion tenue à Ottawa le 10 décembre 1984.
3. «Heat treatment of factor VIII products, Bureau of Biologics' Position Paper», 10 décembre 1984.

Les résultats des tests d'O'Shaughnessy ont-ils été rapportés ou non? Janice Hopkins, directrice exécutive à la Direction générale de la protection de la santé à cette époque, affirmera en 1993 que «l'information a été transmise», mais elle ne sait pas «si le pourcentage lui-même a été donné ou si un mot descriptif a été utilisé[1]». Selon la chronologie officielle préparée par le ministère de la Santé en mars 1993 pour un sous-comité des Communes sur le sang contaminé, «on mentionne uniquement qu'un "pourcentage considérable" d'hémophiles sont infectés».

Plus loin dans son texte, le Dr Furesz évoque la technologie d'inactivation du virus par le chauffage. Il mentionne les tests du CDC sur le procédé des laboratoires Cutter. Puis, après avoir rappelé le rôle du Bureau des produits biologiques dans l'approbation des produits antihémophiliques au Canada (tests sur la sécurité, la stérilité, la pureté et l'efficacité), il écrit: «Même si le Bureau a approuvé des préparations de facteur VIII de deux manufacturiers depuis 1983, seulement une entreprise a démontré que le traitement à la chaleur a éliminé le HTLV-3.» Cette entreprise c'est Cutter, puisque, dans l'ébauche de l'exposé, son nom était mentionné dans cette phrase. Le Bureau exclut donc l'autre manufacturier, Travenol. Or seul Travenol a prouvé, à l'aide de tests *in vivo*, c'est-à-dire sur des personnes, qu'un produit traité à la chaleur, en l'occurrence l'Hemophil T, ne transmet pas le virus; ce produit est utilisé depuis près de deux ans en Europe et aux États-Unis, et les résultats des tests ont été transmis à la Croix-Rouge le 5 décembre[2]. Les fonctionnaires du Bureau des produits biologiques savent à quel point les tests *in vivo* sont supérieurs aux tests *in vitro*; on peut lire, noir sur blanc, dans l'ébauche de l'exposé du Dr Furesz: «De toute évidence, les meilleures preuves de sécurité et d'efficacité d'un produit reposent sur

1.   Entrevue accordée à Radio-Canada le 12 juillet 1993.
2.   Voir page 132.

son utilisation chez des humains.» Pourquoi cette importante argumentation a-t-elle disparu de la version finale livrée par le Dʳ Furesz aux participants?

L'exposé de la Croix-Rouge

Les représentants de la Croix-Rouge prennent ensuite la parole. Dans le texte écrit préparé pour la réunion, Derek Naylor explique que l'introduction de produits antihémophiliques traités à la chaleur constitue un certain défi; il invoque la lenteur du processus de fabrication et d'approbation des produits sanguins et l'incertitude concernant la disponibilité de ces produits, mais il soutient qu'il sera possible de passer aux produits chauffés «à l'intérieur d'un délai de huit semaines après que tous les produits non chauffés auront été utilisés et au moment des premières livraisons des produits chauffés[1]».

Or cette date d'introduction des produits traités à la chaleur, la Croix-Rouge l'a déjà fixée: c'est le 1ᵉʳ mai 1985, soit dans quatre mois et demi. Derek Naylor explique qu'en raison du nombre de produits non chauffés encore en stock, en cours de production ou déjà commandés, en raison du temps nécessaire aux inspecteurs du Bureau des produits biologiques pour approuver les produits et en raison de la disponibilité «de la méthode la plus efficace de traitement à la chaleur selon les données actuelles»:

> [...] nous croyons que la date d'introduction des concentrés de facteur VIII traités à la chaleur devrait se situer au début de mai 1985 et que les livraisons pourraient être complétées à travers le Canada huit semaines après cette date.

Les participants à la réunion apprennent que, d'après ses inventaires, la Croix-Rouge avait, au 1ᵉʳ décembre, suffisamment de concentrés de facteur VIII pour approvisionner les

---

1.   «Inventory of non-heat-treated coagulation factor products, Availability of heat-treated coagulation factor products», document des services de transfusion de la Croix-Rouge préparé pour la réunion du consensus, daté du 8 décembre et portant la signature du Dʳ Perrault.

hémophiles canadiens pendant 22,3 semaines, c'est-à-dire jusqu'au 1er mai suivant.

Derek Naylor ajoute:

> Afin d'assurer une conversion complète aux produits chauffés au cours de la période de huit semaines suivant la date du 1er mai, il pourra s'avérer nécessaire de transférer des stocks de produits non chauffés de régions où il y en a trop à des régions où il n'y en a pas assez, afin que les produits non chauffés soient écoulés à travers le pays à peu près partout en même temps.

La date du 1er mai et une période de transition de huit semaines ont donc été déterminées par la Croix-Rouge avant la réunion du consensus. Et cette date est fonction de l'écoulement des stocks de produits non chauffés. La Croix-Rouge ne s'en cache pas durant cette réunion: veut-elle ainsi obtenir «l'appui d'experts médicaux, scientifiques et juridiques», comme le soulignait John Derrick dans une note préparatoire à la réunion du consensus[1]?

Un peu plus loin dans son exposé, Derek Naylor soutient qu'à l'heure actuelle le *nec plus ultra* en matière de produits chauffés c'est le produit de Cutter:

> Si on se fie aux dernières données, il semblerait que le procédé mis au point par les laboratoires Cutter pour inactiver un large éventail de virus constitue ce qui se fait de mieux. Cette affirmation repose sur des résultats scientifiques d'expériences d'inactivation de plusieurs virus, y compris les rétrovirus comme celui de l'hépatite non A et non B et les divers virus associés au sida.

Il s'agit sensiblement des mêmes virus qu'inactive le procédé de Travenol, comme le précise la monographie du produit jointe à l'avis de conformité de l'Hemofil T émis en 1983 par le Bureau des produits biologiques.

Derek Naylor mentionne bien qu'il existe des méthodes similaires à celle de Cutter, en usage chez d'autres manufactu-

---

1. Voir page 126.

riers, mais il ajoute que «la plupart des fournisseurs américains, à part Cutter, n'ont toujours pas obtenu leur permis
canadien pour les produits de coagulation traités à la chaleur».
Pas un mot sur Travenol, qui détient pourtant son permis
depuis un an!

Trois scénarios

Craig Anhorn, du service des produits sanguins de la Croix-
Rouge, décrit ensuite, à l'aide de trois scénarios, l'impact
économique qu'entraîneront la production et l'achat de concentrés de facteur VIII chauffés[1]. Le premier scénario, qui sert
de point de comparaison aux deux autres, établit qu'il en
coûterait 5,3 millions pour acheter les 44 millions d'unités
requises pour la prochaine année si les produits ne sont pas
chauffés.

Pour des produits traités à la chaleur — c'est le deuxième
scénario —, il en coûterait 1,1 million de plus, soit 6,4 millions. Ce scénario prévoit que, pour la période de mai 1985 à
avril 1986, la Croix-Rouge enverrait son plasma chez Cutter,
Connaught et au Winnipeg Rh Institute, lorsque ces deux dernières usines auraient obtenu l'autorisation de chauffer le plasma. M. Anhorn précise cependant que le coût risque d'être plus
élevé si jamais Connaught ne réussissait pas à livrer d'ici la fin
de mars les concentrés non chauffés en production; en effet, la
Croix-Rouge serait alors obligée d'acheter des produits chauffés pour répondre aux besoins des hémophiles. Cette précision
confirme la détermination de la Croix-Rouge de distribuer tous
les produits non chauffés de Connaught.

Selon le troisième scénario, la Croix-Rouge ferait transformer tout son plasma chez le manufacturier américain Cutter; dans ce cas, le coût atteindrait 6,2 millions. C'est le scénario que préfère la Croix-Rouge, comme l'explique Craig
Anhorn:

---

1.   «Economic impact of conversion to heat-treated AHF concentrate», 8 décembre
     1984.

Ce scénario représente le plus bas coût de conversion aux concentrés antihémophiliques chauffés et l'approvisionnement en produits chauffés le plus sûr, puisque Cutter a déjà beaucoup d'expérience non seulement dans le fractionnement du plasma canadien, mais aussi dans le traitement à la chaleur des concentrés antihémophiliques.

On n'offre vraiment pas beaucoup de choix aux participants. Les scénarios débutent tous le 1er mai et Cutter est la seule entreprise étrangère mentionnée.

Les exposés de la SCH et des manufacturiers

Le résumé officiel de la réunion rapporte que le Dr Robert Card, président du comité consultatif médico-scientifique de la Société canadienne de l'hémophilie, «a souligné les grands progrès dans le traitement des hémophiles depuis les 20 dernières années, les inquiétudes des hémophiles et de la communauté médicale au sujet du lien entre le sida et le recours aux produits coagulants» et qu'il a présenté «des propositions pour l'implantation et la surveillance de la décision» concernant les produits chauffés.

Suivent les exposés des représentants des trois manufacturiers canadiens: Gilles Cossette pour Connaught, Albert Friesen pour le Winnipeg Rh Institute et le Dr Jacques Gélinas pour l'institut Armand-Frappier. Chacun fait le point sur l'impact du passage aux produits chauffés pour sa société. Le directeur du Winnipeg Rh Institute annonce notamment que son usine sera en mesure de fabriquer des concentrés chauffés à compter du 1er juillet 1985. En réalité, elle ne le fera qu'à partir de février 1986, et cessera la production en juillet 1987. Quant à l'usine qui devait être rattachée à l'institut Armand-Frappier, elle ne sera jamais construite.

Les recommandations

Le compte rendu officiel de la réunion relate enfin que les participants, «à l'exception du président, le Dr Perrault, et des membres du Comité canadien du sang, ont discuté de tous les aspects de la question et, sous la gouverne du Dʳ Norbert Gilmore, ont élaboré une série de recommandations». Puis les participants en ont discuté en plénière. «On en est arrivé à un consensus sur neuf recommandations au Comité canadien du sang.»

Les recommandations n'ont rien d'inédit ou de spectaculaire; elles vont dans le sens de la recommandation du 16 novembre. Elles confirment que les hémophiles canadiens doivent avoir des produits sûrs, c'est-à-dire des concentrés chauffés, dans les plus brefs délais. À ce sujet, les recommandations 1 et 3 sont les plus importantes:

1. Que les produits chauffés soient introduits au Canada le plus tôt possible avant mai 1985, avec une période de transition n'excédant pas huit semaines après cette date, période au cours de laquelle les hémophiles canadiens recevront à la fois des produits chauffés et des produits non chauffés.

3. Que tous les produits de facteur VIII à l'étape de plasma ou de cryoprécipité soient traités à la chaleur.

Si cette dernière recommandation devient une véritable directive, Connaught ne pourra plus transformer le plasma que la Croix-Rouge lui a envoyé pour en faire des concentrés non chauffés. Pourtant, comme nous l'avons vu, l'usine ontarienne a déjà été autorisée à continuer de produire des concentrés non chauffés[1].

Par ailleurs, le groupe propose que les conseillers médicaux de la Société canadienne de l'hémophilie, plus précisément «les médecins traitants membres du comité consultatif médico-scientifique de la SCH», établissent les critères de sélection des hémophiles qui recevront les produits chauffés dès leur arrivée sur le marché.

Certains participants quittent la réunion convaincus que les recommandations seront appliquées «le plus tôt possible»;

---

1. Voir page 129.

ils ne semblent pas avoir compris qu'ils viennent de donner leur aval à un délai de six mois et demi pendant lesquels les produits contaminés seront encore distribués. Ils auraient compris «d'ici le 1er mai», mais dans les faits, ce sera «à compter du 1er mai». En 1993, le président de la SCH, David Page, dira:

> Nos représentants sont partis en criant victoire, pensant que la résolution était très claire et que les produits seraient introduits le plus rapidement possible. À l'époque, on faisait très confiance à la Croix-Rouge, qui avait sauvé nos vies pendant 30 ans. On pensait qu'elle était de bonne foi et qu'elle allait tout faire pour mettre la main sur des produits sûrs le plus rapidement possible[1].

Le Dr Robert Card dira, pour sa part: «On nous a fait croire qu'il était impossible de nous procurer des produits traités à la chaleur plus rapidement[2].»

Un consensus bien utile

Que la réunion du consensus ait servi de paravent, que la présence autour d'une même table de groupes représentant des intérêts divers ait ou non servi d'alibi aux véritables décideurs, cela reste à démontrer. Chose certaine, cette réunion du consensus sera bien commode plus tard. En mars 1993, par exemple, les hauts fonctionnaires de la Santé, prévoyant qu'une question serait posée à leur ministre, Benoît Bouchard, à la Chambre des communes, prépareront des notes pour sa réponse. Voici ce que Benoît Bouchard aurait répondu si on l'avait interrogé (ce qui ne fut pas le cas):

> *Question:* Pourquoi le gouvernement fédéral a-t-il permis que des concentrés de facteur VIII demeurent sur le marché au début de 1985 quand des produits chauffés étaient disponibles?

---

1. Entrevue accordée à Radio-Canada le 9 février 1994.
2. Entrevue réalisée à Ottawa le 2 mars 1994 pour la rédaction de ce livre.

Réponse : À la conférence du consensus de décembre 1984, qui incluait des experts médicaux et la Société canadienne de l'hémophilie, il a été entendu que les concentrés de facteur VIII non chauffés devaient être disponibles pour des situations d'urgence. Les risques de ne pas donner le traitement étaient beaucoup plus élevés que les risques du traitement lui-même. En plus des produits chauffés, les médecins avaient l'option d'utiliser les cryoprécipités[1].

La note au ministre qui situe le contexte (mais qui ne fait pas partie de la réponse) mentionne que la réunion du consensus incluait aussi des représentants de la Croix-Rouge et qu'il avait été convenu que l'introduction des produits chauffés pourrait être effectuée avant mai 1985 et que le remplacement des produits non chauffés pourrait être complété avant juillet.

---

1.   « Anticipated oral question on factor VIII », note préparée par Wark Boucher, directeur par intérim, Bureau des produits biologiques, Direction générale de la protection de la santé, 26 mars 1993 ; note approuvée par le sous-ministre adjoint, Dann Michols.

10

Dérobades et faux-fuyants

(décembre 1984 – avril 1985)

> *Il serait inadmissible de prescrire ou de permettre*
> *l'usage de produits qu'on sait susceptibles*
> *de transmettre le sida quand il y a des produits*
> *apparemment plus sûrs sur le marché.*

Éditorial, *The Lancet*, 22 décembre 1984.

Un appel d'offres

Dans la semaine du 12 décembre 1984, la Croix-Rouge lance un appel d'offres auprès de six manufacturiers de produits sanguins. Elle y précise que la première date de livraison des concentrés antihémophiliques est «avril 1985»[1]. Pourquoi ne dit-elle pas «le plus tôt possible», comme il avait été entendu à la réunion tenue à Ottawa? Pourquoi pas «immédiatement»?

Les stocks actuels ne seront pas jetés

Si l'appel d'offres précise «avril», est-ce pour permettre l'écoulement des stocks de concentrés non chauffés? Il est permis de le croire à la lecture d'une note du 12 décembre préparée par le secrétariat du Comité canadien du sang à l'in-

---

1. «Request for proposal #006-84, Antihemophilic factor concentrate», Service de transfusion, Croix-Rouge canadienne, 12 décembre 1984.

tention du ministre. On y lit, à propos de l'impact de la décision prise à la réunion du consensus :

> Même si les stocks actuels de facteur VIII non chauffé ne seront pas jetés, il y aura une augmentation significative du coût du programme sanguin étant donné que le traitement à la chaleur fait décroître le rendement du facteur VIII et que le fractionnement devra être fait temporairement aux États-Unis[1].

Ainsi, la décision de ne pas se débarrasser des produits potentiellement contaminés a déjà été prise. Veut-on les garder pour les faire chauffer ultérieurement, ou a-t-on vraiment l'intention de les distribuer, comme le stipulait la Croix-Rouge dans sa lettre du 26 novembre à Connaught[2] ?

Le jour même où le Comité canadien du sang avise confidentiellement le ministre que des produits sanguins potentiellement contaminés ne seront pas jetés, le quotidien *La Presse* titre : « Ottawa interdit les fausses poupées Bouts de chou ». Certaines imitations de ces poupées, en provenance de Taïwan, contiennent du kérosène, rapporte la dépêche. Comme résultat, « non seulement les poupées sentent-elles mauvais mais le produit pétrolier peut causer une irritation de la peau ». « Comme on est bien protégés dans ce pays ! » ont dû se dire les lecteurs de *La Presse* ce jour-là.

À peu près au même moment, David Balfour, président de la Croix-Rouge, écrit à Jake Epp. Est-ce pour lui demander de jouer de son poids politique au cabinet en vue de débarrasser le pays du sang contaminé ? Non. Si le président de la section canadienne du plus grand organisme humanitaire du monde communique avec le ministre fédéral de la Santé, le 14 décembre 1984, c'est pour l'inviter à prononcer une allocution de 20 minutes lors du déjeuner qui suivra la prochaine réunion du

---

1.   « Briefing notes for the Minister on the introduction in Canada of heat-treated factor VIII for treatment of Canadian hemophiliacs ».
2.   Voir page 129.

conseil d'administration de la Croix-Rouge. Thème proposé : le rôle des bénévoles dans le secteur de la santé.

Le secret

Tout ce qui entoure les décisions relatives à l'introduction au pays des concentrés chauffés se déroule en secret. Les premiers concernés, les hémophiles, sont totalement ignorés. Dix ans plus tard, la mère de Philippe dira : « On faisait confiance à notre médecin. Quand j'emmenais mon petit garçon à la clinique lors de ses hémorragies, il revenait tout le temps en santé, les joues rouges... Je ne me posais pas de questions. »

Et les médecins traitants, les hématologues, que savent-ils au juste ? Le 18 décembre, l'un d'eux, le Dr John Akabutu, directeur d'un centre de traitement pour hémophiles en Alberta, écrit au président du comité médico-scientifique de la Société canadienne de l'hémophilie, le Dr Robert Card :

> Je n'ai appris que récemment que la Croix-Rouge distribuait maintenant un autre produit [que celui de Connaught], c'est-à-dire celui d'Armour. Je n'avais pas réalisé que le plasma canadien n'entrait pas dans la fabrication de ce produit.
>
> Je vous écris cette lettre parce que j'ai été mis dans l'embarras dernièrement lorsqu'on m'a interrogé sur ce sujet et que j'ai dû plaider l'ignorance. Après un peu de recherche j'ai découvert que tout cela avait transpiré sans qu'aucune information ne m'ait jamais été transmise. Je crois que, en tant que directeur d'un centre de traitement de l'hémophilie, une information de ce genre est vitale pour moi. J'espère que je serai dorénavant informé de tout nouveau développement essentiel à la bonne marche d'un centre de traitement.
>
> Les nouvelles sur le sida qui parviennent aux patients ces jours-ci sont terrifiantes. Les prédictions scientifiques concernant les risques auxquels s'exposent les hémophiles américains ont été faites. La situation au Canada continue d'être floue. Nous espérons avoir un peu d'information sur l'étude du Dr Tsoukas.
>
> Je vous exhorte à préparer un bulletin d'information portant sur certaines questions qui pourraient être d'une importance capi-

tale pour les directeurs médicaux des centres de traitement, dont : l'inventaire des produits sanguins, la situation du sida chez les hémophiles canadiens, les activités du Comité canadien du sang [...].

L'hémophilie est devenue extrêmement complexe sur le plan médical. La seule façon que nous ayons de nous tenir au courant des développements, c'est d'être continuellement informés.

Un hématologue quête donc de l'information plusieurs mois après que le Laboratoire de lutte contre la maladie a appris le taux de contamination élevé des hémophiles canadiens et le danger mortel que peuvent représenter les concentrés de facteur VIII non traités à la chaleur. Au ministère fédéral de la Santé, on affirme pourtant que les résultats de l'étude Tsoukas-O'Shaughnessy ont été transmis au comité médico-scientifique de la Société canadienne de l'hémophilie. Si tel est le cas, pourquoi la SCH n'a-t-elle pas prévenu tous les directeurs de centres de traitement comme le Dr Akabutu ?

Le communiqué

Le 20 décembre 1984, dans un communiqué conjoint, la Croix-Rouge et la SCH annoncent aux hémophiles qu'«il y a des raisons de croire que l'infection par le virus HTLV-3, que l'on désigne habituellement comme étant l'agent causal du sida, peut être associée à l'utilisation des produits de coagulation». Le communiqué mentionne l'existence d'un traitement à la chaleur qui inactive le virus. Selon les participants à la réunion du consensus du 10 décembre, précise-t-on aussi, «l'introduction de produits chauffés au Canada peut être réalisée avant mai 1985».

Une surprise pour les actionnaires de Connaught

Le 21 décembre, le *Globe and Mail* révèle que :

CDC Life Sciences, une filiale de Canada Development Corporation, a récemment vendu 3,2 millions d'actions à 12,50 $ l'action. Elles sont échangées à compter d'aujourd'hui sur les parquets des Bourses de Montréal et de Toronto. Dans le prospectus d'émission daté du 11 décembre, CDC Life Sciences ne dit pas que les laboratoires Connaught [...] encaisseront moins de bénéfices parce qu'ils devront ou bien abandonner leurs activités de fractionnement du sang ou bien rénover leurs équipements pour se conformer à une décision récente du gouvernement fédéral[1].

Cet article laisse donc entendre qu'on a leurré les actionnaires potentiels en leur cachant la chute éventuelle des profits de Connaught. «La compagnie n'a pas la technologie, poursuit l'article, pour traiter les produits sanguins à la chaleur, ce qu'exigera le Bureau des produits biologiques d'ici le deuxième trimestre de 1985.»

Une offre inespérée... mais refusée!

Le même jour, le vice-président de Travenol, Dale Smith, écrit au Dr Perrault, directeur national des services de transfusion de la Croix-Rouge, pour lui offrir de mettre gratuitement sa technologie de chauffage à la disposition de la Croix-Rouge[2]. Travenol a d'ailleurs fait des offres semblables dans d'autres pays où la distribution des produits sanguins est assurée par des organismes sans but lucratif. Le transfert de technologie doit alors faire l'objet d'un sous-contrat, renouvelable après cinq ans. C'est un cadeau inespéré! Voici donc l'occasion de faire chauffer les stocks chez Connaught, environ cinq millions d'unités de concentrés, ce qui équivaut à six semaines d'approvisionnement pour tous les hémophiles au Canada. Comme nous l'avons vu, la Croix-Rouge ne veut pas détruire ces produits et elle est prête à les distribuer tels quels. Mais voilà qu'elle pourrait les faire chauffer, et offrir ainsi des concentrés

---

1. Karen Howlett, «Prospectus of CDC affiliate leaves out expensive detail».
2. «Travenol hereby grants to the Canadian Red Cross a royalty-free non exclusive sublicense to manufacture, have manufactured, use and sell in Canada heat treated AHF under any Canadian patent that is issued from or is based upon Canadian patent application 427 988.» (Extrait) Dale A. Smith, Group Vice-President, Travenol Laboratories, Deerfield, Illinois, 21 décembre 1984.

plus sûrs. Elle se conformerait à la troisième recommandation de la réunion du consensus[1].

La technologie de Travenol-Hyland est simple, ne nécessite aucun équipement sophistiqué et peut s'appliquer aux concentrés de facteur VIII fabriqués selon le procédé conventionnel. En France, certains centres de fractionnement l'ont utilisée avec succès. «La technique [...] n'a pas modifié fondamentalement la structure des équipements de notre unité de fractionnement. En fait, nous n'avions besoin que de bains-marie pour chauffer nos produits[2].»

Étonnamment, la Croix-Rouge refuse l'offre de Travenol. Neuf ans plus tard, elle s'en expliquera ainsi: l'offre a été «transmise à Connaught [...]. Il faut noter cependant que cela aurait pris autant de temps à implanter la nouvelle technologie que la Croix-Rouge en a mis pour se convertir totalement aux produits chauffés[3].» De son côté, Baxter-Travenol affirmera le contraire: «Si vous aviez une usine de fractionnement, [la technologie] aurait pu être transférée très rapidement[4].» Connaught, pour sa part, se refusera à tout commentaire.

Un document du ministère de la Santé[5] mentionnait, en novembre 1984, un délai de quatre à six mois si Connaught appliquait la technologie de Cutter. En admettant que les technologies de Cutter et de Travenol soient comparables, des produits chauffés auraient été disponibles dès mars ou avril si l'offre de Travenol avait été acceptée. Et peu importe le délai,

---

1. Voir page 149.
2. Déclaration du Pr Bruno Chataing, de Lyon, lors de l'enquête judiciaire du juge Sabine Foulon, citée par Anne-Marie Casteret, *L'Affaire du sang*, éd. La Découverte, Paris, 1992, p. 177.
3. Communiqué du 29 juillet 1993 à la suite d'un reportage à la radio de Radio-Canada révélant l'existence de l'offre de Travenol.
4. Selon un porte-parole de Baxter-Travenol, entrevue accordée à Radio-Canada le 23 juillet 1993.
5. Document d'information préparé pour le ministre par la DGPS, 28 novembre 1984.

n'était-il pas impérieux d'accepter l'offre pour éviter la distribution de produits contaminés ?

L'offre de Travenol a-t-elle été transmise à l'autre usine de fractionnement, le Winnipeg Rh Institute ? On ne le sait plus. Et, au fil des entrevues, la justification du refus de la Croix-Rouge sera modifiée. En 1994, la Société affirmera que la technologie de Travenol exigeait l'ajout de stabilisants au début du procédé de transformation. Selon Steve Vick, directeur national adjoint à la production et au développement technologique à la Croix-Rouge, le plasma de Connaught était déjà en phase intermédiaire et il était trop tard pour y ajouter le stabilisant[1]. Mais un ex-employé de Connaught affirme que, de toute façon, on ajoutait des stabilisants dans tout plasma destiné à être transformé en concentrés de facteur VIII. Chez Connaught, on préfère rester muet.

Nouveaux arrivages de produits non chauffés

À la fin de 1984, la Croix-Rouge continue donc de distribuer des produits non chauffés, qu'elle sait potentiellement contaminés, en attendant l'arrivée des produits chauffés commandés pour le mois d'avril 1985. Non seulement écoulera-t-elle ses stocks de concentrés durant cette période, mais Cutter lui livrera aussi de nouveaux concentrés non chauffés jusqu'en avril[2]. Pourtant, Cutter vend aux Américains des concentrés chauffés depuis déjà neuf mois ! Pourquoi la Croix-Rouge n'a-t-elle pas plutôt demandé à l'entreprise américaine de ne lui fournir que des produits chauffés ?

De son côté, Connaught, une société d'État, livrera des produits non chauffés fabriqués à partir de plasma canadien

---

1. Entrevues accordées à Radio-Canada le 11 février 1994 et le 25 mai 1994.

2. Ces données et celles des deux paragraphes qui suivent sont tirées de : «Position paper on withdrawal of non-heated factors VIII and IX», tableau I, «Non heat-treated factor VIII deliveries post 16 nov. 1984», C. A. Anhorn, service des produits sanguins de la Croix-Rouge, 27 septembre 1985.

jusqu'au 8 mars 1985 et, ce qui est fort troublant, des concentrés non chauffés fabriqués à partir de plasma commercial américain, c'est-à-dire le sang le plus contaminé, jusqu'au 12 avril 1985[1].

Entre la date de la recommandation du Bureau des produits biologiques, soit le 16 novembre 1984, et la date de la dernière livraison de produits non chauffés, le 12 avril 1985, la Croix-Rouge aura reçu de ses divers fournisseurs plus de 11 millions de nouvelles unités de concentrés non chauffés, soit environ 42 000 fioles dont la presque totalité sera distribuée aux hémophiles. La Direction générale de la protection de la santé aurait-elle fermé les yeux lorsqu'elle a approuvé ces nouveaux arrivages ?

Le 22 décembre 1984, la revue médicale britannique *The Lancet* publie un éditorial qui place résolument tous les responsables de la distribution des produits non chauffés — aussi bien ceux qui autorisent la distribution que ceux qui l'effectuent — devant leur responsabilité morale : « Il serait inadmissible de prescrire ou de permettre l'usage de produits qu'on sait susceptibles de transmettre le sida quand il y a des produits apparemment plus sûrs sur le marché[2]. »

La commande aux fournisseurs américains

Le 31 janvier 1985, la Croix-Rouge a terminé l'examen des soumissions pour l'achat des produits chauffés. Quatre fournisseurs ont présenté des offres. La Croix-Rouge en choisit deux : elle commande 30 millions d'unités à Cutter et 10 millions à Armour. Cette entreprise n'a pas encore son permis

---

1. L'article 8a) de la Loi canadienne sur les aliments et drogues dit pourtant clairement : « Il est interdit de vendre des drogues [les concentrés de facteur VIII font partie de cette catégorie] qui, selon le cas, ont été fabriquées, préparées, conservées, emballées ou emmagasinées dans des conditions non hygiéniques », c'est-à-dire (art. 2) de nature à « les rendre nuisibles à la santé ».

2. « Blood transfusion, haemophilia, and AIDS », *The Lancet*, 22-29 décembre 1984, p. 1433.

canadien pour son produit chauffé[1], mais le Bureau des produits biologiques a promis d'accélérer le processus. Armour chauffe son plasma à 60 °C pendant seulement 36 heures, alors que Cutter le chauffe à 68 °C pendant 72 heures et Travenol-Hyland, à 60 °C pendant 72 heures.

En 1987, on découvrira que six Canadiens (dans l'Ouest) ont été contaminés par le concentré d'Armour, qui sera alors retiré du marché ; ce produit était déjà interdit en Grande-Bretagne et aux Pays-Bas.

En 1993, la revue *Transfusion* fait le point sur les méthodes d'inactivation du virus. Elle rapporte que, des 18 cas de séroconversion à partir de produits chauffés qui se sont produits dans le monde jusqu'au début de 1989, neuf ont eu lieu aux États-Unis.

> Seulement deux [de ces neuf cas] ont été associés à des concentrés dont le plasma avait été testé pour l'anticorps du VIH, et les deux concentrés avaient été chauffés à des températures plus basses et moins longtemps que les concentrés qui n'ont pas causé de séroconversions. Des expériences cliniques ont démontré que le degré de protection contre le VIH et la transmission de l'hépatite s'améliore avec l'augmentation de la température, de l'humidité et de la durée du chauffage[2].

---

1. Cependant, Armour vend déjà un produit non chauffé au Canada.
2. C. K. Kasper, J. M. Luscher, and the Transfusion Practices Committee, «Recent evolution of clotting factor concentrates for hemophilia A and B», *Transfusion*, 1993, vol. 33, n° 5, p. 422-434.

11

Produits contaminés à écouler

(février 1985 – juillet 1985)

> *Les premiers concentrés de facteur VIII*
> *traités à la chaleur sont distribués au Canada*
> *depuis le 1er mai et il y aura une conversion totale*
> *aux produits chauffés le 1er juillet [...].*
> *Cette information a été transmise aux centres*
> *de traitement de l'hémophilie, et il était entendu*
> *que les stocks actuels devaient être utilisés*
> *en premier [...].*

Dr ROGER PERRAULT,
directeur national des services de transfusion
de la Croix-Rouge, 15 mai 1985.

Du plasma exclusivement féminin ?

Le 1er février 1985, Bill Mindell se trouve dans un avion qui le conduit de Toronto à Vancouver. Il est très absorbé. Il noircit des pages et des pages d'une fine écriture serrée. Il prépare ses notes pour l'exposé qu'il livrera le lendemain à une réunion spéciale du comité des ressources sanguines de la Société canadienne de l'hémophilie, dont il est membre. Il y présentera des propositions sur l'introduction de produits sanguins plus sûrs pour les hémophiles. Cet homme, père d'un enfant hémophile de trois ans, détient une maîtrise en santé publique de l'université du Michigan. Depuis qu'on lui a appris la maladie de son fils, il y a exactement deux ans, il s'est plongé tout entier dans l'étude de l'hémophilie. Il a même changé d'emploi, quittant celui qu'il avait au ministère ontarien de la Santé en raison des voyages trop fréquents que sa tâche lui imposait. Il est maintenant employé par la Ville de Toronto où il dirige les services d'information en matière de santé. En vertu de ses fonctions, il est aussi responsable de la bibliothèque.

«Je lisais tout ce qu'il y avait sur l'hémophilie, le sida, l'hépatite et le sang, raconte-t-il. Je passais régulièrement à travers cinq ou six publications spécialisées, comme le *New England Journal of Medicine*, le *British Medical Journal*, le *Canadian Medical Journal*, le *Public Health Journal*... Ces publications furent les premières à parler du sida.» Très tôt, il prend conscience que les produits sanguins, surtout les concentrés de facteur VIII, sont dangereux et qu'ils peuvent transmettre le sida et l'hépatite à son petit garçon. Il devient un fanatique des cryoprécipités. Mais pas n'importe lesquels. Il prône l'utilisation de cryoprécipités fabriqués à partir de plasma féminin, idéalement du plasma de lesbiennes. Il est convaincu que ce plasma est ce qu'il y a de plus sécuritaire au monde pour les hémophiles.

Depuis quelques mois, il a entrepris une véritable croisade pour convaincre d'abord la Société de l'hémophilie, puis la Croix-Rouge, de recueillir du sang féminin par plasmaphérèse, un procédé qui permet de recueillir seulement le plasma du donneur; le sang passe dans une machine qui sépare le plasma des globules rouges, lesquels retournent ensuite dans les veines du donneur. Ce procédé bien connu permet de recueillir de plus grandes quantités de plasma que par les collectes de sang ordinaires.

Mais pourquoi Bill Mindell tient-il tant au plasma féminin? Parce que le sida se répand beaucoup moins chez les femmes (à la mi-décembre 1984, seulement 11 des 162 sidéens recensés au Canada sont des femmes). Le sang des lesbiennes lui paraît encore plus sécuritaire parce qu'elles ne risquent pas d'avoir des rapports sexuels avec des hommes infectés.

Bill Mindell a l'appui de quelques experts médicaux. La revue *The Lancet* a même accepté de publier un article traitant de son idée. En novembre, dès qu'il a entendu parler de la réunion du consensus, il a tenté, mais vainement, de s'y faire inviter, afin d'aller plaider sur place sa théorie des cryoprécipités d'origine féminine. Il a préparé un texte pour le président de la Société canadienne de l'hémophilie, Bill Rudd, dans l'espoir qu'il soulèverait la question durant la réunion, ce qui ne fut pas fait.

À quelques heures de son exposé, Bill Mindell espère donc déployer des arguments irréfutables pour convaincre le comité des ressources sanguines de la SCH. «L'utilisation exclusive de cryoprécipités féminins est la meilleure solution au Canada pour le moment», écrit-il dans ses notes, en ajoutant qu'il faut recruter plus de femmes pour les dons de sang. Cette théorie a un fondement scientifique, «même Roger Perrault l'admet». Selon Bill Mindell, la solution idéale serait l'utilisation de concentrés de facteur VIII produits génétiquement. Mais cela n'est pas pour demain. En attendant, «la stratégie doit être de protéger tout le monde jusqu'à ce que ces produits soient disponibles». Il propose donc:

> Des cryoprécipités pour les enfants et les hémophiles vierges, et des concentrés fabriqués à partir de lots plus restreints pour les autres. Cela se fait en Angleterre; l'Australie y songe; en Nouvelle-Zélande, les concentrés sont fabriqués avec huit dons de sang seulement. [...] La SCH devrait-elle tenter de convaincre un manufacturier de travailler avec de plus petits lots[1]?

Bill Mindell terminera son exposé en faisant, entre autres, les recommandations suivantes: «proposer toute stratégie à la Croix-Rouge en premier lieu; invoquer la Charte des droits;

---

1. Notes manuscrites (cinq pages), non signées mais authentifiées par Bill Mindell, datées du 1er février 1985.

organiser une conférence de presse avec la participation d'enfants et de parents pour expliquer les enjeux; obtenir l'appui d'experts sur le sida, de groupes d'homosexuels; solliciter des fonds». Il faut faire face à ce qu'il perçoit comme l'inertie des pouvoirs publics. «S'ils ont raison, pense-t-il, on n'a rien perdu. Si nous avons raison, des enfants vont mourir à cause de leur inaction.»

Le lendemain, le comité des ressources sanguines appuie la proposition de Bill Mindell sur l'utilisation de plasma exclusivement féminin pour la fabrication des cryoprécipités. «Cela signifierait que, sur 800 000 sacs de plasma frais congelé, par exemple, 200 000 sacs, provenant de femmes, seraient utilisés pour produire des cryoprécipités et 600 000 seraient envoyés pour la production de concentrés[1].» Prochaine étape: convaincre le conseil d'administration de la SCH, puis la Croix-Rouge. Le projet de Bill Mindell et de son groupe sera finalement rejeté par la Croix-Rouge. Le directeur général du Laboratoire de lutte contre la maladie, Alastair Clayton, n'y est pas favorable, croyant qu'une collecte de sang ne s'adressant qu'à des femmes pourrait insulter les hommes: «Une telle recommandation pourrait soulever la colère d'hommes mal informés ou inconscients... Par conséquent, ils pourraient décider de ne plus donner leur sang[2].»

Procédure de rappel des produits dangereux

Entre-temps, les concentrés non chauffés sont toujours distribués aux hémophiles, qui ne se doutent pas du danger mortel auquel ils s'exposent et qui continuent de faire confiance à leurs médecins et aux traitements qu'on leur propose.

---

1.   Procès-verbal de la réunion du comité des ressources sanguines de la SCH tenue à Vancouver le 2 février 1985.
2.   Cité par Rod Mickleburgh, «Bold safety plan in HIV crisis never got hearing», *The Globe and Mail*, 22 juillet 1993.

Lorsqu'un manufacturier de voitures se rend compte qu'un de ses modèles est défectueux et potentiellement dangereux, il rappelle immédiatement toutes ces voitures ; il prévient par lettre les propriétaires et diffuse, par la voie des médias, des avis publics. Pour les médicaments, la procédure est à peu près la même. Les autorités doivent se conformer à la Loi sur les aliments et drogues et agir rapidement. Par exemple, dans le cas des concentrés de facteur VIII, le manufacturier — en l'occurrence, la Croix-Rouge — avait la responsabilité de rappeler les produits potentiellement dangereux et de les remplacer par des produits plus sûrs. Si un fabricant ou un distributeur n'effectue pas le rappel, le ministère fédéral de la Santé doit veiller à ce qu'il soit fait.

Quand les produits sont essentiels à une catégorie de patients dont la vie ou la santé pourrait être menacée s'ils en étaient privés, il existe plusieurs possibilités qui permettent un usage sélectif des produits. Un rappel ne signifie donc pas le retrait de tous les produits ; on peut toujours y avoir recours, à condition que les risques soient indiqués et que les cas où l'on peut les utiliser soient décrits. Par exemple, les hémophiles graves, dont les hémorragies mettent la vie en danger, auraient pu, en cas d'urgence, recevoir des concentrés non chauffés, tandis que tous les autres n'auraient utilisé que des cryoprécipités en attendant que les concentrés chauffés soient disponibles.

En 1984 et 1985, les mesures à suivre pour le retrait d'un produit sont connues, elles ne sont pas exceptionnelles. Les fonctionnaires du ministère de la Santé et les manufacturiers les connaissent bien. Elles sont appliquées régulièrement. En mai 1984, comme s'il prévoyait que ces mesures allaient être essentielles dans les prochains mois, le sous-ministre adjoint à la Direction générale de la protection de la santé, Alex Morrison, qui n'est qu'à quelques mois de sa retraite, croit utile de rafraîchir la mémoire à son personnel et aux manufacturiers réglementés par la DGPS en leur faisant parvenir une lettre de renseignements sur les «modalités de retrait d'un produit».

Le retrait du marché d'un produit peut être un moyen efficace d'éliminer ou de corriger un produit contrevenant aux lois et règlements établis ou pouvant poser un danger pour la santé des consommateurs ou des utilisateurs. Depuis plusieurs années, la Direction générale de la protection de la santé a pris part annuellement au retrait d'environ 200 aliments, médicaments, cosmétiques et instruments au Canada. Ces retraits ont été effectués par des fabricants, des distributeurs, des détaillants et des importateurs, qui ont ainsi assumé leurs responsabilités en ce qui a trait à la protection de la santé et au bien-être du grand public. Le rôle essentiel de la Direction générale de la protection de la santé, dans la procédure de retrait, est de surveiller étroitement l'efficacité des mesures de retrait entreprises par l'établissement visé et de fournir des conseils scientifiques et techniques de même que sur les modalités de retrait en soi. Dans les cas critiques, nos inspecteurs et ceux d'autres organismes sanitaires participent directement au retrait réel des produits du marché et c'est la Direction générale qui se doit alors d'en informer le public par le biais des médias.

Habituellement le retrait d'un produit concerne un bon nombre de personnes, chacune ayant à jouer un rôle essentiel et à assumer des responsabilités importantes pour assurer l'obtention des résultats recherchés avec toute l'efficacité voulue. En ce domaine, la rapidité et la précision des communications revêt une importance primordiale. Bref, il faut constamment être aux aguets et prêt à agir[1].

Cette lettre est accompagnée d'un document, d'une quinzaine de pages, décrivant en détail les modalités de retrait d'un produit. C'est une procédure remarquable par sa minutie et son souci du détail, qui met à contribution les sous-ministres de la Santé des provinces, les médias et les bureaux régionaux du ministère partout au pays. Bref, quand il y a une crise, l'énorme machine bureaucratique peut se mettre en branle

---

1.   Lettre de renseignements n° 661, 14 mai 1984.

rapidement et de façon efficace pour retirer du marché en un temps record des produits potentiellement dangereux.

Pas de rappel des concentrés non chauffés

Le ministère fédéral de la Santé aurait pu, dès l'automne 1984, invoquer cette procédure pour retirer du marché les concentrés de facteur VIII potentiellement contaminés, tout en en laissant une certaine quantité à la disposition des médecins pour les cas d'urgence. Certes, l'administration de cryoprécipités a de lourds inconvénients pour les hémophiles, qui doivent se rendre dans un centre de traitement et se soumettre à la transfusion durant plusieurs heures. Ignorant le danger que représentaient les concentrés non chauffés, les hémophiles étaient bien sûr extrêmement réticents à les abandonner. Curieusement, le ministère de la Santé alléguera que c'est à leur demande qu'il a décidé de ne pas ordonner le retrait des concentrés non chauffés: «Nous avons consulté la Société canadienne de l'hémophilie et elle nous a conseillé de ne pas retirer le produit du marché, même s'il présentait des risques, jusqu'à ce qu'il y ait des quantités suffisantes de produits traités à la chaleur pour le remplacer[1].»

Qui, exactement, a pris la décision? C'est difficile à déterminer. Le président du comité consultatif médico-scientifique de la SCH à l'époque, le Dr Robert Card, affirme qu'on ne lui a pas fait sentir l'urgence de la situation. Quant aux hémophiles eux-mêmes, ils disent qu'ils se sont fiés à l'avis de leurs conseillers médicaux. L'ex-président de la Société canadienne de l'hémophilie, David Page, renvoie la balle aux autorités gouvernementales:

> Il faut surtout comprendre que c'est Santé et Bien-être social Canada qui avait le rôle principal de rappeler les produits s'il les jugeait dangereux. Ce n'était pas à un simple médecin de pren-

---

1. Janice Hopkins, directrice exécutive à la DGPS, dans une entrevue accordée à Radio-Canada le 12 juillet 1993 et diffusée à *Dimanche Magazine* le 18 juillet 1993.

dre cette décision-là au nom de tout le pays. Si c'était la responsabilité des médecins de faire ça, pourquoi est-ce que nous avons Santé et Bien-être social Canada et le Bureau des produits biologiques, alors[1]?

De son côté la Croix-Rouge soutient qu'il n'y aurait eu aucun problème à produire des cryoprécipités en quantité suffisante pour répondre à la demande. La technique est simple, tous les centres de transfusion ont l'équipement nécessaire à sa fabrication. «Il aurait suffi que les médecins en fassent la commande, dira le Dr Perrault. La Croix-Rouge est simplement un fabricant. Il aurait fallu une concertation entre les médecins et les hémophiles basée sur une qualité de vie à une période où on n'en connaissait pas encore bien long sur le sida[2].»

Les médecins traitants avaient-ils toutes les connaissances nécessaires pour juger de l'importance d'utiliser d'autres produits que les concentrés de facteur VIII? «Absolument pas», répond le Dr Perrault.

Il faut se remettre dans le contexte des années 1983-1984. La publication de la découverte du virus du sida n'a été faite qu'au printemps de 1984, alors c'est sûr que les médecins ne savaient pas tout. On se posait beaucoup de questions; par exemple, le virus agissait-il seul ou à l'aide de stimuli? Il y avait des choses qui commençaient à poindre de ce côté-là, mais les réponses n'étaient pas toutes là.

Comment, en effet, les médecins auraient-ils pu connaître les réponses à toutes leurs questions? Le ministère fédéral de la Santé était plutôt avare d'informations à leur endroit. Et qu'aurait fait la Croix-Rouge si, dès l'été 1984, le Bureau des produits biologiques lui avait demandé de produire plus de cryoprécipités? «Nous l'aurions fait, répond l'ex-directeur. Ce sont eux, les autorités réglementaires[3].»

---

1. Entrevue accordée à Radio-Canada le 9 février 1994.
2. Entrevue accordée à Radio-Canada le 16 juillet 1993 et diffusée le 18 juillet 1993 à *Dimanche Magazine*.
3. *Ibid.*

Le ministère fédéral de la Santé n'a jamais ordonné le rappel des produits sanguins contaminés. Mais il y a plus grave encore. En effet, non seulement a-t-il permis à la Croix-Rouge d'écouler la presque totalité de ses réserves de concentrés non chauffés, mais il l'a autorisée à distribuer, pendant les quatre premiers mois de 1985, de nouveaux produits non chauffés en provenance des États-Unis.

Durant l'hiver 1985, au moins un des directeurs régionaux de la Croix-Rouge, le Dr Jean-Michel Turc, à Edmonton, soupçonne que les concentrés de facteur VIII que son centre de transfusion distribue aux médecins de l'Alberta sont dangereux. «J'étais en mesure de penser que, statistiquement, au début de 1985, tous les lots étaient contaminés», révélera-t-il dans un témoignage à la Commission d'enquête sur l'approvisionnement en sang. Le directeur médical adjoint de la Croix-Rouge en Alberta, le Dr Robert Turner, dira pour sa part que, à sa connaissance, aucune lettre n'a été envoyée aux médecins pour les avertir de «n'utiliser ce facteur VIII qu'en dernier recours seulement». Il ajoute: «Au début de 1985, nous nous doutions que les concentrés, surtout ceux qui venaient des États-Unis, pouvaient être contaminés. Nous n'en étions pas sûrs. C'est seulement après coup que nous pouvons dire que nous aurions dû en être sûrs[1].»

La liste des priorités

Conformément au mandat qui lui a été confié lors de la réunion du consensus à Ottawa, la Société canadienne de l'hémophilie doit fournir à la Croix-Rouge une liste de critères permettant de déterminer quels patients recevront des produits chauffés à mesure qu'ils seront disponibles. La tâche n'est pas facile. Le comité des ressources sanguines recommande au comité consultatif médico-scientifique de la SCH et à son président, le

---

1. Témoignages des Drs Turc et Turner, lors de l'audience du 26 avril 1994 à Edmonton.

Dr Robert Card, que les produits chauffés soient distribués, par ordre de priorité, à ceux qui n'ont jamais reçu de concentrés, ensuite aux opérés (parce qu'il leur en faut une grande quantité) et enfin qu'il y ait une distribution équitable au reste de la population[1]. Pour une raison inconnue, les directives transmises à la Croix-Rouge par le Dr Card, deux mois plus tard, ont été modifiées : les produits chauffés iront, par ordre de priorité :

> 1. aux hémophiles qui n'ont jamais été traités, ou rarement ; 2. aux patients qui ont déjà eu des traitements et qu'on sait séronégatifs ; 3. aux jeunes enfants [...] ; 4. à ceux qui sont normalement traités aux cryoprécipités, mais qui ont besoin de concentrés pour des raisons exceptionnelles, y compris un voyage ou une chirurgie majeure ; 5. la distribution au pays doit être équitable[2].

Concernant le dernier point, la recommandation du comité des ressources sanguines parlait plutôt d'une «distribution équitable au reste de la population», ce qui ne veut pas dire tout à fait la même chose.

Livraison des premiers produits chauffés

Selon la chronologie officielle du ministère fédéral de la Santé déposée en 1993 au sous-comité des Communes sur le sang contaminé[3], le 18 février 1985 le Bureau des produits biologiques a reçu, pour examen, deux lots de concentrés traités à la chaleur de Cutter ; le 15 mars, le Bureau en a autorisé la vente au Canada. Cela veut donc dire que, dès la mi-mars, un certain nombre de produits chauffés auraient pu être distribués. La Croix-Rouge affirme de son côté n'avoir reçu les premiers

---

1. Procès-verbal de la réunion du 2 mars 1985 du comité des ressources sanguines de la SCH.

2. Lettre du Dr Robert Card à Derek Naylor, directeur du service des produits sanguins de la Croix-Rouge, 25 avril 1985.

3. «Chronologie des faits concernant la fourniture aux hémophiles canadiens de produits sanguins non contaminés par le VIH et l'examen de l'approvisionnement canadien en sang», Santé et Bien-être social Canada, 24 mars 1993.

produits chauffés que le 25 avril et en avoir commencé la distribution le 1er mai. Qui dit vrai? Et, si des concentrés chauffés étaient disponibles dès la mi-mars, pourquoi avoir attendu un mois et demi avant d'en commencer la distribution aux centres de transfusion?

Le 15 avril, le Dr Roger Perrault informe le sous-comité consultatif du Comité canadien du sang que la Croix-Rouge a commandé en janvier 40 millions d'unités et qu'elle en commencera la distribution le 1er mai[1]. «Pourquoi ne pas utiliser, dès maintenant, seulement des produits chauffés, puisque la quantité disponible serait suffisante pour nos besoins au Canada?» lui demande le représentant de la Société canadienne de l'hémophilie, Ken Poyser. Le Dr Perrault répond que la réunion du consensus a décidé qu'il y aurait une période de transition de deux mois (entre le 1er mai et le 1er juillet) durant laquelle il y aurait distribution simultanée des produits non chauffés encore en stock et des concentrés chauffés. Ken Poyser en reste médusé. Il était présent à la réunion du consensus et il avait compris que les produits chauffés seraient distribués le plus tôt possible avant le 1er mai ou dès cette date, pas «à compter» de cette date.

Le 30 avril, la Croix-Rouge est prête à distribuer, selon ses propres chiffres, 4,2 millions d'unités de produits chauffés, reçus de Cutter et d'Armour les 25 et 29 avril.

Le 1er mai, elle reçoit 3,6 millions d'unités d'Armour, ce qui porte la totalité de ses réserves (au siège social et dans les centres de transfusion) à 7,8 millions d'unités. Pourtant elle ne distribue aux centres de transfusion, en avril et en mai, que le huitième de son stock, soit 1,1 million d'unités: 833 805 unités, soit 2 773 fioles, en avril; 290 780 unités, ou 938 fioles, en mai.

---

1. «Draft record of decisions», 6e réunion du sous-comité consultatif du Comité canadien du sang, 15 avril 1985.

Le 15 mai, lors d'une réunion du Comité consultatif national sur le sida, le Dr Perrault rapporte que «les premiers concentrés de facteur VIII traités à la chaleur sont distribués au Canada depuis le 1er mai et qu'il y aura une conversion totale aux produits chauffés le 1er juillet, selon la capacité des manufacturiers d'assurer l'approvisionnement[1]». Il ajoute:

> Cette information a été transmise aux centres de traitement de l'hémophilie, et il était entendu que les stocks actuels devaient être utilisés en premier et que des protocoles établissant quels types de patients recevraient quel produit avaient été préparés.

Finalement, à la mi-juin, la Croix-Rouge reçoit de Cutter les concentrés chauffés fabriqués à partir du plasma canadien expédié depuis novembre 1984. Il avait d'abord été prévu que ces produits seraient livrés à la fin d'avril. Il aura donc fallu environ sept mois à l'entreprise américaine pour traiter le plasma canadien.

Les produits sécuritaires sur les tablettes

La Croix-Rouge a donc en stock des milliers de produits chauffés, non contaminés, mais elle continue de distribuer des produits fort probablement infectés. À Winnipeg, par exemple, entre mai et juillet, seulement 15 des 645 fioles de produits chauffés livrés au Manitoba seront distribuées à des hémophiles. Au cours de la même période, le centre de transfusion de Winnipeg a reçu 467 fioles de concentrés non chauffés. Presque tous ces produits potentiellement contaminés (446 fioles) seront distribués aux hémophiles[2].

Winnipeg n'est pas l'exception. La même chose se produit dans les autres centres de transfusion. Et chaque fois que la question sera abordée lors des audiences régionales de la Com-

---

1. Procès-verbal de la réunion du CCN-SIDA, 15 mai 1985.
2. D'après des documents déposés devant la Commission d'enquête sur l'approvisionnement en sang au Canada aux audiences de Winnipeg en juin 1994, cités par André Picard, «Treated blood product held back», *The Globe and Mail*, 14 juin 1994.

mission d'enquête sur l'approvisionnement en sang en 1994, les directeurs médicaux des centres de transfusion justifieront ces pratiques de la même façon : «Nous suivions les directives.»

Ils disent qu'avant le 1er juillet ils ne devaient pas distribuer de produits traités à la chaleur à moins qu'on ne les leur demande et qu'il était primordial de maintenir des stocks importants des meilleurs produits, au cas où des patients dont le nom figurait sur la liste des priorités[1] en aient besoin. Ils soutiennent qu'il appartenait aux médecins traitants de commander les nouveaux produits : «Ces décisions étaient prises par les médecins traitants, déclare le Dr Marlis Schroeder, directrice médicale de la Croix-Rouge au Manitoba. La Croix-Rouge n'était pas mêlée à ces décisions[2].»

Le plus saisissant de tous les témoignages sera celui du Dr John MacKay, à Saint-Jean au Nouveau-Brunswick, le 15 juillet 1994. Pressé de questions par une avocate représentant des victimes, ce directeur médical du centre de transfusion local admettra sans équivoque qu'en juin 1985 il a distribué aux hémophiles des produits susceptibles d'être contaminés alors qu'il disposait, sur ses propres tablettes, de 825 fioles de produits chauffés sûrs. «Vous saviez, à l'époque, que les fioles que vous distribuiez pouvaient contenir le virus du sida ? lui a demandé l'avocate Dawna Ring. Vous saviez aussi que ce virus tuait les gens?» «Oui», a répondu le Dr MacKay aux deux questions.

Lors des mêmes audiences, des documents révéleront que, les 26 et 28 juin 1985, deux hôpitaux du Nouveau-Brunswick (à Bathurst et à Sussex) ont renvoyé à la Croix-Rouge 42 fioles de produits non chauffés. Non seulement la Croix-Rouge n'a pas détruit ces concentrés, mais elle les a aussitôt redistribués

---

1. Les centres de traitement de l'hémophilie avaient préparé des listes d'hémophiles répondant aux critères de sélection établis.
2. Audience de la Commission d'enquête sur l'approvisionnement en sang, Winnipeg, 13 juin 1994. Paroles citées par André Picard, «Treated blood product held back», *op. cit.*

à deux autres hôpitaux (à Saint-Jean et à Moncton) les 28, 29 et 30 juin.

«Que faisiez-vous de votre éthique médicale, durant les cinq derniers jours de juin, alors que vous aviez amplement de produits plus sûrs sur vos tablettes et que vous avez distribué des produits non traités à la chaleur?» a demandé Mᵉ Dawna Ring au Dʳ MacKay. «Mon sens de l'éthique était, à ce moment-là, le même que maintenant... c'est-à-dire que nous tentons d'agir dans le meilleur intérêt des gens», a-t-il répondu d'une voix forte.

Le Dʳ MacKay répétera qu'il devait obéir aux directives nationales et réserver les produits chauffés aux patients dont le nom figurait sur la liste des priorités. Puis il rejettera une partie de la responsabilité sur la SCH: «La Société canadienne de l'hémophilie a fait un choix, elle a fait une liste, elle a donné un indice de priorité à la vie de ses membres et elle nous a donné cette liste.»

Ces propos font bondir la présidente de la SCH en 1994, Durhane Wong-Rieger:

> Nous ne pourrons jamais assez insister sur les conditions dans lesquelles le comité médico-scientifique de la SCH a été forcé d'établir ces critères. On a dit à nos représentants à l'époque [à la réunion du consensus] qu'il n'y aurait pas assez de produits chauffés. «Étant donné cette situation, qui, croyez-vous, devrait d'abord en recevoir?» leur a-t-on demandé. La SCH s'est donc trouvée devant le dilemme suivant: «Ou bien on ne protège personne et on ne distribue ces produits qu'à partir du moment où il y en aura pour tout le monde, ou bien protégeons au moins ceux qu'on croit encore à l'abri de la contamination.» Ces directives ont été élaborées en tenant pour acquis qu'il n'y aurait pas assez de produits pour tout le monde et que nous n'aurions pas à attendre jusqu'en mai ou juillet. En fait, quand nous avons appris, en mars ou avril, l'arrivée imminente des premiers produits, nous avons demandé qu'ils soient distribués, mais on nous a répondu non[1].

---

1.   Entrevue accordée à Radio-Canada le 28 juillet 1994.

De leur côté, des avocats des victimes s'indignent de l'interprétation rigide du directeur médical de la Croix-Rouge au Nouveau-Brunswick. L'avocate Dawna Ring commente :

> Je ne peux pas imaginer que quelqu'un fasse cela en toute connaissance de cause, alors qu'il avait à sa disposition 825 fioles de produits sécuritaires. L'excuse selon laquelle il obéissait aux ordres fait peur. Il est effrayant de constater que quelqu'un suive des directives au pied de la lettre au point que, la veille du jour où tout le monde pourra recevoir des produits sûrs, il distribue encore des produits dangereux.

Me Doug Elliott, représentant la Société canadienne du sida, exprime son opinion de cette façon : «C'est comme lancer une grenade par-dessus un mur en espérant qu'il ne se trouve personne de l'autre côté[1].»

Le Dr MacKay maintient qu'il aurait distribué des produits non chauffés «même une heure avant» la date limite du 1er juillet :

> Quand vous exploitez une organisation nationale, il faut des règles. On peut se demander effectivement pourquoi nous n'avons pas distribué les produits deux jours plus tôt, une semaine plus tôt ou un mois plus tôt. Cela aurait pu être fait sans aucun contrôle et les produits auraient été donnés aux premiers arrivés. L'idée était d'assurer une distribution équitable afin qu'ils soient remis aux personnes qui en avaient le plus besoin[2].

Des hémophiles dont le nom ne se trouvait pas sur les listes se demandent pourquoi on leur a donné des produits potentiellement contaminés alors que des produits sûrs étaient disponibles. Voici ce qu'en pense Normand Landry, le père des jumeaux hémophiles :

---

1. Entrevues accordées à Radio-Canada les 20 et 28 juillet 1994 et diffusées le 31 juillet 1994 à *Dimanche Magazine*.
2. Entrevue accordée à Radio-Canada le 21 juillet 1994 et diffusée à *Dimanche Magazine* le 31 juillet 1994.

Il n'y a pas beaucoup d'humanité dans cette façon de faire. Ce n'était qu'une question d'argent. C'était beaucoup plus efficace de finir d'utiliser les produits non chauffés. Comme ils n'étaient pas obligés d'en acheter d'autres, ça paraissait bien sur papier. Ils se sont dit que, de toute façon, cela ne ferait pas de différence, qu'ils étaient déjà contaminés. Qu'est-ce qui leur permettait de croire que mes fils étaient déjà contaminés? Ils n'en avaient aucune idée. Ici, au Nouveau-Brunswick, il y a plusieurs personnes qui ont été contaminées avec une ou deux injections. Quand les ont-elles reçues[1]?

En 1993, la Croix-Rouge expliquera, dans un document soumis au sous-comité des Communes sur le sang contaminé, que si elle n'a pas distribué les produits chauffés qu'elle avait sous la main au printemps de 1985, c'était pour s'assurer de pouvoir effectuer une conversion totale le 1er juillet. La recommandation formulée à la réunion du consensus disait pourtant clairement que ces produits devaient être distribués le plus tôt possible. La Croix-Rouge a-t-elle vraiment compris «pas avant le 1er mai», et «au compte-gouttes jusqu'au 1er juillet»? Si tel est le cas, il est étonnant qu'on lui ait permis d'agir selon cette interprétation. Ou bien une bonne partie des «décideurs» présents à la réunion du consensus étaient d'accord avec cette interprétation, et étaient donc solidaires des décisions de la Croix-Rouge; ou bien ils ne partageaient pas ce point de vue et, dans ce cas, avaient tous les pouvoirs nécessaires pour hâter la distribution des produits chauffés.

Finalement, le 1er juillet 1985, la Croix-Rouge ouvre les digues et offre des produits chauffés à tout le monde. Elle entreprend le rappel des produits non chauffés en envoyant des lettres aux hôpitaux, dans lesquelles elle leur demande de les retourner «avant le 31 juillet» et de transmettre l'information aux hémophiles qui en conservent dans leur réfrigérateur. Plus tard, plusieurs d'entre eux soutiendront qu'ils pensaient qu'ils

---

1.   Entrevue accordée à Radio-Canada le 19 juillet 1994 et diffusée à *Dimanche Magazine* le 31 juillet 1994.

devaient finir leurs concentrés non chauffés avant de demander les nouveaux produits traités à la chaleur. Normand Landry affirme que personne ne leur a fait parvenir, durant l'été 1985, un avis de rappel des produits qu'ils avaient à la maison. «Les garçons ont utilisé tous les produits qu'on nous avait donnés en avril ou mai 1985; ils en ont eu probablement jusqu'en juin 1986[1].»

Philippe

Le 11 juillet 1985, Philippe, qui a maintenant trois ans, reçoit trois fioles de concentrés de facteur VIII fabriqués par Cutter et portant le numéro 50P020. Ce produit est probablement contaminé. En effet, ce numéro de lot apparaîtra sur la liste des produits rappelés par Cutter deux ans plus tard[2].

---

1. *Ibid.*
2. Lettre du directeur de la banque de sang de l'Hôpital pour enfants de l'Est de l'Ontario aux hémophiles et à leur famille, 11 novembre 1987.

12

L'épisode des hormones de croissance

(1985)

*Le risque semble varier d'un pays à l'autre,
probablement selon le degré de contamination
du matériau de base.*

British Medical Bulletin, 1993.

Une autre maladie mortelle

Plus d'une quarantaine de personnes, dont 22 en France, sont mortes depuis 1984 après avoir été contaminées par des médicaments visant à compenser une déficience en hormones de croissance. Les hormones de rechange leur ont transmis la maladie de Creutzfeldt-Jakob, une affection fatale qui ressemble à la maladie d'Alzheimer. Au Canada, il n'y a pas eu de victimes, car le Bureau des produits biologiques a pris les choses en main dès les premiers signes de contamination aux États-Unis. Voici ce qui s'est passé et, en comparaison, ce qui aurait pu se passer dans l'affaire du sang contaminé si le BPB avait fait preuve du même sens des responsabilités et de la même célérité. Le parallèle entre les deux affaires est saisissant.

L'administration d'hormones de croissance sert à traiter les enfants qui souffrent d'une déficience hormonale ayant pour effet de réduire la vitesse normale de croissance (un demi-centimètre par année au lieu de deux ou trois), et les personnes hypoglycémiques. Le métabolisme de ces dernières ne réussit pas à transformer le sucre en énergie de façon adéquate. Si l'hypoglycémie n'est pas traitée, elle peut provoquer une perte de conscience et même entraîner la mort. Les enfants souffrant d'une déficience en hormones de croissance ne risquent pas de mourir s'ils ne sont pas traités, mais ils auront une taille de nain. Un parallèle semblable peut être fait chez les hémophiles. Privés de produits coagulants, les hémophiles légers souffriront, à la longue, d'arthrite causée par les épanchements de sang dans leurs articulations, mais leur vie n'est pas en danger. Par contre, les hémophiles graves sont menacés de mort s'ils ne sont pas traités.

Jusqu'en 1985, les médicaments à base d'hormones de croissance étaient fabriqués à partir de glandes pituitaires prélevées sur des cadavres humains. Comme une glande pituitaire ne fournit qu'une infime quantité d'hormones, des milliers de glandes devaient être prélevées pour la production d'un lot efficace. De même, les concentrés de facteur VIII sont fabriqués à partir de milliers de dons de sang. Et, dans un cas comme dans l'autre, les médicaments ainsi fabriqués peuvent être des agents porteurs de maladies présentes chez les donneurs.

L'affection transmissible par les hormones de croissance, appelée maladie de Creutzfeldt-Jakob, ou CJ, est un désordre neurologique extrêmement rare, une maladie dégénérative lente du système nerveux central contre laquelle il n'existe aucun traitement. Cette maladie est causée par le «prion», un virus lent, qui peut sommeiller longtemps dans l'organisme avant de s'activer; la période d'incubation varie de un à 20 ans. Lorsque la maladie apparaît, elle entraîne la mort dans un délai de sept mois à trois ans. On peut donc y voir des similitudes avec le sida. D'autres comparaisons sont possibles. Par exemple, en 1985, on ne savait pas que la maladie de CJ pouvait être transmise par des médicaments à diverses catégories de personnes ; jusque-là, elle frappait presque exclusivement des personnes âgées.

L'intervention salutaire du Bureau des produits biologiques

Le 22 avril 1985, le Bureau des produits biologiques entend parler pour la première fois de la possibilité que les médicaments à base d'hormones de croissance transmettent le virus de Creutzfeldt-Jakob. Un journal de Washington rapporte que la Food and Drug Administration (FDA) enquête sur la mort récente de quatre jeunes personnes décédées de la maladie de CJ. Les quatre victimes avaient été traitées avec des médicaments à base d'hormones de croissance. Ce simple article de journal déclenche l'intervention du ministère fédéral de la Santé.

Immédiatement, le directeur adjoint du Bureau des produits biologiques, David Pope, prend contact avec la FDA pour avoir plus de détails. Le même jour, il communique avec les manufacturiers canadiens et étrangers de médicaments à base d'hormones de croissance. Il s'adresse aussi à tous les médecins canadiens qui administrent ce traitement pour leur demander de stopper l'administration des hormones, sauf dans les cas où le patient serait en danger de mort. Toujours le 22 avril, le Bureau des produits biologiques contacte le Conseil de recherches médicales du Canada (CRMC), qui, depuis 20 ans, coordonne la distribution des médicaments à base d'hormones de croissance. Il organise une réunion, qui a lieu une semaine plus tard, à laquelle participent des représentants du CRMC, un éthicien et un conseiller juridique ; l'objectif de cette réunion est d'évaluer les données et de dresser un plan d'action.

Dans les jours qui suivent, on établit un lien possible entre le traitement aux hormones et la maladie de CJ. Il semble qu'il n'y ait aucun cas de contamination de ce genre au Canada, mais on n'écarte pas la possibilité de faux diagnostics. Un groupe de travail est constitué pour évaluer les possibilités de contamination au moyen d'essais cliniques coordonnés par le CRMC. Celui-ci entreprend par ailleurs des recherches en vue de mettre au point un médicament synthétique pour remplacer les hormones naturelles.

En juin, à l'instigation du Bureau des produits biologiques, les manufacturiers envoient une lettre *Monsieur le Docteur* à tous les médecins. On leur demande une confirmation écrite que le traitement aux hormones de croissance humaines a cessé. La lettre les avise qu'ils peuvent toujours prescrire ces médicaments dans les cas où la vie d'un patient est en danger, c'est-à-dire dans les cas d'hypoglycémie ; on indique d'ailleurs un numéro de téléphone d'urgence pour obtenir ces médicaments en tout temps.

En juillet, on est en mesure de fournir, aux 35 patients qui ne peuvent absolument pas se passer de ces médicaments, des hormones de croissance biosynthétiques. Les manufacturiers distribuent gratuitement ces nouveaux médicaments, puisqu'ils n'en sont encore qu'à l'étape d'expérimentation.

Durant l'été et l'automne 1985, des représentants du Bureau des produits biologiques et des médecins du CRMC assistent, à titre d'observateurs, à des réunions de la FDA consacrées au problème. Au printemps 1986, le Bureau des produits biologiques accorde un avis de conformité au premier médicament totalement sécuritaire produit à partir d'hormones biosynthétiques et mis au point grâce aux efforts combinés du CRMC et des manufacturiers.

En France, les hormones de croissance humaines ont continué d'être distribuées jusqu'en 1988. On a évalué que 25 000 personnes à travers le monde peuvent avoir été exposées à la maladie de CJ par le biais de ces médicaments. «Le risque semble varier d'un pays à l'autre, probablement selon le degré de contamination du matériau de base», rapporte le *British*

Medical Bulletin[1]. Alors que le bilan des victimes continue d'augmenter ailleurs dans le monde, il n'y a toujours au Canada aucun cas de contamination.

Deux poids, deux mesures ?

Le Bureau des produits biologiques a donc fait preuve d'une extraordinaire efficacité. Pourquoi a-t-il agi si vite sur la seule foi d'un article de journal américain, alors que, dans l'affaire du sang contaminé, non seulement la presse scientifique et médicale publiait-elle des données alarmantes, mais les tests effectués au Canada même constituaient des preuves accablantes ? Pourquoi, dans le cas du sang, cette prudence exagérée, ces longs délais, ces tergiversations, cette inertie face à la Croix-Rouge, ce silence à l'endroit des médecins et des hémophiles ?

Pourquoi a-t-on agi si différemment dans les deux affaires ? Est-ce à cause des enjeux économiques, la fabrication des dérivés sanguins étant au cœur d'une industrie qui engendre des profits de plusieurs centaines de millions de dollars tandis que les hormones de croissance représentent une plus faible part des profits réalisés par les compagnies pharmaceutiques ? Ou serait-ce à cause de la lourdeur bureaucratique liée au système d'approvisionnement en sang au Canada ?

---

1.   R. G. Will, «Epidemiology of Creutzfeldt-Jakob disease», *British Medical Bulletin*, 1993, vol. 49, n° 4, p. 960-970.

TROISIÈME PARTIE

La catastrophe

13

Les tests de dépistage

(janvier 1985 – novembre 1985)

> *Nous avons pris toutes les précautions*
> *que nous pouvions. Il semble bien que*
> *l'inévitable soit arrivé.*

JOHN DERRICK, conseiller du directeur national
des services de transfusion de la Croix-Rouge,
10 mai 1985.

Johanne Guindon

Johanne Guindon a le sourire aux lèvres, en ce jour de janvier 1985, en sortant du cabinet de son médecin à Ottawa. Elle a 25 ans, elle est enceinte depuis peu et on vient de lui annoncer qu'elle attend non pas un, mais deux enfants. Elle pense tout de suite à sa grand-mère qu'elle admire, qui a aussi porté des jumeaux. En se rendant à la pizzeria où elle a rendez-vous avec son mari, elle se demande bien quelle sera sa réaction... Comme s'il avait prévu l'heureux événement, il l'attend avec une bague sertie de deux petites pierres rouges! Le lendemain, la bonne nouvelle se répand comme une traînée de poudre parmi les collègues de Johanne Guindon, qui travaille depuis huit ans chez Bell Canada.

Dans les journaux, on parle de la progression du sida, qui a déjà fait des milliers de victimes aux États-Unis, dont plus d'une centaine à la suite de transfusions sanguines. Au Canada, on rapporte moins de 200 victimes, mais aucune par suite de transfusion ; la maladie ne s'en répand pas moins au rythme de trois nouveaux cas par semaine. Johanne Guindon ne prête guère attention à ces faits ; le sida est encore pour elle une « maladie d'homosexuels » ; sa santé est excellente et, pour le moment, elle ne songe qu'à la perspective d'être mère pour la première fois.

Dans la même ville, à quelques kilomètres de là, les scientifiques du Laboratoire de lutte contre la maladie font face à une autre réalité : le virus associé au sida a infiltré les lots de sang destinés aux transfusions. Michael O'Shaughnessy et les trois membres de son équipe, qui poursuivent depuis août 1984 les tests sur les échantillons de sang, ont récemment fait leur triste découverte :

> Nous avons confirmé, en 1984, qu'il y avait des cas de contamination par transfusion. En effet, grâce à des comparaisons avec des sujets témoins, nous avons trouvé des transfusés positifs et, en remontant jusqu'aux donneurs, dans cinq ou six cas, nous avons découvert que ceux-ci étaient eux-mêmes positifs. C'était en 1984[1].

C'est maintenant toute la population qui est menacée du sida. Le ministère de la Santé est au courant et ne dit rien. Le sang de milliers d'individus est testé, mais ceux-ci ne s'inquiètent pas, puisqu'ils n'en savent rien.

Aux États-Unis, les manufacturiers travaillent à mettre au point une version commerciale du test de dépistage du virus dans le sang. C'est une course contre la montre. Ce test, que tout le monde attend, permettra enfin d'éliminer à la source les dons de sang contaminé. En l'absence d'un tel test, des donneurs infectés, la plupart du temps à leur insu, continuent de faire régulièrement « le don de la vie ». Jusqu'à maintenant, la

---

1. Témoignage de Michael O'Shaughnessy devant le sous-comité des Communes sur le sang contaminé, 11 mars 1993.

seule manière d'exclure les donneurs contaminés a été plus ou moins arbitraire: on a ciblé des groupes à risque, on a distribué des dépliants, on a invité les donneurs à répondre à un questionnaire... La Croix-Rouge canadienne continue de compter sur «le grand sens des responsabilités» de ses précieux donneurs bénévoles. Mais au début de 1985, on commence à se rendre compte que ces mesures ne fonctionnent pas.

Une politique remise en question

Le 9 janvier 1985, l'infirmière en chef des services de transfusion de la Croix-Rouge, Mary-Ann Lark, alerte ses supérieurs. Elle confirme que le dépliant sur le sida n'est pas utilisé comme convenu pour écarter les donneurs à risque. Elle joint à sa note un article du *Globe and Mail* qui affirme que la Croix-Rouge trie sur le volet ses donneurs de façon routinière, mais, précise-t-elle: «Je crois que cela serait difficile à prouver.» Elle écrit aussi:

> M. Derrick a exprimé sa grande inquiétude concernant notre culpabilité quand — et non si — les médecins canadiens feront un lien entre les transfusions sanguines et des cas de sida. Les données actuelles confirment cette inquiétude. [...] Je suis fermement convaincue que nous devons être perçus comme protégeant la population qui reçoit des transfusions, et que nous devons effectivement la protéger[1].

Mme Lark suggère de refaire immédiatement un autre dépliant beaucoup plus clair à l'intention des donneurs.

Cinq jours plus tard, John Derrick adresse une note confidentielle au Dr Roger Perrault et au Dr Martin Davey, respectivement directeur national et directeur national adjoint des services de transfusion: «Depuis quelques mois déjà, Mme Lark [...] et moi sommes extrêmement inquiets de l'apparente apathie d'une bonne part de [notre] personnel concernant l'utilisa-

---

1. Note au Dr Martin Davey, directeur national adjoint des services de transfusion, avec copies au Dr Perrault et à John Derrick, 9 janvier 1985.

tion de notre dépliant d'information aux donneurs.» Il insiste qu'il est désormais clair que la situation du sida empire rapidement à la fois aux États-Unis et au Canada. De nouvelles données sont sur le point d'être publiées et les médias vont poser des questions. «La position de la Croix-Rouge doit être crédible pour pouvoir faire face à la réaction au rapport.» Il ajoute:

> Bien qu'il n'y ait pas, au Canada, de cas de sida directement attribuable à une transfusion, il est certain qu'il y en aura, peut-être bientôt; et quand cela se produira, à moins que la Croix-Rouge ne soit perçue comme faisant tous les efforts pour écarter les donneurs à haut risque, la crédibilité des services de transfusion sera fortement entachée.

Le 27 janvier, l'inquiétude a gagné le sommet. Lors d'une réunion du comité exécutif, le vice-président et le secrétaire général de la Croix-Rouge s'interrogent sur la responsabilité qui pourrait être imputée aux administrateurs si la situation perdure. Ayant appris que certains centres de collecte de sang ne distribuent pas le dépliant aux donneurs, le secrétaire général George Weber annonce qu'il étudiera la question, corrigera la situation au besoin et fera rapport à la prochaine réunion.

Le 7 février surgit la question de la police d'assurance de la Croix-Rouge lors d'une réunion d'un groupe de travail sur le manuel des critères de sélection des donneurs. Les primes ont considérablement augmenté en 1985, les assureurs sont inquiets. L'infirmière en chef pense qu'il pourra être «difficile à l'avenir de trouver un assureur à moins que la Croix-Rouge ne soit perçue comme prenant toutes les mesures pour réduire les risques de transmission du sida». Au cours de la même réunion, le Dr Michel Hébert mentionne qu'au centre de transfusion de Québec, dont il est le directeur médical adjoint, on fait écouter un message audio aux donneurs qui ont de la difficulté à lire le texte du dépliant. Il suggère que les autres centres fassent de même et il souligne l'importance d'établir et de maintenir de bons rapports avec les médias.

Le 19 février, le Dr Roger Perrault écrit au secrétaire général, George Weber :

> Il était clair, à notre réunion du 7 février, que la question de la sélection des donneurs relativement au sida devient de plus en plus complexe et qu'il faut la réévaluer à la lumière des données récentes. Il y a un consensus sur le fait que la sélection doit se faire uniformément à travers le pays. Il était clair, aussi, que le projet pilote du dépliant n'a pas fonctionné.

Une première trousse de dépistage aux États-Unis

Le 2 mars, aux États-Unis, la ministre de la Santé Margaret Heckler annonce l'octroi d'une licence pour la trousse de dépistage Abbott. L'outil sûr que tout le monde attendait pour détecter le sang contaminé chez les donneurs est maintenant au point. Les tests peuvent commencer dans les 2 300 centres américains de collecte de sang.

Entre-temps, au Canada, on a commencé les vérifications des trousses de dépistage pour s'assurer qu'elles sont vraiment fiables. C'est un travail fastidieux, effectué par deux techniciennes de la Croix-Rouge. Chacune des quatre trousses soumises par les manufacturiers doit être testée sur 3 000 échantillons anonymes, recueillis dans les centres de collecte. On évalue d'abord, à compter du 5 février, la trousse Abbott. On progresse au rythme de 375 échantillons par jour. Une fois les analyses terminées, les résultats seront envoyés au Bureau des matériaux médicaux[1] du ministère de la Santé, qui effectuera d'autres tests avant de donner l'approbation finale.

Pendant ce temps, la Croix-Rouge doit préparer un plan expliquant comment elle compte implanter les tests de dépistage dans ses centres de collecte. Elle doit présenter un budget à cet effet, que devra approuver le Comité canadien du sang ; il faudra donc l'approbation de toutes les provinces, des territoires et du gouvernement fédéral. Et toute cette procédure est

---

1. Voir page 274.

conditionnelle aux recommandations du CCN-SIDA, qui se penche notamment sur l'utilisation qu'on pourrait faire des résultats. Faudra-t-il prévenir les donneurs séropositifs? Le cas échéant, comment le faire? On estime que, avant de commencer à tester le sang des donneurs, il faut en mesurer les impacts éthique, sociologique, juridique et médical. Bien des réunions en perspective, donc, beaucoup de paperasse et surtout de nouveaux délais pendant lesquels le virus continuera de se répandre en silence dans le sang destiné aux transfusions! Le ministère fédéral de la Santé le sait-il? Voici les faits.

On fait le point

L'état-major se réunit le 7 mars au Laboratoire de lutte contre la maladie. Cette réunion du Groupe de travail sur les tests de dépistage du rétrovirus associé au sida a pour but de faire le point. Font partie du groupe les gros canons du LLCM (Alastair Clayton, Peter Gill, Michael O'Shaughnessy, John Weber, Gordon Jessamine), le directeur du Bureau des produits biologiques (John Furesz), le président du CCN-SIDA (Norbert Gilmore), la secrétaire exécutive du Comité canadien du sang (Denise Leclerc-Chevalier) et le directeur national adjoint des services de transfusion de la Croix-Rouge (Martin Davey).

Selon le procès-verbal de cette réunion, les résultats des 7 000 tests effectués jusqu'à maintenant au Laboratoire de lutte contre la maladie grâce aux réactifs fournis par le Dr Gallo sont sans équivoque, c'est-à-dire qu'ils démontrent la présence d'anticorps du virus. Ces tests ont été réalisés sur des échantillons de sang de personnes à risque, des homosexuels et des hémophiles; les résultats ne constituent donc pas une surprise. Ils confirment les premiers tests effectués en juillet. Cela signifie-t-il que les sujets sont contaminés? Le Dr Furesz l'affirme: il existe un lien très clair entre les anticorps et la présence du virus; dans une étude du Dr Gallo, le virus a été isolé chez 70 % d'homosexuels séropositifs, mais n'ayant aucun symptôme du sida. Le Dr Furesz informe ses collègues que tous les échantillons positifs doivent être considérés comme infectieux. Il ajoute que même un résultat négatif ne signifie pas nécessairement que l'individu n'est pas infecté, puisque les personnes nouvellement infectées peuvent demeurer séronégatives pendant six mois et plus. En outre, les tests ont confirmé les diagnostics cliniques de symptômes pré-sida dans 93 % des cas.

Quant aux tests en cours à la Croix-Rouge pour mettre à l'essai les trousses de dépistage du virus dans le sang des donneurs, la première série, effectuée sur 3 000 échantillons, démontre qu'ils sont positifs une fois sur 250. Les échantillons proviennent de personnes qui donnent du sang régulièrement, une population qui n'est pas considérée comme étant à risque. Ces premiers résultats devront être confirmés par un autre test, qu'on appelle le Western Blot. En effet, on estime que les résultats obtenus par le seul test ELISA ne sont justes qu'une fois sur trois. Sans la confirmation par le Western Blot, le taux de contamination approximatif ne serait donc que de 1 sur 750. Ce que nous pouvons retenir, en fin de compte, de tous ces chiffres, c'est qu'une partie du sang destiné aux transfusions transporte le virus du sida et que ce sang peut infecter ceux et celles qui le reçoivent et leur transmettre ainsi une maladie fatale.

Cette réunion de fonctionnaires et de scientifiques se termine par huit recommandations. La première vise à tester, «quand il sera possible», les dons de sang et de plasma, et à rejeter les dons positifs. On donne près de deux mois (jusqu'au 30 avril) à la Croix-Rouge pour soumettre son plan d'examen du sang. Ce plan devra être évalué par le CCN-SIDA, qui à son tour le soumettra au Comité canadien du sang, lequel devra déterminer quels fonds allouer à ce programme. Le plan devra ensuite être approuvé par les ministères fédéral et provinciaux de la Santé. Le processus décisionnel doit suivre les méandres de la bureaucratie...

Johanne Guindon

Le 24 avril, Johanne Guindon fête ses 26 ans, elle en est à son quatrième mois de grossesse et elle est en pleine forme. Le printemps est beau et les jumeaux (ou jumelles) viennent de donner leurs premiers petits coups de pied. Cette vie qui se manifeste dans son ventre l'émeut.

Le même jour, le Dr Martin Davey, de la Croix-Rouge, fait parvenir au ministère de la Santé les résultats d'évaluation de la trousse de dépistage de la compagnie Abbott, en précisant que cette trousse semble répondre aux exigences. «J'espère que ce rapport, écrit-il, combiné aux données à venir du LLCM, vous permettra d'autoriser le plus tôt possible l'utilisation de cette trousse au Canada[1].»

Le 1er mai, la Croix-Rouge propose au Comité canadien du sang et au CCN-SIDA de commencer l'examen du sang dans ses 17 centres de transfusion le 1er août, sous réserve de l'approbation du budget par les provinces.

L'inévitable est arrivé

«Nous avons pris toutes les précautions que nous pouvions. Il semble bien que l'inévitable soit arrivé[2].» C'est en ces termes que John Derrick, de la Croix-Rouge, commente, le 10 mai, la nouvelle de la mort récente à Vancouver de deux hommes atteints du sida après avoir reçu des transfusions sanguines de donneurs séropositifs. La population a peur et prend d'assaut les lignes téléphoniques du Laboratoire de lutte contre la maladie et de la Croix-Rouge. Interrogé lors du premier congrès sur le sida qui se tient à l'université du Québec à Montréal cette fin de semaine-là, le directeur général du LLCM, Alastair Clayton, affirme: «Cela va arriver, cela est arrivé, et je n'ai aucun doute

---

1. Lettre au Dr A. K. Das Gupta, directeur du Bureau des matériaux médicaux, 24 avril 1985, avec copie à A. Clayton, LLCM.
2. Beverly Bowen, «Red Cross admits B.C. blood contaminated with AIDS», *The Globe and Mail*, 10 mai 1985.

qu'il y aura d'autres cas[1].» Un conférencier australien, Dennis Altman, secoue les congressistes, leur disant qu'ils sont trop polis: «Manifestez votre colère! Ce n'est qu'ainsi que vous alerterez les gens qui ne s'en font pas. Il ne s'agit pas de droits d'homosexuels. Il s'agit du droit des citoyens de recevoir de l'aide de leur gouvernement[2].»

Entre-temps, la Croix-Rouge a avisé le gouvernement qu'elle sera prête à tester le sang des donneurs le 1er août dans ses 17 centres de transfusion. Le 15 mai, elle précise, lors d'une réunion du CCN-SIDA à Ottawa, qu'elle ne communiquera pas les résultats des tests aux donneurs tant que des laboratoires de diagnostic n'auront pas été ouverts dans chacune des provinces. Le Dr Perrault mentionne aussi que la Croix-Rouge n'a pas l'intention de jeter le sang non testé ni de réserver le sang testé à des receveurs particuliers durant la période de transition. Le plan de la Croix-Rouge est approuvé et le CCN-SIDA recommande d'organiser une réunion du consensus pour examiner les aspects juridiques, sociologiques, médicaux et éthiques associés à l'annonce des résultats des tests.

Les participants à la réunion du 15 mai savent que le test ELISA est efficace: le président du groupe de travail chargé d'évaluer les techniques de dépistage, le Dr Richard Mathias, indique que, mathématiquement, le test ELISA est un très bon test de diagnostic, «bien meilleur, à plusieurs égards, que d'autres tests utilisés en laboratoire aujourd'hui[3]». Il souligne que l'utilisation de ce test pour la population en général risque de laisser passer très peu de faux échantillons négatifs. Il est donc approprié pour la Croix-Rouge, à la condition d'être suivi par le test de confirmation Western Blot, puisque le test ELISA donne beaucoup de faux positifs.

---

1. «Transfusions can pose AIDS risk, doctor says», *The Gazette*, 13 mai 1985.
2. *Ibid.*
3. Procès-verbal de la réunion du 15 mai 1985 du CCN-SIDA.

Les membres du CCN-SIDA savent aussi qu'une portion du sang en circulation est contaminée : lors des épreuves d'évaluation, le test ELISA a révélé un taux de contamination de 0,4 % (1 don sur 250). On peut déduire que le pourcentage réel, après vérification par le test Western Blot, serait de 0,13 %, soit 1 don sur 750. Ils apprennent enfin que, selon des nouvelles données du Centers for Disease Control, les tests utilisés dans les banques de sang américaines ont révélé que les donneurs les plus contaminés continuaient de donner du sang.

Est-ce aussi ce qui se passe au Canada ? Il est possible que la situation soit la même, mais une chose diffère. Aux États-Unis, le sang des donneurs est analysé et le sang contaminé est donc rejeté. Ici, cependant, aucun test n'empêche le sang de donneurs infectés d'être distribué dans les hôpitaux pour des transfusions.

Se protéger contre les poursuites

Mais on sent la soupe chaude. Qui va assurer la Croix-Rouge contre des poursuites éventuelles ? La Croix-Rouge sait qu'une partie du sang en circulation est contaminé, il existe un test fiable pour dépister le virus du sida dans le sang, ce test est approuvé par le gouvernement et pourrait être utilisé dès maintenant ; on s'inquiète donc des implications judiciaires des décisions qui ont été prises et des délais qui retardent l'implantation du test.

Le représentant du ministère fédéral de la Justice, Me Bernard Starkman, informe les membres du CCN-SIDA que, du point de vue juridique, il y a des inquiétudes concernant les donneurs, mais qu'il y en a de plus en plus aussi concernant les receveurs. Le Dr Perrault recommande donc «que le Comité canadien du sang soit informé de l'éventualité de la non-assurabilité des services de transfusion de la Croix-Rouge sur les questions liées au sida[1]». Dans la discussion qui s'ensuit,

---

1.   D'après le procès-verbal de la réunion du CCN-SIDA du 15 mai 1985.

Me Starkman mentionne que cette question soulève vraiment un gros problème, qu'il faut en discuter directement avec les compagnies d'assurances et que, si une entente n'est pas conclue, le gouvernement pourrait toujours intervenir.

Hôpital Royal Victoria, juin 1985

À Montréal, des médecins de l'hôpital Royal Victoria, là même où travaille le président du CCN-SIDA, le Dr Norbert Gilmore, décident qu'ils ne peuvent plus attendre. Ils achètent leurs propres trousses de dépistage et commencent dès juin à tester le sang destiné aux opérations. «On recevait les échantillons le matin et on donnait les résultats à deux heures de l'après-midi, c'était extraordinairement rapide[1]», raconte le Dr Serge Jothy, pathologiste. Parfois, certaines opérations sont retardées dans l'attente des résultats. Sur 3 800 tests effectués sur une période d'environ trois mois, on découvre huit dons positifs. Ces tests coûteront 40 000 $ à l'hôpital.

Un nouveau délai

Au début de juin, la Croix-Rouge reçoit une douche froide: le Comité canadien du sang reporte l'approbation du plan pour tester le sang et retient les fonds. Il faut attendre que les provinces mettent sur pied des services d'analyse diagnostique, ailleurs que dans les centres de la Croix-Rouge. On craint en effet que, si un tel service n'est pas offert, les gens ne prennent prétexte d'un don de sang à la Croix-Rouge pour savoir s'ils sont séropositifs; la Croix-Rouge pourrait alors connaître un afflux de donneurs contaminés. On craint aussi, selon ce qu'en dira Albert Liston, sous-ministre adjoint à la DGPS, que, pris de panique à la suite d'un test positif, certains se suicident:

---

1. Entrevue accordée à Radio-Canada le 7 février 1994 et diffusée aux nouvelles nationales le 10 février 1994.

Il y avait le risque que certains tests positifs soient faux. Alors, avant de voir des gens faire des sottises parce qu'ils pensent qu'ils vont mourir dans deux ou trois ans, il fallait penser à ce que quelqu'un suive ces gens, leur donne des conseils, leur dise quoi faire, comment faire, comment s'y prendre. C'est bien beau de dire «on met le test sur pied», mais il y a toute une gamme de choses nécessaires pour qu'il y ait une évolution rationnelle[1].

Ainsi on pense aux problèmes psychologiques des donneurs... Et les receveurs, eux? Ceux qui risquent de recevoir du sang contaminé? Les risques étaient pourtant évalués, à l'époque, à 1 sur 750 par unité transfusée! «On n'avait pas de solution parfaite, rétorque Albert Liston. S'il y avait eu un moyen pour nous dire comment éviter les risques, on l'aurait pris... On n'était pas capables.»

Aux États-Unis, on n'a pas attendu d'avoir des services de dépistage pour ceux qui pensaient être séropositifs, on a commencé à tester le sang des donneurs, sans leur communiquer le résultat. Pourquoi ne pas avoir fait la même chose ici? «On ne pouvait pas agir en cachette, répond M. Liston. On n'est pas le genre de société dans laquelle ça peut être fait en cachette. [...] On est une société beaucoup plus ouverte, on essaie de partager les données.»

Il faut donc, une fois de plus, attendre. Le 10 juin, la directrice exécutive du Comité canadien du sang, Denise Leclerc-Chevalier, écrit au secrétaire général de la Croix-Rouge, George Weber:

> Le Comité ne peut approuver les tests de dons de sang avant que les ministères fédéral et provinciaux de la Santé aient eu l'occasion de discuter des enjeux tels les services de tests diagnostiques, l'information aux donneurs, aux patients et aux travailleurs de la santé, etc. [...] Le président [Ambrose Hearn], le représentant fédéral, moi-même ainsi que les hauts fonctionnai-

---

1.   Entrevue réalisée à Ottawa le 17 juin 1994 pour la rédaction de ce livre.

res de la Direction générale de la protection de la santé donnons suite à cette orientation immédiatement.

Le CCS a pourtant le projet de la Croix-Rouge en main depuis le 30 avril. Ce projet a même été discuté et approuvé à une réunion du CCN-SIDA. Mais il reste à consulter les provinces !

La Croix-Rouge n'a même pas besoin de l'argent du Comité canadien du sang pour commencer les tests. En 1985, elle a accumulé près de 20 millions de dollars dans un fonds spécial. Cet argent pourrait être consacré immédiatement à l'implantation des tests. Elle préfère consentir au nouveau délai. «C'était un ordre», dira plus tard le secrétaire général Doug Lindores (qui n'était pas en fonction à l'époque). «Les autorités de la Santé nous ont donné l'ordre de ne pas commencer les tests tant que les provinces ne se seraient pas entendues pour mettre sur pied des services de tests diagnostiques[1].»

De bonnes nouvelles !

Rien de tout cela n'est débattu sur la place publique. Dans les journaux, les nouvelles sont excellentes ; on pense que le dépistage commencera bientôt. «La Croix-Rouge fera un test pour le sida», titre *La Presse* dans son édition du 13 juin 1985. «À compter de la fin juillet ou du début août, la Croix-Rouge canadienne procédera à un nouveau test, [...] développé par les laboratoires Abbott aux États-Unis. Il coûtera de 4 $ à 5 $ chacun, somme qui sera remboursée à la Croix-Rouge par le gouvernement fédéral.» L'article cite le Dr Raymond Guevin, directeur médical du centre de transfusion de la Croix-Rouge à Montréal : «Le public peut être rassuré sur la pureté du sang des banques de la Croix-Rouge canadienne. [...] De toutes les maladies des temps modernes, le sida est celle qui a mobilisé

---

1. Entrevue accordée à Mike Hornbrook de la CBC le 13 novembre 1993 et diffusée aux nouvelles nationales de la CBC et de Radio-Canada le 14 novembre 1993.

le plus rapidement la gent médicale et permis de mettre au point en temps record des mesures de contrôle et de dépistage aussi efficaces.»

Et puisqu'une bonne nouvelle ne vient jamais seule, en voici une autre. Le lendemain, un communiqué de presse du ministre de la Santé, Jake Epp, annonce: «Les gouvernements versent 20 millions de dollars à la Croix-Rouge pour le déménagement de son bureau principal.»

Le 1er août, le processus d'approbation du plan de dépistage de la Croix-Rouge est terminé. Tous les membres du Comité canadien du sang l'ont approuvé. Ce qui signifie que les tests pourront commencer le 1er novembre 1985 partout au pays. (Dans les faits, l'analyse du sang des donneurs commencera, à certains endroits, à la mi-septembre.)

Johanne Guindon

Le mardi 6 août vers midi, Johanne Guindon avise sa patronne qu'elle doit partir d'urgence, elle ne se sent vraiment pas bien, elle a vomi toute la fin de semaine, elle n'en peut plus. Elle est admise à l'Hôpital général d'Ottawa. Elle est de plus en plus malade, elle vomit sans cesse. Ses eaux crèvent durant la nuit, sept semaines avant la date prévue de son accouchement. On lui prescrit des médicaments pour stopper les contractions, on diagnostique aussi une jaunisse. Les jumelles naissent le surlendemain, à 12 h 20 et à 12 h 30. L'une pèse trois livres (1,4 kg), l'autre, trois livres et demie (1,6 kg). Deux jours plus tard, Johanne Guindon a une défaillance hépatique, elle fait un infarctus et une hémorragie cérébrale.

Elle plonge dans le coma et se retrouve aux soins intensifs. Les jours suivants, on lui transfuse des milliers d'unités de sang et de concentrés de facteur VIII. Quand elle reprend connaissance, sept jours plus tard, son corps est tout entier marqué de piqûres d'aiguille. On lui fait les dernières transfusions, «dans le cou et les orteils, là où il y a encore des veines qui peuvent être piquées», racontera-t-elle.

Les préparatifs de la Croix-Rouge

Pendant ce temps, au siège social de la Croix-Rouge à Toronto, on met tout en branle pour être en mesure de tester le sang partout au pays le 1er novembre. Le 12 août, le directeur adjoint des services nationaux de transfusion, le Dr Martin Davey, écrit aux directeurs médicaux, superviseurs, administrateurs et infirmières des 17 centres de transfusion.

> Maintenant que le financement pour les tests anti-HTLV-3 est finalement disponible, le plan d'examen des échantillons de sang peut commencer sur une base nationale. Il y a eu, avant l'approbation de ce plan, un nombre considérable de consultations avec tous les échelons de gouvernement et avec les ministères de la Santé. Nous sommes désolés, mais nous ne sommes pas responsables de tous ces délais. Nous sommes cependant maintenant prêts à commencer le dépistage avec l'approbation totale du CCN-SIDA, des ministères fédéral et provinciaux de la Santé et du Comité canadien du sang.

> Pour le moment il y a beaucoup à faire. Par exemple, il faut acheter l'équipement pour les tests (trousses, pipettes, éprouvettes, congélateurs, réfrigérateurs), puis engager et former du personnel (une fin de semaine est prévue à cet effet à Toronto, à la fin de septembre, pour les directeurs médicaux, les superviseurs techniques et les infirmières des 17 centres). Même si la date officielle d'entrée en vigueur du dépistage a été fixée au 1er novembre, le Dr Davey avise les membres de son personnel qu'ils pourront commencer les tests le lendemain de la fin de semaine de formation.

Le Medical Post réclame une enquête publique

Le 20 août 1985, un éditorial du *Medical Post* s'en prend à la Croix-Rouge et au gouvernement fédéral, et réclame une enquête: «Il est difficile de ne pas conclure que le dépistage du virus du sida dans les dons de sang a été complètement bousillé au Canada.» Aux États-Unis, fait-on remarquer, le sang est testé depuis quatre mois, tandis qu'au Canada il faudra vraisemblablement attendre encore deux ou trois mois avant qu'il ne le soit.

> La Croix-Rouge aurait dû se battre davantage pour obtenir du financement. Elle aurait dû en parler publiquement pour provoquer un peu d'action. Le gouvernement fédéral aurait pu facilement avancer des fonds, quitte à les déduire du budget des provinces plus tard. [...] Personne ne sait exactement combien de dons de sang contaminé auraient pu être rejetés du système si on avait fait les tests plus tôt. Peu, probablement. Mais même si nous avions empêché seulement 10 cas de contamination par le sida, c'est énorme, parce que ces 10 personnes peuvent infecter des personnes de leur entourage, qui à leur tour en contamineront d'autres. Elles sont comme des cailloux qui font des ronds dans l'eau. Après tout, nous avons affaire à une maladie transmissible sexuellement qui a une longue période d'incubation. [...] Il faut une enquête publique, non pas parce que nous voulons montrer qui que ce soit du doigt, mais pour éviter que cela ne se produise de nouveau.

Au moment où paraît cet article, Johanne Guindon se rétablit lentement. Ses jumelles ont quelques semaines. Elle ne le sait pas encore, mais elle porte dans son sang le virus du sida.

La sécurité du pays en danger

Le 23 septembre 1985, le ministre des Pêches, John Fraser, démissionne parce que ses fonctionnaires ont approuvé la vente de thon impropre à la consommation. C'est le deuxième ministre à démissionner au cours de l'année. En février, le ministre de la Défense, Robert Coates, a quitté son poste après avoir été vu dans un bar de danseuses nues en Allemagne; l'affaire a fait scandale dans les journaux, on craignait que le ministre, en s'exposant à quelque forme de chantage, ait mis la sécurité du pays en danger. Il y a pourtant un danger réel au pays et l'ennemi est bien plus sournois que toutes les armées du monde. Or, personne ne songe à demander des comptes au ministre de la Santé.

Dans la population, l'inquiétude grandit. Elle monte d'un cran en octobre avec l'annonce d'un cinquième cas de contamination par transfusion. Il s'agit d'un homme d'affaires d'Ottawa qui a été contaminé lors d'une opération à cœur ouvert en mars 1982. On a retracé le donneur; il avait donné du sang trois fois entre mars 1982 et juillet 1984. La Croix-Rouge essaie de retracer deux autres chopines de sang venant du même donneur. «Les transfusions de sang ont fait cinq "victimes" du sida», titre *Le Journal de Montréal* le 16 octobre. Le journaliste Jean-Marie Bertrand rapporte les paroles du Dr François Ranger du bureau de la Croix-Rouge à Montréal: «Attraper le sida par une transfusion de sang est chose facile. Il y a quatre cas connus à Vancouver, maintenant celui d'Ottawa, et il risque d'y en avoir de plus en plus car c'est un mode naturel de transmission de la maladie.» Deux jours plus tard, on peut lire, dans le quotidien *The Gazette*: «Des fonctionnaires fédéraux reconnaissent que 120 000 Canadiens peuvent avoir été infectés, même s'ils ne présentent aucun symptôme. Il y a en ce moment 323 cas de sida et environ 3 000 personnes souffrent de maladies non mortelles associées au sida.» La journaliste Jane Armstrong se demande combien de ces personnes ont donné du sang à la Croix-Rouge. D'autre part, à Toronto, un homme met son propre sang en vente, prétendant qu'il est totalement sécuritaire; il reconnaît qu'il cherche à tirer profit de la situation.

Le lundi 4 novembre 1985, le sang est enfin testé dans tous les centres de transfusion de la Croix-Rouge.

14

Des victimes par centaines

(novembre 1985 – mai 1993)

> *Les [victimes] ont été renversées par une machine*
> *dont le conducteur ne s'est pas encore montré.*
> *Quand nous avons demandé qui était responsable,*
> *toutes les portes se sont fermées devant nous*
> *dans un bruit assourdissant.*
> *En fait, toute cette question ressemble beaucoup*
> *à un cas de délit de fuite.*

> JERALD FREISE, représentant des personnes
> contaminées par transfusion, 26 novembre 1992.

Philippe, automne 1985

Ce samedi matin d'automne s'annonce comme les autres pour Anne-Marie et Jean-Claude, qui se rendent, le cœur léger comme tous les samedis, à la réunion de parents d'hémophiles organisée par une infirmière et une travailleuse sociale de l'hôpital pour enfants. À l'arrivée des parents, on leur annonce que les enfants ont été «vérifiés pour le VIH, un virus qui peut causer le sida», se rappelle Anne-Marie. «Les tests montrent que 50 % d'entre eux sont séropositifs», dit l'infirmière.

Anne-Marie n'est pas certaine d'avoir bien compris. «C'est 50 % des enfants à travers le Canada ?» hasarde-t-elle, la gorge sèche, comme si la nouvelle pouvait être moins menaçante ainsi. «Non, c'est 50 % des enfants hémophiles traités dans notre hôpital.»

«Là, j'ai paniqué», raconte Anne-Marie. Son monde s'écroule de nouveau, tout comme à l'annonce de l'hémophilie de son fils trois ans plus tôt. C'est une autre tuile qui leur tombe sur la tête. Elle se réfugie en courant dans les toilettes. Elle a peur, elle est en colère, elle pleure, elle crie. «Je ne faisais que pleurer. Je me disais "ça ne se peut pas"...» Elle hurle sa peur à la travailleuse sociale, qui l'a suivie: «On commençait à s'adapter à la maladie de Philippe. Vous me rassurez en me disant qu'il va avoir une vie normale, puis là, tout d'un coup, il y a une autre maladie! C'est épeurant, le sida! Je n'aurai plus d'enfant, je n'aurai plus de Philippe... Ce n'est pas juste. Vous avez testé mon enfant sans me le demander. Pourquoi est-ce que je n'ai pas été avisée?»

Les questions se bousculent dans sa tête. «Qu'est-ce que ça veut dire, être "séropositif"?» Le terme désigne une personne chez qui on a décelé le virus, lui explique-t-on. «La personne ne contractera pas nécessairement le sida: le virus peut se développer, comme il peut ne jamais se développer...» Anne-Marie et Jean-Claude ne se souviennent plus des réactions des autres parents. Ils sont partis aussitôt, le cœur gros, bouleversés.

Dans les semaines qui suivent, ils décident de ne pas demander les résultats de l'épreuve de détection. Ils s'accrochent à l'espoir que leur petit bonhomme de trois ans fait partie des 50 % qui ne sont pas séropositifs.

Le Dr Tsoukas est toujours optimiste

À la fin de l'été 1985, le Dr Christos Tsoukas, ce médecin montréalais responsable de la recherche nationale sur les hémophiles et le sida, dit que les patients qu'il suit depuis 1982 ne sont pas atteints du sida et que les anomalies de leur système immunitaire indiquent plutôt une réaction normale à l'injection de substances étrangères. Le 17 août, le quotidien montréalais

The Gazette titre: «Sida: de l'espoir pour les hémophiles. Un immunologue est optimiste sur leurs chances d'y échapper». L'article explique la théorie du Dr Tsoukas selon laquelle des substances étrangères, comme l'insuline et les protéines, peuvent modifier le système immunitaire. Le Dr Tsoukas affirme aussi que personne ne se doutait que les concentrés de facteur VIII affectaient le système immunitaire avant que son groupe de recherche étudie sa théorie. L'article explique l'optimisme du Dr Tsoukas: même si la moitié des quelque 2 000 hémophiles canadiens sont séropositifs, seulement deux d'entre eux ont contracté le sida. De plus, tous les hémophiles qu'il observe depuis 1982 sont, encore aujourd'hui, en assez bonne santé. «Un certain nombre d'entre eux ont eu des symptômes qu'on a cru reliés au sida, comme de la fièvre, des sudations nocturnes et des ganglions lymphatiques enflés, mais le Dr Tsoukas ne croit pas que cela signifie forcément que le sida va se développer en eux.» L'immunologue se dit même plus optimiste qu'il y a deux ans. L'article se termine en soulignant la collaboration, aux travaux du Dr Tsoukas, des deux responsables des centres de traitement pour hémophiles à Montréal, les docteurs Georges-Étienne Rivard, de Sainte-Justine, et Hanna Strawczynski, de l'Hôpital de Montréal pour enfants.

Des propos analogues du Dr Tsoukas paraîtront en décembre dans le bulletin *L'Hémophilie de nos jours* destiné aux hémophiles québécois.

Marc P., automne 1985

Depuis deux ans, Marc P. se présente à l'hôpital deux fois par année, au lieu d'une seule, pour y passer un examen. Marc P. se souvient vaguement d'avoir signé un document dans lequel il acceptait de participer à une recherche du Dr Tsoukas: «On nous avait dit que ce n'était pas très compliqué, on allait juste prélever un peu de sang à chaque visite pour le donner au Dr Tsoukas.»

Le 5 novembre 1985, Marc P. est accompagné d'un ami hémophile, un voisin d'enfance également convoqué pour un examen semestriel. «On nous faisait venir par groupes de 5 à 10, par ordre alphabétique, je crois.» À leur arrivée, leur médecin, le Dr Strawczynski, leur dit qu'elle a une nouvelle à leur annoncer. Ils pourront ensuite aller voir le Dr Tsoukas dans la pièce d'à côté, chacun leur tour, s'ils ont des questions à lui poser. Marc P. apprend alors que, selon les tests, il a développé les anticorps du virus du sida. Le Dr Strawczynski lui dit de ne pas s'inquiéter, que sa santé n'en sera probablement pas affectée, que ça ne changera pas grand-chose à sa vie.

«Pensez-vous que c'est un peu comme développer les anticorps contre le virus de l'hépatite?» lui demande Marc P. Comme bien des hémophiles, il a développé, dans les années 1970, des anticorps contre l'hépatite B; il sait que ces anticorps démontrent simplement qu'il a été exposé à la maladie et qu'il en est maintenant protégé. «C'est probablement la même chose, lui répond le Dr Strawczynski. Il n'y a pas lieu de s'alarmer. C'est le Dr Tsoukas qui va vous suivre à l'avenir, c'est un spécialiste des maladies infectieuses.»

«Est-ce que je vais avoir le sida?» demande ensuite Marc P. au Dr Tsoukas. «Probablement pas. Vous n'avez que les anticorps, pas la maladie.» Le Dr Tsoukas expliquera en 1994 comment il s'y prenait pour expliquer à ses patients la signification des anticorps. «Je pressais mon pouce sur une table et disais: "Si je sors de la pièce, mon empreinte est toujours là, pourtant je n'y suis plus. C'est la même chose avec les anticorps que vous avez dans le sang[1]."»

En sortant de la clinique, Marc P. est quand même inquiet. Avec son ami, qui est aussi séropositif, il se demande si les résultats sont les mêmes pour tous les hémophiles. Malgré les assurances de leurs médecins, leur inquiétude grandit. Ils ont besoin d'en parler. Ils se rendent dans un restaurant de la rue

---

1.   Entrevue réalisée à Montréal le 20 juin 1994 pour la rédaction de ce livre.

Sainte-Catherine. «On trouvait cela inimaginable d'être contaminés par le virus du sida, raconte Marc P. On avait beaucoup entendu parler du sida. Pour nous, ça voulait dire la mort! Apprendre qu'on avait été mis en contact avec ce virus était terrible en soi.»

Une tragédie sans précédent

Entre 1985 et 1987, des centaines d'hémophiles apprennent, à tour de rôle, dans le secret du bureau de leur médecin, qu'ils sont séropositifs. Mais c'est encore une affaire personnelle, une histoire cachée, une réalité que plusieurs nient. «Pour eux, il s'agissait de quelque chose d'horrible. Ils préféraient ne pas y penser. Ils ont remisé ça quelque part dans leur subconscient, le plus loin possible[1]», confiera plus tard David Page, à l'époque président du comité des priorités et membre du conseil d'administration de la Société canadienne de l'hémophilie.

L'ampleur de la tragédie n'apparaît qu'en 1987. Participant à des réunions préparatoires à l'assemblée annuelle de la Société canadienne de l'hémophilie, les hémophiles se rendent compte qu'ils sont plusieurs à porter le même secret. «Moi aussi je suis séropositif» est une réplique entendue des centaines de fois en avril 1987. Ils apprennent aussi que les anticorps dont ils sont porteurs ne les protègent pas du sida, comme on le leur a laissé entendre, mais que leur présence constitue bel et bien un signe avant-coureur de la maladie. Le virus va se réveiller, se mettre en action, infiltrer les cellules du système immunitaire et les détruire.

Lors de cette assemblée annuelle, «plusieurs ont pleuré, livrés à leurs émotions», raconte David Page.

> Nous avons été forcés de nous rendre compte qu'il y avait un désastre. À mesure que chacun prenait la parole, annonçant qui sa contamination personnelle, qui celle d'hémophiles de sa région, il devenait clair qu'on faisait face à une catastrophe. C'est

---

1.   Entrevue réalisée le 12 juin 1994 pour la rédaction de ce livre.

à ce moment que la vaste majorité d'entre nous avons compris ce qui nous arrivait.

Catastrophe n'est pas un terme trop fort: 90 % des hémophiles graves sont infectés, 43 % du nombre total d'hémophiles sont atteints.

Des résultats gardés secrets

En janvier 1987, Normand Landry apprend que ses jumeaux, Serge et Stéphane, sont séropositifs. Il revient d'une conférence de la SCH à Montréal, où il a entendu le Dr Tsoukas parler des résultats de sa recherche. «Ils nous ont informés que tous les hémophiles avaient été testés pour le virus pour cette recherche[1].» Normand Landry ne savait pas que le sang de ses fils avait été soumis à une épreuve de détection du virus du sida. Il savait cependant, depuis longtemps, qu'à chaque visite chez le médecin on prélevait une petite quantité de sang qui était envoyé au Dr Tsoukas. Mais personne ne leur avait dit qu'il s'agissait de tests reliés au sida.

De retour à Moncton après cette conférence, Normand Landry se rend directement au bureau du médecin, où il apprend que Serge et Stéphane sont séropositifs. «Ils ont su pendant 18 mois que les deux enfants étaient contaminés, commente-t-il. Ils avaient été testés trois fois sur une période de 18 mois.»

Les échantillons de sang prélevés chez des centaines d'hémophiles à travers le Canada pour la recherche nationale du Dr Tsoukas étaient analysés depuis août 1984 par l'équipe de Michael O'Shaughnessy au Laboratoire de lutte contre la maladie grâce aux 20 000 réactifs fournis par le Dr Gallo. Les patients dont le sang était ainsi testé n'étaient pas mis au courant immédiatement.

---

1. Entrevue accordée à Radio-Canada le 19 juillet 1994.

Qui aurait pu deviner que le gouvernement fédéral, dans ses laboratoires à Ottawa, testait le sang des hémophiles afin de savoir s'ils avaient des anticorps du virus du sida? Qui aurait pu imaginer qu'en présence de résultats positifs il tairait ceux-ci pendant des mois, et même pendant des années?

L'ex-sous-ministre adjoint à la Direction générale de la protection de la santé, Albert Liston, soulignera en 1994 que les premiers résultats des tests d'O'Shaughnessy avaient été communiqués à la SCH. Il précisera aussi que les fonctionnaires fédéraux ne connaissaient pas les noms des hémophiles dont ils testaient le sang: «Tout ce qu'O'Shaughnessy avait, c'étaient des échantillons anonymes. Il ne connaissait pas l'identité des patients.» Albert Liston dira aussi, en faisant référence à d'autres tests administrés par la Croix-Rouge, que la divulgation des résultats aux patients n'est pas une responsabilité fédérale, puisque cela relève de la pratique de la médecine, qui est de compétence provinciale. «Parce que la question de le dire ou de ne pas le dire, ce n'est pas quelque chose que le fédéral réglemente. Il s'agit de la pratique de la médecine, qui dépend des provinces... C'est la beauté et en même temps la faiblesse du système fédéral[1].»

S'il incombait aux provinces de prévenir les patients, encore fallait-il qu'elles soient elles-mêmes informées. L'ex-responsable de la santé publique au gouvernement de la Nouvelle-Écosse, le Dr Wayne Sullivan, affirme qu'il n'a appris l'existence de ces tests qu'en 1986 ou 1987. La question lui a été posée directement par un avocat de la Commission d'enquête sur l'approvisionnement en sang à Halifax, le 27 juillet 1994.

— Étiez-vous au courant d'une étude menée par le Dr Tsoukas à Montréal en 1984-1985 dans laquelle des hémophiles de partout au pays, incluant la Nouvelle-Écosse, étaient testés?

---

1. Entrevue réalisée à Ottawa le 17 juin 1994 pour la rédaction de ce livre.

— Je crois que j'ai pris connaissance de cette étude en 1986-1987. Nous savions que des hémophiles étaient testés pour le VIH au Québec[1], mais l'information sur leur état n'était pas rapportée au ministère de la Santé. [...] Je n'ai aucune information me permettant de croire que les médecins traitant ces hémophiles étaient eux-mêmes tenus au courant puisque je n'ai jamais reçu quelque information que ce soit de leur part, ou de qui que ce soit d'autre, que des patients étaient effectivement séropositifs.

— Aviez-vous l'impression que les médecins se chargeaient de divulguer les résultats à leurs patients?

— Non. En fait, j'ai tenté d'obtenir de l'information sur le statut VIH des hémophiles [de la Nouvelle-Écosse] qui étaient testés au Québec, mais je n'ai pas réussi. Je voulais cette information pour pouvoir évaluer l'étendue de la contamination dans la province, mais je ne pouvais l'obtenir.

— Qu'avez-vous fait?

— Je ne pouvais rien faire. Ces personnes étaient apparemment testées à l'extérieur de la province. Au Québec, il n'était pas obligatoire de rapporter les cas de VIH, et rien n'obligeait qui que ce soit au Québec à en informer la Nouvelle-Écosse. Je n'avais aucun choix. Le test était effectué à l'extérieur de la Nouvelle-Écosse et apparemment les médecins n'avaient pas cette information, sinon ils auraient été obligés, selon la loi, de me la transmettre, mais ils ne l'ont pas fait.

Au cours d'une entrevue accordée à Radio-Canada le même jour, le Dr Sullivan est encore plus précis:

Je savais que des échantillons de sang d'hémophiles de la Nouvelle-Écosse étaient envoyés au Québec afin d'être testés pour savoir s'ils contenaient des anticorps du facteur VIII [c'était l'hypothèse de départ du Dr Tsoukas, qui croyait que le système immunitaire des hémophiles était affaibli par l'ajout

---

1. Le Dr Sullivan nous précisera en août 1994 que, comme les échantillons de sang étaient envoyés à Montréal, il présumait que les tests étaient effectués au Québec, alors qu'ils étaient en réalité effectués au Laboratoire de lutte contre la maladie à Ottawa.

d'une substance étrangère comme le facteur VIII et non parce que les produits sanguins pouvaient contenir l'agent causal du sida]. Ce n'est que plus tard que j'ai compris que le Dr Tsoukas et d'autres testaient les échantillons de sang pour vérifier s'ils contenaient les anticorps du virus du sida. J'ai tenté d'obtenir cette information localement, mais malheureusement personne n'était au courant de ces tests. Ni les parents d'hémophiles, ni les hémophiles eux-mêmes. Puisque les médecins de la province ne me rapportaient aucune information à ce sujet, j'ai présumé qu'ils n'étaient pas informés eux-mêmes. C'était peut-être aussi parce que le test était fait dans une autre province et que cette province n'était pas soumise aux règles de déclaration obligatoire de la Nouvelle-Écosse.

L'ex-responsable de la santé publique en Nouvelle-Écosse affirme qu'il a même tenté d'obtenir de l'information des chercheurs eux-mêmes, mais sans succès : « Je n'ai pas contacté le Laboratoire de lutte contre la maladie directement, mais par la suite je me suis trouvé à une réunion à laquelle assistaient aussi les médecins qui faisaient les tests à Montréal. J'en ai discuté brièvement avec eux, mais je me suis rendu compte que je ne pouvais pas obtenir d'information. »

Demande d'indemnisation des victimes

Peu après l'assemblée de la Société canadienne de l'hémophilie en avril 1987, l'idée d'obtenir des indemnités pour les hémophiles contaminés et leur famille germe à peu près en même temps dans la tête du Dr Tsoukas et dans celle d'un membre du conseil d'administration de la SCH, Ed Kubin, l'auteur en colère de la lettre d'août 1983[1]. « J'avais beaucoup de sympathie pour ce qui leur arrivait, dira le Dr Tsoukas. Ils ont joué un rôle crucial, un peu comme une balise dans l'océan, dans notre compréhension de la maladie. Comme société, nous sommes responsables de ce qui leur est arrivé[2]. »

---

1. Voir page 68.
2. Entrevue réalisée à Montréal le 20 juin 1994 pour la rédaction de ce livre.

David Page raconte que l'immunologue l'a invité au restaurant pour le convaincre de l'urgence d'aider les familles des
victimes: «Le Dr Tsoukas disait vouloir limiter les dégâts pour
les générations futures, une bonne partie des hémophiles contaminés étant de jeunes hommes [60 % entre 20 et 39 ans] chefs
de famille. Il voulait tout mettre en œuvre pour permettre au
moins à leurs enfants de compléter des études universitaires[1].»

Bénéficiant d'une subvention du ministère fédéral de la
Santé, la Société canadienne de l'hémophilie entreprend donc,
en 1987, l'évaluation de l'impact du VIH sur les hémophiles et
leur famille. Elle commande à des professionnels une étude
socio-économique pour évaluer et chiffrer leurs besoins, fait
faire une étude actuarielle et s'adresse à des avocats pour la
rédaction de la demande officielle qui sera soumise au gouvernement fédéral. Pourquoi le fédéral? «Parce que nous sommes
une organisation nationale et que cette tragédie représentait
l'échec d'un système sanguin national», explique David Page.
Mais une première rencontre avec le ministre de la Santé, Jake
Epp, «ne mène nulle part». «Il nous a écoutés, poursuit l'ex-
président de la SCH, il a été accueillant, mais nous n'en avons
plus entendu parler.»

Son successeur, Perrin Beatty, se montre au contraire
extrêmement ouvert à l'idée d'aider financièrement les victimes du sang contaminé. David Page garde d'ailleurs un excel-
lent souvenir de ce ministre: «On avait une très bonne relation.
Une fois, je l'ai rencontré à un congrès international sur le sida.
Il se souvenait de moi et m'a dit que notre projet allait déblo-
quer.» Cela ne tarde pas. Plusieurs rencontres ont lieu entre la
SCH, le Dr Tsoukas et des hauts fonctionnaires du ministère,
dont le sous-ministre adjoint Albert Liston, «une personne très
tranquille, qui joue ses cartes de façon serrée mais qui est
fiable et qui a toujours tenu ses promesses», selon David Page.
Le résumé d'une de ces réunions rapporte qu'Albert Liston

---

1.   Entrevue réalisée le 12 juin 1994 pour la rédaction de ce livre.

trouve la réclamation des hémophiles très coûteuse. Il faudrait, dit-il, trouver des façons d'en réduire le coût, ou de l'étendre sur plusieurs années. Il existe peut-être d'autres formes d'aide qui ne coûtent rien mais qui pourraient être utiles aux hémophiles. Le sous-ministre adjoint propose entre autres que le gouvernement négocie des ententes avec les compagnies d'assurances «afin qu'elles considèrent les hémophiles sous un jour plus favorable maintenant que le système d'approvisionnement en sang est sécuritaire».

David Page retient surtout la farouche opposition d'Albert Liston à un versement unique de 110 000 $ par hémophile, comme le proposait la SCH :

> Le gouvernement ne voulait rien savoir d'un montant global, il [Liston] disait que ça ressemblait trop à un dédommagement ; il préférait mettre sur pied un programme d'aide à long terme. Pour le gouvernement, il était clair qu'il s'agissait d'une aide humanitaire, il n'a jamais été question de responsabilité, même si nous, on parlait d'échec du système. Il ne fallait pas qu'on soit trop dur ; chaque fois que nous parlions d'échec, on nous reprenait.

Jusqu'où la Société canadienne de l'hémophilie est-elle allée ? Une note de service du ministère résumant une rencontre de représentants de la SCH[1] avec le ministre le 22 mars 1989 rapporte : «Même si la Société a des réserves concernant les actions passées du gouvernement, elle n'a pas l'intention de réclamer des dédommagements en responsabilité.» «Nous n'avons rien promis», se défend David Page.

> Il était clair pour nous que la SCH ne pouvait entreprendre des poursuites pour négligence puisque notre organisme n'avait pas, en soi, subi de dommages. Seuls les individus ont le droit de poursuivre. Nous, nous essayions de trouver un programme d'aide pour tout le monde. Nous avons toujours dit à nos membres : «Si vous pensez que votre cas justifie une enquête judi-

---

1. La présidente Elaine Woloschuk, le vice-président David Page et le directeur exécutif Robert Shearer.

ciaire et des poursuites, faites respecter vos droits. C'est à vous de le faire et nous allons vous donner l'information nécessaire.»

Philippe, mars 1989

Depuis ce fameux samedi matin de l'automne 1985 où ils ont appris que la moitié des enfants traités à l'hôpital pour enfants étaient séropositifs, les parents de Philippe ne se sont jamais résolus à demander les résultats du test de leur fils. En 1989, Philippe a six ans; il est en première année et c'est un petit garçon actif et plein d'énergie. Depuis quelque temps, il n'a plus à se rendre à la clinique pour recevoir ses injections de produits coagulants, bénéficiant d'un programme de traitement à domicile. Anne-Marie lui injecte des concentrés au besoin, parfois jusqu'à deux fois par semaine.

Dans le passé, Philippe a souffert de plusieurs infections des oreilles et de la gorge, mais aucune n'est survenue depuis un an. Un matin de mars, sa mère découvre de petites taches rouges un peu partout sur ses jambes et sur ses bras. C'est alors que ces parents décident d'en avoir le cœur net. Anne-Marie téléphone donc au médecin, qui lui confirme que Philippe est séropositif. Quelques jours plus tard, il l'envoie en consultation chez un spécialiste des maladies infectieuses.

L'examen démontre que le virus est entré en activité. Dans son rapport, le spécialiste mentionne que le nombre de cellules T4 a commencé à baisser: «J'ai dit aux parents que Philippe a une infection au VIH active (il n'est pas seulement séropositif), et que cela signifie qu'il a le sida.» Il précise que l'enfant ne souffre pas encore d'infections opportunistes mettant sa vie en danger, mais que cela pourrait se produire n'importe quand; les parents doivent en être conscients. «Je recommande un traitement à l'AZT.»

Pour les parents de Philippe, l'administration de l'AZT marque un tournant dans la vie de leur fils: «Cela a confirmé qu'il était sidéen», dit sa mère. Pourtant, il a l'air en parfaite santé. Quand Anne-Marie interroge le médecin, celui-ci répond qu'on ne peut pas vraiment dire s'il a le sida, même si le virus est en activité, même si le nombre de plaquettes diminue... «Mais dans son dossier, c'est écrit qu'il a le sida», s'exclame Anne-Marie.

La maman de Philippe cache les pilules d'AZT de peur qu'on apprenne sa maladie. À qui révéler ce terrible secret? À la famille? Aux voisins? Au petit garçon avec qui il joue? À l'école? À Philippe lui-même? Ce n'est pas facile. Aux nouvelles, on entend parler d'enfants expulsés de l'école ou de la garderie parce qu'ils sont séropositifs. Les parents demandent conseil au médecin, qui affirme que Philippe ne peut infecter personne. Et l'école est un lieu public où les mesures sanitaires les plus élémentaires sont respectées. Anne-Marie et Jean-Claude ne jugent pas utile ou nécessaire de dire la vérité à Philippe tout de suite; il n'a que six ans...

L'Agence canadienne du sang

Au cœur de l'été 1989, même si les négociations avec le gouvernement se sont bien déroulées, la Société canadienne de l'hémophilie veut accroître ses pressions en vue d'obtenir des indemnités. Elle décide de fouiller le passé et se prévaut de la Loi sur l'accès à l'information pour adresser quatre demandes au ministère fédéral de la Santé. «Nous avons demandé tout ce qui touchait à la conversion aux produits chauffés, tout ce qui touchait à l'introduction des tests ELISA, tout ce qui touchait à la sélection des donneurs et tout ce qui touchait au rappel des produits en 1987», précise David Page. La SCH envoie ces demandes et... attend.

Pendant que le ministre Beatty courtise les hémophiles, son gouvernement se ménage une sortie discrète du Comité canadien du sang. Celui-ci est aboli en 1991, au profit de l'Agence canadienne du sang[1]. Le gouvernement fédéral n'est plus partie constituante du nouvel organisme. Tout comme le

---

1. Voir page 275.

CCS, l'Agence canadienne du sang n'en est pas moins responsable du financement et des politiques du système d'approvisionnement en sang. Mais on s'est peut-être rendu compte que la participation étroite du gouvernement fédéral à un tel organisme pouvait compromettre son rôle de régulateur.

L'Agence canadienne du sang hérite d'un bien lourd fardeau. Voici un extrait d'un document confidentiel préparé par l'équipe sortante du CCS à l'intention de la nouvelle agence :

> Responsabilités passées en ce qui a trait aux actions/décisions entourant l'introduction en 1985 des produits de coagulation traités à la chaleur et des tests de sang : un certain nombre de poursuites pourraient être intentées (et l'ont déjà été) contre la Croix-Rouge et le gouvernement fédéral dans son rôle de régulateur de l'industrie du sang. Si les plaignants potentiels font le lien entre les gouvernements et le Comité canadien du sang, les 13 gouvernements représentés au CCS pourraient aussi être nommés dans les poursuites[1].

Indemnités accordées...

Le 14 décembre 1989, le ministre Perrin Beatty annonce un programme d'aide humanitaire de 120 000 $ par hémophile, somme répartie en quatre versements annuels de 30 000 $. En échange de ce montant, les victimes du sang contaminé ou leurs «héritiers, exécuteurs, administrateurs et ayants droit» renoncent aux «recours et droits d'action contre Sa Majesté la Reine, chef du Canada, ses préposés, ses employés et ses mandataires, et le ministre de la Santé nationale et du Bien-être social». La formule de renonciation précise que «le paiement de la somme [...] et l'acceptation de la présente renonciation ne constituent pas, de la part des renonciataires, une admission de leur responsabilité à l'égard du renonciateur, de ses héritiers, exécuteurs, administrateurs et ayants droit, laquelle responsabilité ils nient expressément».

---

1. «Briefing book on the Canadian blood system», secrétariat du Comité canadien du sang, avril 1991, p. 34.

Le gouvernement fédéral profite de l'occasion pour régler une vieille histoire remontant aux années 1950: il va aussi indemniser les victimes de la thalidomide, soit une centaine d'enfants nés avec des malformations congénitales parce que leurs mères avaient pris, au cours de leur grossesse, des médicaments nocifs approuvés par le ministère fédéral de la Santé. Les victimes se partageront la somme de sept millions et demi de dollars.

Le décret du Conseil privé, daté du 10 mai 1990, traite des deux affaires: «Décret concernant les paiements à titre gracieux aux personnes infectées au Canada par le virus de l'immunodéficience humaine (VIH) après avoir reçu du sang ou des dérivés sanguins et aux Canadiens victimes de la thalidomide».

La Société canadienne de l'hémophilie est surprise de la rapidité avec laquelle le gouvernement fédéral a donné suite à sa requête. L'indemnisation des victimes de la thalidomide survient 30 ans après le drame, tandis qu'il n'a fallu que 13 mois de pressions pour que les hémophiles contaminés obtiennent des indemnités. En fait, le processus a été si rapide qu'au moment où le ministre annonce son programme «d'aide humanitaire» la SCH n'a toujours pas les documents demandés en vertu de la Loi sur l'accès à l'information. Les dossiers n'arriveront qu'un an plus tard, au moment où «personne n'avait le temps ni l'énergie pour fouiller tout ça», raconte David Page. Et il ajoute: «Les boîtes resteront dans un coin jusqu'en 1992.»

La vulnérabilité de la Croix-Rouge

Voilà donc le gouvernement fédéral prémuni contre des poursuites judiciaires de la part de ceux qui accepteront les indemnités. Mais la Croix-Rouge? Elle aimerait bien trouver un abri elle aussi. Mais elle est, et elle le sait, très vulnérable. Depuis la fin de 1985, elle peut difficilement s'assurer en matière de responsabilité civile. Par ailleurs, les provinces ne la soutiennent guère, elles qui ont refusé de participer au programme d'indemnisation des hémophiles. La Croix-Rouge, qui est au centre du système d'approvisionnement en sang, est un organisme sans but lucratif pour lequel «personne n'est prêt à assumer la responsabilité si jamais on la poursuivait, et gagnait, devant les tribunaux[1]».

La Croix-Rouge décide alors de jouer le tout pour le tout. Quelques jours après l'annonce officielle du programme d'indemnisation, ses dirigeants demandent directement au ministre fédéral de la Santé de l'inclure dans la clause de renonciation. Ils soutiennent que le gouvernement aura besoin d'elle pour administrer ce programme, car les victimes «auront du mal à prouver qu'elles ont été infectées pour appuyer leurs demandes d'indemnisation[2]». Pourtant les avocats de la Croix-Rouge prétendent que l'assurabilité de la Société pourrait être compromise si elle transmet des informations au gouvernement à des fins d'indemnisation. Quoi qu'il en soit, le ministre Perrin Beatty refuse d'inclure la Croix-Rouge dans son «abri», «à moins que la Société canadienne de l'hémophilie n'y consente». Il affirme qu'il peut parfaitement se passer des renseignements de la Croix-Rouge pour administrer son programme.

Voilà donc la Croix-Rouge aux quatre vents, en pleine tourmente, alors que les victimes du sang contaminé commencent à chercher des coupables. Les provinces sentent la soupe chaude elles aussi:

> La Société canadienne de la Croix-Rouge a fait l'objet de très peu de poursuites jusqu'à maintenant, laissant croire que les Canadiens sont réticents à l'attaquer. Mais si le public ou la communauté juridique se rendent compte du lien très étroit

---

1. «Briefing book on the Canadian blood system», *op. cit.*, p. 33. Le rapport résume ici la rencontre du 22 novembre 1988 entre le CCS et Robert Prichard, président de l'Étude sur les problèmes de la responsabilité et de l'indemnisation dans le secteur des soins de santé, mise sur pied en décembre 1987 par les sous-ministres de la Santé.

2. *Ibid.*, p. 32.

entre la Croix-Rouge et ceux qui la financent, et s'ils en concluent que les gouvernements paieraient la facture, on pourrait
s'attendre à une augmentation des poursuites[1].

Marc P.

En novembre 1990, Marc P., qui a maintenant 30 ans, éprouve
de sérieux malaises. Une nuit, il se met à vomir à répétition ; sa
copine le convainc de se rendre à l'urgence. On doit l'hospitaliser. Il est de plus en plus malade ; il souffre entre autres de
démangeaisons dans le dos. Diagnostic : zona, méningite et
inflammation de la moelle épinière. Après des semaines de
traitement, il recouvre la santé. Au travail, il dissimule soigneusement son hémophilie comme une maladie honteuse, de
peur qu'on fasse le lien avec l'infection au VIH, puis avec le
sida, qu'il n'a pas encore.

L'affaire au grand jour

Les sections provinciales de la Société canadienne de l'hémophilie tentent depuis trois ans d'obtenir des provinces une
compensation financière pour les victimes du sang contaminé.
Les négociations piétinent et, en octobre 1992, le conseil d'administration de la section Québec (SCHQ) songe à alerter les
médias.

C'est à ce moment que paraît dans le quotidien *La Presse*
un éditorial signé Agnès Gruda sur le scandale du sang en
France et la condamnation récente à quatre ans de prison du
directeur du Centre national de transfusion sanguine, Michel
Garretta.

> Quatre ans pour avoir sciemment ordonné la distribution de
> sang infecté par le virus du sida, contaminant au-delà de mille
> hémophiles, dont plus de 250 sont déjà morts. À une époque —
> la deuxième moitié de l'année 1985 — où le sida faisait les

---

1.   Extrait d'un compte rendu de la réunion du CCS du 28 février et 1er mars 1990,
     rapporté dans «Briefing book on the Canadian blood system», *op. cit.*, p. 31.

manchettes et où il existait des méthodes sûres de dépistage et de neutralisation du virus présent dans les concentrés sanguins.

Un verdict qui fait dresser les cheveux sur la tête et qui nous renvoie à cette angoissante question : quel est au juste le prix d'une vie humaine ? [...]

Les motifs profonds du drame, en revanche, jettent un éclairage cru sur les dangers de commercialisation de la médecine, qui nous guettent nous aussi. Michel Garretta avait décidé de vendre le sang contaminé «jusqu'à épuisement des stocks» parce que la technologie permettant de désactiver le virus n'existait pas en France et que cela aurait coûté trop cher de l'importer ! Bref, la raison marchande avait eu raison des impératifs de santé et de la plus élémentaire éthique.

«Nous n'avons pas eu, au Québec, de scandale du sang», poursuit Agnès Gruda. Cette phrase fait bondir Claire Desrosiers, directrice générale de la SCHQ. Sous le coup de la colère, elle écrit aussitôt une lettre enflammée à *La Presse* pour rectifier les faits : «la situation au Québec est comparable à bien des égards [à celle de la France]».

Par exemple, jusqu'en 1985, tout comme en France, 40 % des hémophiles québécois ont été infectés par les produits sanguins contaminés par le VIH. Ils vivent maintenant avec les conséquences de cette catastrophe médicale.

À partir des années 70, les scientifiques soutenaient déjà que les produits du plasma provenant des donneurs payés aux États-Unis étaient moins sécuritaires, et ce, à cause de l'hépatite. Malgré ces nombreux avertissements, aucune politique n'a été établie pour assurer la qualité et l'autosuffisance au Canada.

En janvier 1983, les Centers for Disease Control redonnaient l'alerte face aux risques de contamination des produits sanguins, cette fois à cause du VIH.

En novembre 1984, le Bureau des produits biologiques du Canada établissait finalement une réglementation exigeant que tous les concentrés de facteur de coagulation utilisés au Canada soient traités par la chaleur. Ce n'est que huit mois plus tard, soit en juillet 1985, que cette politique fut mise en application.

De janvier 1983 à juillet 1985, les hémophiles continuaient à être infectés par les mêmes produits qui, en théorie, devaient leur sauver la vie. Cette réalité n'est certes pas différente de la situation française.

Il faut constater que le manque de leadership et l'inertie du système ont empêché le développement de moyens efficaces pour prévenir la crise que l'on connaît.

À ce jour, 27 % des hémophiles québécois infectés sont morts des suites du sida. Ce pourcentage ne pourra qu'augmenter au cours des prochaines années.

En 1990, la Société canadienne de l'hémophilie déposait une demande auprès du gouvernement du Québec pour l'établissement d'un régime d'aide financière pour ses membres infectés et leur famille. Le gouvernement n'a toujours pas répondu à cette requête.

Cette lettre, que Claire Desrosiers aurait souhaité voir publiée dans le courrier des lecteurs, sera plutôt transmise au journaliste André Noël qui pousse l'enquête plus loin. Il publiera le 3 novembre un article intitulé «Le scandale du sang empoisonné : comment les autorités ont laissé en circulation du sang contaminé», dans lequel il présente la chronologie des événements grâce à l'information fournie par la SCHQ. Le même jour, la télévision de Radio-Canada diffuse, dans le cadre de l'émission *Enjeux*, un reportage intitulé «Le sang des autres» ; la journaliste Madeleine Roy fouille ce dossier depuis des semaines.

Ces deux reportages ont l'effet d'une bombe. Le personnel de la SCHQ et celui du bureau national de la SCH sont assaillis par plus d'une centaine d'appels de journalistes de partout au pays. Le 4 novembre, la SCH convoque une conférence de presse. Dans les trois semaines qui suivent, l'affaire du sang contaminé fait régulièrement la une des grands médias. Les autorités montrées du doigt se défendent. «Sang contaminé : Ottawa s'en lave les mains. Le gouvernement fédéral renvoie la balle aux autres acteurs du dossier», «La Croix-Rouge se lave les mains du sang contaminé», titrent, en autres,

La Presse (Marie-Claude Lortie, 5 novembre) et *Le Devoir* (Jean Dion, 19 novembre).

Pour la première fois, on parle du «scandale du sang contaminé au Canada[1]». L'opposition aux Communes réclame une enquête publique, mais le nouveau ministre de la Santé, Benoît Bouchard, réplique que ce n'est pas nécessaire.

Les audiences du sous-comité de la Chambre des communes

Pendant ce temps — depuis le 18 juin 1992, en fait —, un sous-comité des Communes a déjà entrepris d'étudier en profondeur les circonstances entourant la contamination du sang. Ce sous-comité des «questions de santé» relève du Comité permanent de la santé et du bien-être social, des affaires sociales, du troisième âge et de la condition féminine. Formé de quatre députés (deux conservateurs, un libéral et un néo-démocrate), il passera au crible, en 10 jours d'audiences s'étalant sur 10 mois, les décisions de tous les acteurs importants de l'affaire du sang contaminé au Canada.

Une trentaine de témoins comparaîtront. Parmi eux, le Dr Roger Perrault, ex-directeur national des services de transfusion de la Croix-Rouge, Denise Leclerc, ex-directrice exécutive du Comité canadien du sang, Wark Boucher, du Bureau des produits biologiques, le virologue Michael O'Shaughnessy, du Laboratoire de lutte contre la maladie, le Dr Norbert Gilmore, ex-président du Comité consultatif national sur le sida, d'anciens employés de la Croix-Rouge et David Page, de la Société canadienne de l'hémophilie.

Tous ces gens viennent témoigner à une époque où on commence à peine à parler de scandale du sang au Canada. Certains témoins seront donc particulièrement loquaces et leurs propos, par exemple ceux de Michael O'Shaughnessy,

---

1. Les reportages de Carole Graveline à Radio-Canada, en mai 1988, et de Roger Bellefeuille dans le quotidien *Le Soleil*, en février 1989, n'avaient pas suscité beaucoup de réactions.

constituent une source inestimable d'information. D'autres par contre se montreront plus avares de révélations, invoquant l'ignorance ou des trous de mémoire. Ce sont surtout les questions directes, parfois brutales, des deux députés de l'opposition, le Dr Rey Pagtakhan (libéral, de Winnipeg Nord) et Chris Axworthy (néo-démocrate, de Saskatoon), qui contribueront le plus à jeter un éclairage cru sur cette affaire. Voici quelques extraits des témoignages du 25 février 1993.

> *M. Axworthy:* Et il y a eu des cas où des produits non chauffés ont été utilisés alors que des produits chauffés étaient disponibles? Est-ce exact?

> *Dr Perrault:* Il y a eu une période de transition.

> *M. Axworthy:* Y a-t-il eu des cas où des produits non chauffés ont été distribués alors même que des produits chauffés étaient disponibles?

> *Dr Perrault:* Je ne m'en souviens pas. Il faudrait consulter les documents de l'époque. Je pense que cette question est actuellement devant les tribunaux. Je ne m'en souviens pas exactement.

En d'autres occasions cependant, le Dr Perrault donne des réponses étonnantes.

> *M. Pagtakhan:* La Croix-Rouge canadienne a déclaré qu'il y aurait 40 millions d'unités chauffées que l'on pourrait commencer à distribuer en mai-juillet 1985, mais qu'elle s'attendait à ce que seulement des quantités limitées du produit soient distribuées dans cette période, la plupart étant des produits non chauffés. Selon vous, cette affirmation s'explique-t-elle par le fait que la Croix-Rouge tenait absolument à utiliser les produits qu'elle avait déjà en stock?

> *Dr Perrault:* Non, ce n'est pas mon interprétation. En effet, à mesure que des nouveaux produits arrivaient en stock, nous retirions des quantités considérables des anciens.

> *M. Pagtakhan:* Vous les retiriez. Ah, bon.

Denise Leclerc brandit la responsabilité collective. Ainsi, au sujet de la réunion du consensus: «C'était un consensus; nous étions une quarantaine, et le consensus était général. Ce n'est pas le Comité [canadien du sang] qui a pris la décision; elle a été prise par tous les participants.» L'ex-directrice exécutive de l'organisme fédéral-provincial responsable du financement de la Croix-Rouge dit qu'à son avis on parlait beaucoup trop du sida en 1985. «À ce moment-là, il y avait tellement d'articles dans les journaux et dans les revues que j'avais demandé à ma secrétaire d'arrêter de les ramasser. Cela n'avait plus de sens. On en lisait tous les jours.» Denise Leclerc estime par ailleurs qu'il est inutile de remuer les cendres du passé:

> *M. Axworthy:* De toute évidence, quoi qu'il soit arrivé et qu'il y ait eu de longs délais ou pas, et que quelqu'un doive assumer ou non une part de la responsabilité de ce qui s'est passé au milieu des années 1980, il n'en reste pas moins que des Canadiens ont été infectés en recevant du sang contaminé par le VIH. Êtes-vous sûre que cela ne pourrait pas se reproduire, par exemple dans le cas d'une souche d'hépatite ou d'un autre virus?
>
> *Mme Leclerc:* J'ai quitté ce poste-là il y a cinq ans. Je suis maintenant à Montréal et je n'ai pas gardé le contact avec les responsables du programme. J'ai dû me creuser vraiment les méninges pour me rappeler la chronologie des événements. J'en suis venue à la conclusion qu'il n'y a pas eu d'erreur identifiable. Si nous voulons parler d'erreur, nous sommes peut-être en train d'en commettre une. Nous la commettrions en analysant ce qui s'est passé en 1983 avec le recul de 1993. Cela pourrait être fort risqué.

De son côté, l'ex-président du CCN-SIDA, le Dr Norbert Gilmore, affirme, à l'audience du 11 février 1993, qu'«il y a eu des retards que l'on aurait pu éviter», qu'il ne s'est trouvé «personne pour accélérer les opérations en tranchant le nœud gordien, comme l'avait fait Alexandre». Il précise ainsi sa pensée: «On cherchait des moyens d'agir en faisant participer tous les paliers de gouvernement, l'ensemble de la société, etc. C'est pour cela qu'il a fallu plus de temps.»

L'organisme qui aurait pu «trancher le nœud gordien» en vertu de ses énormes pouvoirs de réglementation, c'est la

Direction générale de la protection de la santé. Ses représentants aux audiences ont choisi d'atténuer l'importance de son rôle. L'interrogatoire du 25 mars 1993, mené de main de maître par le Dr Pagtakhan, n'est pas facile pour Wark Boucher, ex-chef des produits sanguins du Bureau des produits biologiques et directeur intérimaire de ce Bureau au moment des audiences.

M. Pagtakhan: Pouvons-nous dire cependant que votre bureau maintient sa vigilance tout au long du cycle?

Dr Boucher: Cela entre dans notre mandat et...

M. Pagtakhan: Quelles mesures prenez-vous pour vous acquitter de cet aspect particulier de votre mandat?

Dr Boucher: Je ne suis pas sûr de bien vous comprendre.

M. Pagtakhan: Je fais allusion à la tragédie du sang contaminé, de toute évidence attribuable à une faille dans le dispositif de sécurité. Que la technologie ait été trop limitée à l'époque ou qu'il y ait eu défaillance quelque part, le dispositif de sécurité a échoué. Vous en convenez bien.

Dr Boucher: Si vous voulez parler de la situation qui s'est produite en 1984, je vous signale que nous n'avions pas de tests appropriés à l'époque. Nous appliquions les mêmes tests que partout ailleurs, nous collaborions avec d'autres organismes de réglementation comme la FDA, le National Institute for Biological Standards and Control au Royaume-Uni. Grâce à cette collaboration entre organismes, nous nous maintenons à la fine pointe des connaissances techniques pour ce qui est de la mise à l'essai des produits biologiques[1].

M. Pagtakhan: Vous limitez-vous aux tests pour vérifier la sécurité des produits? Des témoins nous ont dit qu'à une époque des produits sanguins chauffés étaient disponibles sur le marché, mais que malgré tout des produits non chauffés, non traités continuaient d'être utilisés. N'auriez-vous pas dû vérifier la

---

1. Le même Wark Boucher expliquait, le 30 octobre 1984, que le BPB ne recommandait pas d'utiliser les produits traités à la chaleur parce que leur efficacité n'était pas prouvée; pourtant, le Centers for Disease Control avait fait cette recommandation. Voir pages 122 et 124.

sécurité de cette dernière catégorie de produits dans les circonstances?

Dr Boucher: Le produit est habituellement testé dans nos laboratoires puis...

M. Pagtakhan: Je sais qu'il y a eu vérification.

Dr Boucher: ... il est introduit sur le marché. Il appartient alors au médecin de décider du produit qu'il veut utiliser. Le rôle du Bureau s'arrête là. C'est tout. Une fois que nous avons fait les tests et approuvé la mise en circulation du produit, nous ne nous occupons pas de sa distribution et nous ne nous inquiétons pas du choix des médecins.

De tous les témoignages, le plus percutant est celui du représentant des personnes contaminées par transfusion Jerald Freise, du groupe VIH-T de l'Ontario, dont la femme Marlene a appris qu'elle était séropositive lors d'un examen de routine pour renouveler une police d'assurance. Marlene Freise avait reçu une transfusion de sang contaminé dix ans auparavant. À l'audience du 26 novembre 1992, Jerald Freise accuse:

> Les personnes qui se trouvent ici aujourd'hui ont été renversées par une machine dont le conducteur ne s'est pas encore montré. Quand nous avons demandé qui était responsable, toutes les portes se sont fermées devant nous dans un bruit assourdissant. En fait, toute cette question ressemble beaucoup à un cas de délit de fuite.

Une enquête publique recommandée

Le 25 mai 1993, le sous-comité des Communes sur le sang contaminé recommande la tenue d'une enquête publique «menée par un comité indépendant de commissaires». Mais le député Pagtakhan ne s'associe pas à cette recommandation, parce qu'il considère que l'enquête doit être judiciaire, menée par un juge d'une cour supérieure avec le pouvoir de saisir des documents et de faire témoigner sous serment.

Interrogé à la sortie de la période des questions, le ministre de la Santé, Benoît Bouchard, se dit d'accord avec une enquête publique, parce que, à son avis, «il est évident que, à tort ou à raison, toute la publicité a probablement secoué jusqu'à un certain degré la crédibilité [du système de distribution du sang]. Quand cela arrive, je pense qu'il est nécessaire de mettre en place un mécanisme, c'est ce que nous allons faire.» Le message n'a toujours pas changé : il faut rassurer la population. Mais pas question d'une longue enquête, insiste le ministre ; ce qui intéresse les Canadiens, dit-il, c'est de savoir s'il y a moyen d'améliorer la gestion du système. Ce sera une enquête «courte, de six à huit mois, pas plus. Je ne veux pas d'une commission royale d'enquête parce que ça ne va pas dans cette perspective-là. »

À l'écart des journalistes, un homme attend en silence de parler au ministre. C'est Jerald Freise, le témoin qui parlait de «délit de fuite». Il lui demande s'il donnera suite à deux autres des neuf recommandations du sous-comité, soit de réévaluer le programme d'indemnisation des victimes et d'aviser les transfusés infectés par le VIH. En effet, le sous-comité a aussi recommandé «que le ministre de la Santé nationale prenne de toute urgence l'initiative d'établir un mécanisme pour retracer et aviser les transfusés séropositifs au Canada». Benoît Bouchard lui répond qu'il comprend ses inquiétudes, mais que tout cela relève des provinces. «Vous devez comprendre que le gouvernement fédéral ne peut pas dire "vous allez le faire", nous ne pouvons pas faire de pression, ordonner, nous offrons seulement notre expertise», affirme le plus haut responsable de la protection de la santé au Canada. Jerald Freise le remercie poliment, puis ajoute que ce problème concerne la santé de tous les Canadiens. «Nous nous attendons à du leadership.» Lui et son groupe de transfusés séropositifs sont convaincus qu'il y a encore des centaines de personnes qui ignorent qu'elles ont été contaminées par du sang, et qu'elles infecteront sans le savoir leur conjoint et leurs enfants à naître. Il faut de toute urgence retracer ces personnes.

Après le bref intérêt soulevé par les comptes rendus dans les journaux du lendemain, l'affaire du sang contaminé semble être retombée dans les oubliettes. Le ministre a déclaré qu'il y aurait une enquête, tout le monde est rassuré et la vie continue.

15

L'heure des bilans

(1993 – 1994)

On a accepté l'indemnisation,
mais on voudrait aussi comprendre;
on veut savoir pourquoi et comment c'est arrivé.

Les parents de Philippe.

Philippe

Philippe a 11 ans. Il lit les journaux, il s'informe, il observe, il pose des questions. Sa mère pleure souvent à l'hôpital: «Le médecin lui a encore dit quelque chose, pense-t-il. Pourquoi est-ce qu'on va si souvent à l'hôpital? Pourquoi est-ce que je prends tant de pilules?» Un soir, Philippe parle à sa mère d'une émission de télévision qu'il vient de voir, où l'on racontait l'histoire d'un petit garçon hémophile aux États-Unis qui avait contracté le sida. «C'est vrai, Philippe, il y a des hémophiles qui attrapent le sida parce qu'ils ont pris des produits qui étaient contaminés», lui répond Anne-Marie, qui ne peut cependant se résoudre à lui révéler que ça lui est arrivé à lui aussi.

Puis, un jour... «Oui, Philippe, tu as pris des produits qui étaient contaminés... Ce n'est pas de ta faute, ce n'est pas de notre faute. On ne sait pas à qui la faute! Mais ça veut dire qu'il faut prendre extrêmement bien soin de ta santé; c'est pour ça qu'il faut aller souvent à l'hôpital.» Quand son fils lui demande s'il va mourir, Anne-Marie répond que oui, mais que si on prend bien soin de lui, qu'on lui donne ses médicaments, qu'on fait attention à ce qu'il mange, il a encore beaucoup de temps devant lui.

Rebondissement

En juillet 1993, l'affaire du sang contaminé au Canada refait les manchettes avec une série de reportages diffusés à la radio de Radio-Canada, qui mettent en lumière la responsabilité fédérale dans la contamination de centaines d'hémophiles. Durant toute une semaine, des éléments de ces reportages sont repris à la une des journaux et remettent au premier plan cette question extrêmement controversée.

Dans un éditorial du quotidien *Le Devoir* du 20 juillet, intitulé «Y a-t-il eu négligence?», Jean-Robert Sansfaçon écrit: «L'affaire du sang contaminé a refait surface à la suite d'un reportage de Radio-Canada diffusé le week-end dernier. Il y a des années maintenant que des informations éparses coulent goutte à goutte à propos de cette triste histoire de sang contaminé. La confusion a assez duré, le temps de savoir est venu.» Puis, au sujet des résultats des tests de Michael O'Shaughnessy révélant que 56% des hémophiles testés étaient positifs:

> Est-il possible que la ministre libérale responsable à cette époque, Mme Monique Bégin, n'ait pas été mise au courant des résultats d'une étude de cette importance conduite par son propre ministère?
>
> Pourquoi n'avoir pas fait connaître publiquement ces résultats inquiétants? Parce qu'on n'y croyait pas ou parce qu'on craignait les répercussions politiques de telles informations à quelques semaines d'une élection générale? Quant aux autres organisations responsables, dont la Croix-Rouge, ont-elles été tenues dans l'ignorance des résultats de cette étude du D^r O'Shaughnessy? Si l'on savait depuis juillet 1984 que les

hémophiles non encore contaminés risquaient de le devenir à brève échéance, pourquoi ne pas avoir *immédiatement* ordonné le retrait de la circulation de tous les produits qui pouvaient être contaminés?

Les hémophiles savaient qu'il y avait un risque qu'on disait «minime» à l'utilisation du facteur VIII non chauffé. Ils ne connaissaient pas l'ampleur de ce risque. Pourquoi ne pas leur avoir communiqué cette information cruciale? Pourquoi ne pas avoir offert le choix entre les produits non chauffés, commodes mais risqués, et le cryoprécipité, plus lourd mais tellement plus sûr?

Lettres à la première ministre du Canada

Des hémophiles affirment publiquement que s'ils avaient su tout ce qu'ils savent aujourd'hui, ils n'auraient pas accepté l'indemnisation fédérale proposée en 1989 en échange d'une renonciation à leur droit de poursuite. Des citoyens en colère écrivent directement à la première ministre du Canada, Kim Campbell, demandant une action prompte et immédiate. Voici une de ces lettres, traduite de l'anglais, datée du 29 juillet 1993[1]:

> Je ne suis pas hémophile et je ne connais personne qui le soit. Je vous écris pour vous exprimer mon indignation face à un autre exemple flagrant d'incompétence et pour vous demander d'agir immédiatement afin de démontrer un minimum d'intérêt envers les citoyens de ce pays.
>
> L'irresponsabilité dont des fonctionnaires ont fait preuve en réaction à des données scientifiques solides au sujet du sang contaminé, en protégeant leurs emplois et leurs régimes de retraite aux dépens des patients, est inacceptable. N'y a-t-il plus aucune trace de sens moral dans le système? Ils devraient être confrontés aux gens qu'ils ont condamnés à une mort précoce et à leurs familles dévastées.

---

1. Lettre obtenue en vertu de la Loi sur l'accès à l'information, dont le nom de l'auteur a été effacé.

Un jugement contre le gouvernement sera sans aucun doute rendu par les tribunaux en temps et lieu; les victimes, cette fois, seront les contribuables, qui paieront de nouveau pour les erreurs des bureaucrates. Cela ferait du bien, cependant, de voir, pour une fois, le gouvernement agir volontairement et promptement, ce qui nous démontrerait qu'il existe encore un peu de responsabilité dans notre fonction publique. Imaginez un instant que, par exemple, Johnson & Johnson ait eu un problème similaire avec un de ses produits; croyez-vous que l'entreprise aurait retardé la tenue d'une enquête jusqu'en septembre, ou croyez-vous qu'elle l'aurait considérée comme urgente? Pourquoi les normes de la bureaucratie sont-elles si relâchées?

Le mépris que les Canadiens en général affichent envers votre parti et les politiciens en général ne peut qu'être aggravé par votre somnolence et votre inaction dans ce cas-ci.

Je ne veux pas recevoir de réponse insipide d'un de vos assistants. Je vous demande de prendre des moyens pour commencer à atténuer les dommages causés dans ce cas-ci, et de donner une indication aux Canadiens que des normes de gestion plus rigoureuses seront appliquées dans la fonction publique.

Voici un extrait d'une autre des lettres adressées à la «Très Honorable Kim Campbell», celle-là datée du 2 août 1993:

C'est pourquoi nous réclamons une «Commission royale d'enquête» (avec de vrais pouvoirs de saisie et de perquisition, de convocation des témoins, présidée par un vrai juge, etc.) qui fera connaître la vérité à tous et toutes, et non pas une simple enquête publique factice et bidon, à laquelle personne ne s'intéressera. J'ai bien peur de mourir inutilement, et que cela se reproduise encore!

Des indemnités provinciales et une enquête fédérale

À l'automne 1993, les gouvernements font coup sur coup deux annonces importantes. D'abord, le 15 septembre, les provinces (sauf la Nouvelle-Écosse[1]) font connaître leur programme

---

1.   La Nouvelle-Écosse a déjà son propre programme d'indemnisation, ratifié le 11 août 1993.

d'indemnisation pour les hémophiles et les transfusés devenus séropositifs à cause du sang contaminé. Le Québec avait déjà annoncé un tel programme en juin, mais il se joint maintenant aux autres provinces et bonifie son offre : pour les victimes vivantes, un montant de 20 000 $ lors de la signature de l'entente et un montant annuel de 30 000 $ à vie ; pour les conjoints, 20 000 $ lors de la signature et un montant annuel de 20 000 $ pendant quatre ans ; pour les enfants, un montant annuel de 4 000 $ pendant quatre ans après le décès de la victime.

Le communiqué de presse du ministre de la Santé du Québec, Marc-Yvan Côté, souligne qu'il y aurait actuellement « 165 victimes vivantes au Québec et 100 décédées ». La proposition est toutefois assortie d'une condition : renoncer à toute poursuite à l'endroit des gouvernements des provinces, de la Société canadienne de la Croix-Rouge, des hôpitaux et des médecins. « Cette obligation s'appuie essentiellement sur notre volonté de régler une fois pour toutes le dossier », précise le ministre.

Le lendemain de l'annonce des provinces, la ministre fédérale de la Santé, Mary Collins, confirme qu'une commission d'enquête étudiera le système d'approvisionnement en sang au Canada. Contrairement à ce que souhaitait son prédécesseur Benoît Bouchard, l'enquête sera judiciaire. Le 5 octobre 1993, on apprend qu'elle sera présidée par le juge Horace Krever, originaire de Montréal et juge de la Cour d'appel de l'Ontario.

En décembre, quelques semaines avant le début de l'enquête, cinq compagnies pharmaceutiques qui fabriquent des produits sanguins distribués aux hémophiles se joignent au programme d'indemnisation des victimes. Leur contribution de 17 millions de dollars porte à 151 millions la somme qui sera versée aux victimes du sang contaminé.

Non seulement les hémophiles et les transfusés doivent-ils renoncer à toute poursuite contre les gouvernements provinciaux s'ils veulent obtenir les indemnités; ils doivent aussi renoncer à attaquer ces compagnies pharmaceutiques ainsi qu'une vingtaine de compagnies d'assurances d'hôpitaux, les médecins, l'Agence canadienne du sang et ses membres, les anciens membres du Comité canadien du sang et la Société canadienne de la Croix-Rouge. La boucle est bouclée, tous les acteurs ayant trempé de près ou de loin dans l'affaire du sang contaminé, qui a fait plus d'un millier de victimes au pays, ont maintenant une bonne protection. L'enquête peut commencer.

Au mois de décembre 1994, 911 Canadiens avaient accepté les indemnités.

Le procès Pittman

Cependant, une des victimes du sang contaminé s'est adressée aux tribunaux pour obtenir compensation. Rochelle Pittman a été contaminée par son mari, qui avait reçu une transfusion sanguine en décembre 1984 et qui est ensuite décédé du sida.

Le 14 mars 1994, le procès connaît son dénouement à Toronto. Rochelle Pittman obtient une indemnité de un demi-million de dollars de la Croix-Rouge, d'un hôpital de Toronto et d'un médecin. Dans son jugement de 312 pages, la juge Susan Lang de la Cour supérieure de l'Ontario blanchit la Croix-Rouge de toute accusation de négligence dans la sélection des donneurs, mais lui reproche de n'avoir pas mis tout en œuvre pour prévenir M. Pittman de sa contamination.

Le gouvernement fédéral n'était pas nommé dans la poursuite intentée par la famille Pittman, mais la juge Lang mentionne son rôle effacé dans cette affaire: «Aucun responsable de l'autorité régulatrice ne semblait partager ces inquiétudes», écrit-elle en faisant référence aux craintes exprimées par Bill Mindell et les hémophiles en 1983. Plus loin, elle fait une comparaison entre la situation aux États-Unis et au Canada.

«Contrairement à sa contrepartie américaine, la Société canadienne de la Croix-Rouge n'avait pas, au-dessus d'elle, d'autorité gouvernementale pour la surveiller de près, faire des recherches et suggérer des procédures.» Elle écrit aussi: «Au Canada, les autorités de la santé publique n'adoptaient pas une attitude interventionniste[1].»

Johanne Guindon-Décarie

Après avoir divorcé de son premier mari, Johanne Guindon s'est remariée en février 1992 avec Bill Décarie. Elle avait été prévenue de sa contamination en avril 1986, huit mois après avoir été infectée. Son nouveau mari, qu'elle a rencontré en février 1986, est maintenant séropositif. Leur petite fille, Billie Jo, est née en 1989 avec le VIH. Les jumelles ont neuf ans. Toute la famille vit en banlieue d'Ottawa. Johanne Guindon-Décarie a accepté les indemnités fédérales, puis les indemnités provinciales. Au printemps 1994, elle et son mari ont laissé tomber la poursuite qu'ils avaient intentée contre la Croix-Rouge.

Philippe

Le 26 mars 1994, Philippe est hospitalisé à la suite d'une hémorragie dans une articulation. À cause de la fragilité de son système immunitaire, il doit rester cinq semaines à l'hôpital. Anne-Marie et Jean-Claude se disent que la contamination de leur fils n'aurait peut-être pas pu être évitée:

> On aime mieux ne pas trop en parler. On a accepté l'indemnisation, mais on voudrait aussi comprendre; on veut savoir pourquoi et comment c'est arrivé. Autrefois, on faisait pleine confiance aux médecins; notre hématologue nous disait qu'il fallait continuer les traitements sinon Philippe allait mourir. Il ne nous a jamais offert d'utiliser plutôt des cryoprécipités. Maintenant

---

1.   Jugement de la cause Pittman, p. 37, 39, 42.

on vérifie tout, on ne fait plus aveuglément confiance, comme dans le temps de nos parents.

Maintenant il me semble qu'on vit toujours avec une insécurité, une crainte, on pense souvent à la mort. On essaie de se motiver, de trouver des façons de continuer à vivre, de retrouver des raisons d'être. Par exemple, on fait des petits voyages avec l'argent que Philippe a eu. On lui dit: «Philippe, c'est à toi, cet argent-là!» On a envie de lui dire: «De quoi as-tu besoin? On va aller te le chercher...»

Marc P.

De son côté, Marc P. est déterminé à comprendre ce qui s'est passé. Sa colère monte peu à peu, à mesure qu'il reconstitue la chaîne des événements. Il arrive à la conclusion que sa contamination aurait pu être évitée: comme hémophile léger, il n'avait aucunement besoin de concentrés de facteur VIII pour sa pharyngite et son hémorragie dans le mollet le 16 juillet 1984, seule occasion en cinq ans où il a eu besoin d'un traitement pour son hémophilie. «On aurait pu me donner de la DDAVP[1], soutient-il. Ou, en mettant les choses au pire, des cryoprécipités, qui étaient beaucoup moins risqués que les concentrés.» Marc P. est incapable d'accepter qu'on ne lui ait jamais offert le choix du traitement, qu'on ait décidé à sa place.

---

1.   Hormone synthétique qui double la production de facteur VIII dans l'organisme en quelques heures; voir pages 47 et 48.

Conclusion

Il y a eu des «affaires du sang contaminé» ailleurs dans le monde. C'est en France que les rebondissements ont été les plus importants. Des médecins responsables des services de transfusion et des hauts fonctionnaires de la Direction générale de la santé ont été condamnés à des peines de prison pour avoir distribué en toute connaissance de cause des produits sanguins contaminés. Les procès ont duré plus d'un an et ont fait les manchettes des journaux à travers le monde. La France est devenue en quelque sorte un point de référence, notamment pour le Canada. Mais ici ce n'est pas comme en France, écrivait en substance le ministre de la Santé, Benoît Bouchard, le 6 janvier 1993, en réponse au député néo-démocrate Chris Axworthy qui réclamait une enquête publique.

> En effet, si l'on se base sur des rapports récents, il semblerait que les autorités gouvernementales françaises ont délibérément choisi de ne pas utiliser la meilleure technologie scientifique disponible pour traiter les produits sanguins contaminés. À cet égard, je suis convaincu que les fonctionnaires fédéraux ont agi avec célérité pour faire en sorte que la meilleure technologie scientifique soit disponible au Canada le plus tôt possible.

Habile formulation. Ceux qui ont rédigé ce texte pour le ministre ont de l'expérience. Bien sûr que la meilleure technologie scientifique était disponible au Canada. Là n'est pas la question: le problème, c'est qu'on ne l'a pas utilisée. Et de quelle technologie parle le ministre Bouchard? Du traitement à la chaleur des produits coagulants? Cette technologie était bel et bien «disponible» au Canada dès novembre 1983, mais les hémophiles n'en ont profité qu'en juillet 1985. Parle-t-il des tests permettant de vérifier le taux de contamination dans la population? Oui, ils ont été «disponibles» très tôt au Canada, grâce au National Institutes of Health des États-Unis et au Dr Robert Gallo (ce dernier, rappelons-le, avait remis au Laboratoire de lutte contre la maladie suffisamment de produits réactifs pour tester 20 000 échantillons de sang; le ministre Jake Epp avait même écrit aux Américains pour les remercier de ce «don inestimable»). Par contre, les résultats des tests n'ont provoqué aucune réaction énergique de la part des autorités, ils ont même été passés sous silence. Le ministre Bouchard parle-t-il de la technologie concernant les trousses de dépistage commerciales? Encore une fois, il a raison. Dès le 1er avril 1985, la première trousse était approuvée et prête à être utilisée; or l'analyse du sang n'a commencé qu'à l'automne 1985.

À chaque étape importante de cette affaire, le Canada avait effectivement tout ce qu'il fallait. Il pouvait même compter sur l'expérience américaine, puisque le sida et la contamination par le sang se sont d'abord répandus aux États-Unis. Les autorités de la Santé auraient pu reconnaître les signes annonciateurs: dès 1982, on avait des raisons de soupçonner que le Canada était à l'aube d'une épidémie et que les stocks de sang étaient menacés.

Réduire la responsabilité des fonctionnaires à celle d'«approbateurs de technologie» est peut-être commode dans les circonstances, mais cette définition restreinte de leur rôle est fausse. Leur responsabilité est beaucoup plus vaste, leurs pouvoirs sont beaucoup plus étendus. La loi, ainsi que les règlements et les procédures internes du ministère fédéral de la Santé leur confèrent de tels pouvoirs parce qu'ils sont les plus hauts responsables de la sécurité des Canadiens dans le domaine de la santé. Ils l'ont d'ailleurs prouvé éloquemment à plusieurs reprises, dans d'autres circonstances.

Que savaient les ministres qui se sont succédé au ministère fédéral de la Santé pendant cette affaire? Monique Bégin affirme catégoriquement n'avoir jamais été mise au courant des possibilités de la contamination du sang au Canada: «En lisant les journaux, j'ai souvent pensé à ça, et je me disais "pauvre Jake" [Epp], parce que je pensais que c'était arrivé après moi[1].» Pour sa part, Jake Epp dira: «Vous savez, tout cela a commencé bien avant que je ne sois ministre[2].»

L'affaire du sang contaminé propulse au premier plan l'examen des décisions prises par les responsables au cours des années 1980. Pour certains, ce retour en arrière constitue une chasse aux sorcières inutile et coûteuse. Pour d'autres, c'est un exercice nécessaire, essentiel si on veut éviter la répétition d'autres «erreurs» tragiques. Les fonctionnaires n'ont pas l'habitude qu'on braque ainsi les projecteurs sur leurs faits et gestes. L'énorme machine bureaucratique derrière laquelle ils s'abritent souvent manifeste soudain une souplesse étonnante quand ils sont attaqués. Les justifications abondent et semblent toutes plus crédibles les unes que les autres. Les voici, ces justifications, une par une. Et voici en quoi elles ne résistent pas à l'analyse.

1. «La contamination du sang ne pouvait pas être évitée, la situation échappait à notre contrôle. Il était déjà trop tard.»

Cette affirmation est à la fois vraie et fausse. Pour plusieurs victimes, il était effectivement trop tard. On ne connaîtra jamais leur nombre exact. Pour d'autres, on peut dire avec certitude que la contamination aurait pu être évitée. Les documents prouvent que, dès décembre 1982, les autorités de la Santé

---

1. Entrevue accordée à Radio-Canada le 11 février 1994.
2. Entrevue accordée à Radio-Canada le 7 février 1994.

étaient conscientes des risques de contamination des stocks de sang canadiens : «La nature épidémique [du sida] est très inquiétante. Le taux de mortalité aussi suscite beaucoup d'inquiétude. [...] La transmission possible par les produits sanguins est encore plus inquiétante et a des implications pour le service national de transfusion et le public en général», rapporte le procès-verbal d'une réunion de spécialistes médicaux, à laquelle assistait le directeur général du Laboratoire de lutte contre la maladie du gouvernement, le 2 décembre 1982.

Après une telle évaluation de la situation, pourquoi l'affaire du sang contaminé au Canada a-t-elle fait l'objet de tant de scepticisme et n'a-t-elle entraîné que des demi-mesures? À compter de ce moment clé, le moteur de l'action a été la *réaction*, surtout la réaction aux pressions des médias et des groupes d'intérêts. On agit seulement quand on est acculé au mur. Sinon, on préfère rassurer, calmer, éviter de faire des vagues.

Pour faire contrepoids à ce qu'ils appellent le sensationnalisme des médias, les responsables vont trop loin. Certaines décisions s'expliquent difficilement. Par exemple, pourquoi, en mars 1983, le Dr Roger Perrault demande-t-il aux directeurs médicaux de la Croix-Rouge de ne pas mettre de côté le sang des donneurs à risque? Pourquoi freiner et interdire les initiatives de certains directeurs médicaux qui voulaient écarter avec plus de certitude les donneurs à risque en leur posant des questions non prévues ou qui se méfiaient du sang de certains donneurs et le conservaient à part? On les rappelle à l'ordre en leur demandant de suivre les directives nationales. Il ne faut surtout pas effrayer les donneurs dont on a tellement besoin.

En 1983, l'inaction pouvait peut-être s'expliquer, jusqu'à un certain point. Si le sida avait atteint le stade d'épidémie aux États-Unis, il n'avait pas encore fait les mêmes ravages au Canada. Donc, après la prise de conscience extrêmement clairvoyante de décembre 1982 — «Nous pensons qu'une vague épidémique commence ici aussi», écrivent les médecins du groupe *ad hoc* sur le sida pour appuyer une demande de subvention de 90 000 $ —, on se rendort. Même si les publications scientifiques les plus prestigieuses et certains organismes internationaux font des mises en garde sur l'utilisation des produits sanguins destinés aux hémophiles, on invoque encore, si minces soient-elles, les raisons qu'on a de croire que le Canada est au-dessus de la mêlée. On nage en pleine confiance, le sang canadien est tellement sûr, répète-t-on constamment. La preuve? Seulement deux hémophiles ont contracté le sida.

Pendant ce temps, les produits américains entrent au pays à pleines portes. Ils constituent 71 % des concentrés utilisés par les hémophiles montréalais, dont les deux tiers présentent des anomalies du système immunitaire, un signe précurseur du sida. Mais on pouvait prétendre qu'il n'y avait pas de preuve que ces anomalies étaient des symptômes du sida et pas de preuve qu'elles étaient causées par les produits sanguins. Puisque le Dr Tsoukas, le premier à avoir étudié ces anomalies chez les hémophiles montréalais, se montrait lui-même sceptique, pouvait-on le contredire? Les hémophiles continuent donc de recevoir ou de s'administrer des produits qu'on considère ailleurs comme potentiellement contaminés; mais au Canada, «pas de changement dans le traitement». On prescrit même les concentrés dangereux à titre préventif.

Mais à l'été 1984, on ne peut plus se défiler. Des tests démontrent clairement que 56 % d'un groupe d'hémophiles présentent des anticorps du virus du sida. C'est le signe que le virus a circulé dans leur sang. Pourtant, on choisit de ne pas prendre cette menace au sérieux. Pour justifier cette attitude, on invoque aujourd'hui la raison suivante.

2. *«Les résultats des tests ne voulaient rien dire.»*

«Avions-nous un test? Non. Tout ce qu'on avait c'étaient des résultats préliminaires nous disant que l'ombre du virus était passée par là quelques mois auparavant», dit aujourd'hui l'ex-sous-ministre adjoint à la DGPS, Albert Liston. Le doute exprimé ici est double: on remet en question la méthodologie — «les tests n'étaient pas au point» — et l'interprétation des résultats — on croyait que les anticorps étaient «des agents protecteurs».

Le test utilisé par le virologue Michael O'Shaughnessy en juillet 1984 dans les laboratoires du Dr Gallo au National Institutes of Health est le test ELISA. C'est le premier du genre et il est imparfait, il donne de faux positifs[1]; c'est pour cela qu'on analyse deux fois chaque échantillon, puis qu'on confirme le résultat par un autre test, le Western Blot. En dépit de l'imperfection du test, Michael O'Shaughnessy s'alarme immédiatement. Lui non plus n'a pas de certitude, mais il n'écarte aucune possibilité, surtout pas celle que les produits sanguins soient dangereusement contaminés. Si 56 % des hémophiles testés présentent des anticorps du virus du sida, c'est que ce virus est entré dans leur sang. Il se peut, comme c'est le cas pour la varicelle ou l'hépatite B, que la présence d'anticorps indique que l'individu est maintenant protégé contre le virus et qu'il n'y a plus rien à craindre: c'est l'explication rassurante. Mais l'hypothèse contraire ne doit pas être rejetée: que le virus est bel et bien présent. Michael O'Shaughnessy ne tire pas immédiatement de conclusions. Ce qu'il retient, cependant, c'est que le virus est entré au Canada, qu'il a circulé et circule peut-être encore dans le sang des hémophiles; il en est catastrophé.

Les résultats des tests constituent une information explosive. Quand il y a une alerte à la bombe, on fait évacuer l'immeuble, on n'attend pas de voir si la bombe va sauter. Or non seulement on choisit de diminuer l'importance des résultats, on les tait au public. On cite pourtant les chiffres américains: 72 % des hémophiles américains testés présentent des

---

1. M. O'Shaughnessy a cependant affirmé au sous-comité des Communes le 11 mars 1993 que «ce test était supérieur à quantité d'autres que l'on utilise encore aujourd'hui pour d'autres maladies».

anticorps du virus, c'est très inquiétant, déclare un virologue du Laboratoire de lutte contre la maladie au *Globe and Mail* le 27 août 1984. Pourquoi révéler les données américaines, obtenues au moyen des mêmes tests, et taire les données canadiennes (56%)? Parce qu'on ne les prend pas au sérieux? Parce qu'on ne veut pas effrayer le public?

Plus de deux mois après son retour du laboratoire du Dr Gallo, après que des centaines d'autres tests eurent confirmé les premiers résultats, Michael O'Shaughnessy sonne de nouveau l'alarme. Il ne s'adresse plus cette fois à ses seuls patrons, mais aussi, le 9 octobre, au Comité consultatif national sur le sida, où siègent d'éminents spécialistes et des responsables du réseau de distribution du sang, dont le Dr Roger Perrault. Encore une fois, il se bute au scepticisme de ses interlocuteurs: «À cette réunion, raconte-t-il, croyez-le ou non, on doutait encore que le virus avait pénétré au Canada.» Le Dr Norbert Gilmore, président du CCN-SIDA, se souvient du chiffre de 56%: «Nous nous attendions à ce que cela arrive [la contamination des hémophiles par les produits sanguins], mais voilà que nous avions la preuve que ça s'était de fait produit. Le 56% nous plaçait dans la même catégorie que les États-Unis[1]». Le Dr Gilmore ne se souvient plus cependant si le sujet a été abordé à la réunion du 9 octobre: «Les notes que j'ai des réunions de l'époque ne semblent pas préciser si nous avons discuté du fait que 56% des hémophiles étaient infectés, ou quelque chose du genre... Je ne sais pas.» Il ne peut confirmer ce qui a été discuté à cette réunion, dit-il, parce qu'une bonne partie de ses dossiers ont brûlé dans un incendie criminel en 1990[2].

---

1.   Entrevue accordée à Radio-Canada le 1er décembre 1993.
2.   Incendie du pavillon Lady Meredith de l'université McGill, le 7 janvier 1990.

3. «On croyait que la présence d'anticorps signifiait que les hémophiles étaient protégés contre le virus.»

Malgré l'inquiétude spontanée de Michael O'Shaughnessy lorsqu'il a décodé les résultats des tout premiers tests en juillet 1984, les hauts fonctionnaires de la DGPS pouvaient encore douter de la signification de la présence des anticorps. Mais, au fil des mois, l'hypothèse rassurante perdra du poids. Les données «semblent indiquer que le développement d'anticorps spécifiques au HTLV-3 chez les individus précède l'apparition des symptômes[1]», rapporte Michael O'Shaughnessy à Vancouver le 30 novembre 1984. De plus, un résumé de communication préparé à la fin de 1984, pour une conférence internationale sur le sida qui aura lieu à Atlanta en avril 1985, mentionne: «Ces données confirment que la présence d'anticorps du HTLV-3 est fortement associée au sida et aux symptômes précurseurs du sida[2].»

Ces conclusions étaient connues des responsables du ministère fédéral de la Santé avant la réunion du consensus du 10 décembre 1984.

4. «On savait que le sang était dangereux, mais il n'existait aucune solution de rechange; les hémophiles avaient besoin de ces produits pour vivre.»

Ce ne sont pas tous les hémophiles qui avaient absolument besoin des concentrés de facteur VIII; certains, même, ne les utilisaient qu'à titre préventif. Par ailleurs, les cryoprécipités — l'ancien traitement — étaient toujours disponibles. Cette forme de traitement est certes plus difficile, moins pratique,

---

1. M. V. O'Shaughnessy, M. Robert-Guroff, C. Tsoukas, «The presence of antibody to human T cell lymphotrophic virus 3 (HTLV-3) in selected Canadian groups», résumé de communication soumis à l'Association canadienne de microbiologie clinique et des maladies infectieuses.
2. Michael V. O'Shaughnessy, J. M. Weber, C. Tsoukas, N. Gilmore, J. Boyko, S. Read *et al.*, «Human T-cell lymphotrophic virus type III (HTLV-III) antibody positivity in Canadian hemophiliacs, homosexuals and controls».

mais ces produits sont plus sécuritaires et la Croix-Rouge pouvait en fabriquer sur demande. Comme autre solution, les concentrés chauffés présentaient aussi moins de risques; on aurait pu en commander dès 1983 et les distribuer immédiatement. Or les premiers concentrés chauffés n'ont été disponibles au Canada qu'en avril 1985, et ont été distribués au compte-gouttes jusqu'à la conversion totale en juillet 1985.

5. « *Ce sont les hémophiles qui nous ont demandé de ne pas retirer les produits.* »

Les fabricants de voitures demandent-ils l'avis de l'Association des automobilistes avant de rappeler un modèle dangereux? Il est vrai que les hémophiles tenaient à leurs concentrés. Mais, en 1984, étaient-ils au courant des risques qu'ils couraient en se les injectant? Auraient-ils tant tenu à leurs concentrés s'ils avaient su le danger qu'ils représentaient? Leurs médecins traitants ont-ils été informés des risques?

Au ministère de la Santé, on affirme avoir prévenu les conseillers médicaux et scientifiques de la Société canadienne de l'hémophilie. Comment? On ne sait plus. Personne n'a pu encore présenter de document écrit démontrant que l'information selon laquelle 56 % d'un groupe d'hémophiles de Montréal étaient séropositifs[1] a été transmise à la Société canadienne de l'hémophilie. Et même si elle l'a été, était-ce suffisant?

La Société canadienne de l'hémophilie, encore aujourd'hui, ne regroupe pas tous les hémophiles. Dans les années 1982 à 1985, il n'y avait même pas de secrétariat permanent au Québec. La plupart des publications de la Société étaient en anglais uniquement. «La Société de l'hémophilie, ça ne voulait pas dire grand-chose pour nous au Québec», dit Marc P.

---

1. Résultats de l'étude Tsoukas-O'Shaughnessy; voir page 107.

Les premiers intéressés étaient évidemment les hémophiles montréalais qui avaient fait l'objet, à leur insu, des premiers tests de Michael O'Shaughnessy. Pourtant, on ne les a pas informés des résultats accablants. Ils ont continué de se soigner avec des produits potentiellement contaminés; on leur a même suggéré d'utiliser les concentrés à titre préventif. Les hémophiles avaient pleinement confiance en leurs produits, comme en témoigne Marc P. :

> On nous vantait tellement les mérites de ces produits. Pour nous, c'était fantastique. Et on avait l'impression que les produits étaient complètement synthétiques; c'est du moins ce qu'on pensait en regardant, dans les bouteilles, cette espèce de petite boule blanche, en poudre, qu'il fallait diluer dans de l'eau stérile. On ne pouvait pas s'imaginer qu'il y avait quelque chose de vivant là-dedans. Jamais on n'aurait pu s'imaginer que les concentrés étaient peut-être fabriqués à partir de sang américain, que les donneurs pouvaient être des prisonniers, des prostitués, qu'il pouvait provenir de gens à haut risque. Jamais on ne nous a mentionné ce danger... jamais! Et c'est ça que je déplore le plus.

Quant aux conjointes des hémophiles — dont le sang a aussi été analysé au courant de l'été et de l'automne 1984 —, les a-t-on prévenues des risques auxquels elles s'exposaient? Ces risques étaient clairs dès l'automne 1984 aux yeux des scientifiques du Laboratoire de lutte contre la maladie: «Nos résultats préliminaires démontrent que les hémophiles et leurs partenaires courent un risque élevé d'exposition au HTLV-3[1].»

---

1.   M. V. O'Shaughnessy, M. Robert-Guroff, C. Tsoukas, «The presence of antibody to human T cell lymphotrophic virus 3 (HTLV-3) in selected Canadian groups», *op. cit.*

6. *« On n'avait pas de preuve que les produits chauffés étaient plus efficaces. Le procédé Travenol était approuvé pour le virus de l'hépatite et non pour celui du sida. »*

L'hésitation de la Croix-Rouge et des autorités régulatrices du ministère de la Santé au sujet des produits chauffés fait penser à un parachutiste en chute libre qui attendrait d'avoir la certitude que le parachute est bien conforme aux normes avant de tirer sur la poignée. Pour choisir entre un produit qu'on sait potentiellement dangereux et un autre apparemment plus sûr, faut-il attendre que le second présente des garanties absolues ? Les concentrés chauffés avaient été approuvés pour la vente au Canada sur la base de leur innocuité (ils n'étaient pas dangereux) et de leur efficacité (ils étaient efficaces comme produits coagulants). Le sous-secrétaire américain de la Santé en parlait en mai 1983 comme de produits potentiellement plus sécuritaires devant la menace du sida. La Croix-Rouge leur tourne pourtant le dos jusqu'au moment où elle se voit forcée d'en acheter. Mais à ce moment (décembre 1984), elle est confrontée, prétend-elle, à une pénurie mondiale. L'excuse est de taille, mais est-elle fondée ?

7. *« Il n'y avait pas assez de produits chauffés. »*

La Croix-Rouge a distribué des produits potentiellement contaminés jusqu'à sept mois et demi après que le Bureau des produits biologiques eut recommandé de passer aux produits traités à la chaleur « aussitôt que possible ». Elle justifie cette distribution en alléguant qu'il n'y avait pas suffisamment de produits chauffés disponibles sur le marché mondial.

Pour répondre aux besoins des hémophiles canadiens pendant un an, la Croix-Rouge avait besoin de 44 millions d'unités de facteur VIII. Les firmes étrangères, américaines surtout, produisaient une grande quantité de concentrés chauffés à cette époque, comme l'indique la journaliste Anne-Marie Casteret dans son livre sur l'affaire du sang en France :

[...] huit grandes firmes — Alpha, Armour, Immuno, Cutter, Ortho, Travenol-Hyland, Behring-Baxter, Kabi — ne fabriquent plus que des concentrés chauffés depuis 1983 pour les unes, 1984 pour les autres. Pour six d'entre elles au moins, la production annuelle varie entre 200 et 300 millions d'unités. [...] Depuis la création du CNTS [Centre national de transfusion sanguine en France, l'équivalent de la Croix-Rouge canadienne], il n'y a jamais eu de rupture de stock de la part des firmes étrangères. Trop dangereux pour les futures transactions. Il n'y en aura pas plus pendant les années 1984-1985, en France comme ailleurs[1].

Parmi les fabricants de facteur VIII à qui la Croix-Rouge aurait pu commander des produits chauffés à la fin de 1984 (et même avant), on compte la firme Alpha. Tom Drees, président de cette société à l'époque, s'étonne qu'on dise aujourd'hui que sa compagnie, ou toute autre compagnie, ne pouvait pas vendre des produits chauffés à la Croix-Rouge canadienne. Voici ce qu'il confiait à la journaliste Leslie McKinnon de l'émission *Prime Time News* de la CBC en février 1994 :

Je ne crois pas qu'il y ait eu de problèmes avec la capacité d'Alpha de fournir des produits traités à la chaleur au marché canadien à compter de janvier 1985. On considérait peut-être qu'il n'y en avait plus assez parce qu'il n'en restait plus à l'ancien prix, plus bas, à 10-12 cents l'unité ; car le traitement à la chaleur nous avait forcés à hausser nos prix à 16-18 cents l'unité, en raison de la perte de rendement du plasma. Mais en ce qui me concerne, et en me basant sur ma connaissance de l'industrie à l'époque, il y avait amplement de facteur VIII chauffé disponible, au prix plus élevé mais plus juste.

Même son de cloche du président du Market Research Bureau en Californie, un organisme qui a tenu pendant plus de 20 ans un inventaire des stocks de produits sanguins. On a pu entendre Jack Reasor affirmer, sur les ondes de la CBC, que

---

1. Anne-Marie Casteret, *L'Affaire du sang*, éd. La Découverte, Paris, 1992, p. 122-123.

«la capacité de production des manufacturiers de produits sanguins américains dépassait de beaucoup la demande; il y avait amplement de produits disponibles pour l'exportation[1]».

La Croix-Rouge maintient le contraire. Son porte-parole sur la question, Steve Vick, affirme qu'il y avait pénurie, que tous les efforts ont été faits pour se procurer des produits traités à la chaleur, mais qu'aucun manufacturier ne pouvait garantir de livraison à la Croix-Rouge. Il dit avoir des documents pour le prouver, mais refuse de les rendre publics, préférant attendre que la Commission d'enquête sur l'approvisionnement en sang fasse la lumière sur ce point. Tom Drees, l'ex-président d'Alpha, déclare de son côté que si les manufacturiers de produits sanguins avaient reçu des commandes fermes pour leurs produits, ils auraient pris les moyens pour respecter leurs engagements.

Par ailleurs, les justifications de la Croix-Rouge n'expliquent pas pourquoi l'appel d'offres lancé en décembre 1984 précisait le mois d'avril comme première date de livraison et pourquoi elle n'a pas tenté d'acheter au moins les stocks disponibles si les fabricants ne pouvaient lui garantir la quantité qu'elle réclamait.

8. *«C'est la faute du système.»*

Excuse classique des bureaucrates: quand ça va mal, on réorganise. «On a fait de notre mieux. Compte tenu du système en place, c'était vraiment un succès», affirme celui qui était à l'époque sous-ministre adjoint responsable de la Direction générale de la protection de la santé, Albert Liston.

> La seule façon de faire mieux serait de changer totalement la façon de diriger. S'il y avait eu, par exemple, une autorité suprême, qui réglementait la pratique de la médecine, les hôpi-

---

1. *World at Six*, 11 février 1994, reportage de Mike Hornbrook.

taux, les tests..., si notre système avait ressemblé un peu à ce qu'était la Russie auparavant, autoritaire, verticale, on aurait peut-être pu aller plus vite. Mais vu les structures que nous avons au Canada — et qui ont été mises en place pour de très bonnes raisons —, il y a un certain prix à payer: il faut plus de temps, il faut mettre sur pied des comités, il faut convaincre de nombreuses personnes. C'est le prix que l'on paie pour le genre de société que nous avons[1].

On jette maintenant la pierre au système; pourtant, ce même système a démontré à plusieurs reprises son pouvoir et son efficacité. Sont là pour en témoigner les affaires des hormones de croissance, des moules contaminées, du thon avarié, des raisins du Chili, des comprimés de Tylenol suspects, pour ne donner que quelques exemples où les autorités publiques sont intervenues avec diligence et fermeté. Dans tous ces épisodes, on n'a pas attendu un consensus ni remis en question chaque détail scientifique avant d'agir, comme on l'a fait dans l'affaire du sang.

Le système a bon dos. C'est bien commode de blâmer une entité anonyme. Un système différent de celui des années 1980 aurait-il pu empêcher la distribution de produits sanguins contaminés? Ce n'est pas du tout certain. L'avion le plus perfectionné du monde, équipé du meilleur dispositif de sécurité, risquera toujours de s'écraser s'il ne se trouve pas, aux commandes, des pilotes consciencieux et expérimentés, soucieux de mener les passagers à bon port.

Ottawa, septembre 1994

---

1.   Entrevue réalisée à Ottawa le 17 juin 1994 pour la rédaction de ce livre.

Postface

À la fin de 1994, Johanne Décarie, son mari Bill et leur petite fille de cinq ans, Billie Jo, se portent relativement bien.

Marc P. a passé une année tumultueuse, se plongeant tout entier dans la préparation du témoignage qu'il a présenté à huis clos en septembre devant la Commission d'enquête sur l'approvisionnement en sang, à Montréal. Depuis, la colère de Marc P. est tombée et il a radicalement changé son style de vie. Il évite toute forme de stress et profite de la vie du mieux qu'il peut. Malgré la fatigue constante qu'il ressent et les effets secondaires de ses médicaments, il est serein et déterminé à «bien se soigner, en attendant qu'on trouve un traitement menant à la guérison».

Quant à Philippe, qui a maintenant 12 ans, sa santé s'est considérablement détériorée. «Le virus attaque de plus en plus durement», constate sa mère. Philippe a subi plusieurs infections, dont une à un os du bras droit qui l'a confiné à l'hôpital pendant plusieurs mois. Il parle parfois de la mort. «C'est certain que je n'aurai pas d'enfants. Je n'aurai pas de blonde non plus, hein, maman?» a-t-il dit peu avant Noël.

En 1994, la Commission d'enquête sur l'approvisionnement en sang, présidée par le juge Horace Krever, a tenu des audiences dans diverses villes canadiennes. La commission s'est alors penchée sur le volet provincial du système d'approvisionnement en sang. Elle a ajourné ses travaux en décembre. Quand elle les reprendra au printemps 1995, ce sera pour plonger au cœur des responsabilités à l'échelle nationale. Elle examinera le rôle des organismes nationaux et de leurs dirigeants dans les événements qui ont mené à la contamination d'un si grand nombre de Canadiens. Le commissaire Krever doit remettre ses recommandations au gouvernement à la fin de 1995, le mandat de cette commission étant d'exposer les faits et de suggérer des moyens d'améliorer le système.

La première année d'audiences a déjà permis d'avoir une idée de l'état actuel du système d'approvisionnement en sang au Canada. À la demande du juge Krever, une étude a été menée par des experts canadiens et étrangers sur l'aspect sécuritaire du système. Leur rapport[1], déposé en novembre 1994, soulève encore beaucoup de questions.

C'est également au cours de cette première phase de la commission qu'a été mise en lumière une vague de contamination tenue cachée jusque-là et dont on commence à peine à constater les conséquences. Aux centaines de personnes contaminées par le virus du sida lors de transfusions sanguines ou par des produits sanguins s'ajoutent maintenant des milliers d'autres victimes qui ont contracté l'hépatite C de la même façon. Si les médias ont commencé à s'intéresser à l'hépatite C, c'est en grande partie parce qu'en décembre 1993 un avocat d'Ottawa, Me Pierre Lavigne, a obtenu pour son client, Étienne Saumure, le statut de partie officielle aux audiences de la commission Krever. Me Lavigne a ensuite fait témoigner des groupes de victimes dans chaque ville où la commission d'enquête a siégé, afin de donner un visage humain à la maladie. Tenues dans l'ombre jusqu'alors, ces victimes aux témoignages bouleversants ont suscité un intérêt qui a fait boule de neige d'une ville à l'autre.

---

1.   «Report of the Management Committee», *Materials for safety hearings*, Commission d'enquête sur l'approvisionnement en sang au Canada, novembre 1994.

Transmissible par le sang et les produits sanguins, le virus de l'hépatite C attaque le foie qu'il détruit lentement, jusqu'à ce que se développe une cirrhose. Les symtômes de la maladie ne se manifestent souvent que 10 ou 15 ans après la contamination, mais, chez environ 20 % des personnes contaminées par le virus lors d'une transfusion, la cirrhose du foie apparaît dans les cinq années suivant la transfusion. Les malades souffrent d'une fatigue accablante et d'une perte d'énergie qui les forcent à dormir jusqu'à 20 heures par jour.

Avant qu'on identifie le virus en 1989, l'agent causal de la maladie était connu sous le nom de virus de l'«hépatite non A-non B». Il échappait aux épreuves de détection, mais on connaissait son existence à cause de ses effets. Une étude menée de 1983 à 1985 par un chercheur torontois, le Dr Victor Feinman, a démontré que le taux d'hépatite non A-non B chez des patients ayant reçu des transfusions était de 9,2 %.

Dès 1986, des tests indirects — « anti-HBc » (hepatitis B core antigen); « ALT » (alanine transaminase) — permettaient d'éliminer 40 % des dons de sang infectés par le virus de l'hépatite C. Le Dr Harvey Alter, un spécialiste de l'hépatite mondialement connu, prônait l'utilisation de ces tests. C'est ce qui fut fait aux États-Unis et dans la plupart des pays européens, même s'il n'existait pas alors de preuves irréfutables de leur efficacité. Ébranlée par les conséquences de la contamination par le VIH qui avait déjà fait des milliers de victimes, l'industrie américaine des banques de sang (American Association of Blood Banks) a rapidement adopté des mesures pour faire face au nouveau danger. L'article du *New York Times* qui rapportait la nouvelle en juillet 1986 citait le chef de la médecine transfusionnelle du National Institutes of Health. Selon le Dr Harvey Klein, le virus de l'hépatite C représentait «une menace encore plus grande que le sida pour les patients recevant des transfusions sanguines[1]».

---

1.   Erik Eckholm, «Blood banks to screen donations to counter dangerous strain of hepatitis», *The New York Times*, 12 juillet 1986.

Qu'a-t-on fait au Canada? En 1986, les autorités fédérales et provinciales de la Santé ainsi que la Croix-Rouge ont décidé de ne pas utiliser les tests indirects. Les autorités ont plutôt commandé une étude sur leur efficacité. Dans un article du quotidien *The Ottawa Citizen*, le journaliste Brad Evanson, qui a été le premier, en 1994, à s'intéresser au drame des victimes de l'hépatite C, soutient que cette décision a été prise parce que les tests auraient coûté trop cher, soit environ 10 millions de dollars par année[1]. Peter Gill, ex-virologue du Laboratoire de lutte contre la maladie à Santé Canada, qui est, depuis mai 1988, directeur du laboratoire central au siège social de la Croix-Rouge à Ottawa, ne nie pas que l'aspect des coûts liés à ces tests a fait partie des enjeux lors de la prise de décision: «La question est de savoir où vous voulez investir des millions de dollars — dans la prévention de telle maladie? ou de telle autre? [...] Les préoccupations étaient partiellement économiques; avec le recul, on peut dire cela[2].» Quant à l'étude, les résultats ont été rendus publics en décembre 1994. On y apprend que si les tests avaient été utilisés au Canada 85 % des contaminations auraient été évitées. Selon Me Pierre Lavigne, plus de 5 000 Canadiens et Canadiennes ont contracté le virus de l'hépatite C lors de transfusions sanguines entre 1986 et 1990[3]; la plupart de ces personnes ignorent encore qu'elles ont été contaminées.

L'histoire des victimes de l'hépatite C est d'autant plus pathétique qu'elle constitue en fait la répétition, à beaucoup plus grande échelle, de l'histoire de la contamination de centaines de personnes par le VIH au début des années 1980. Cette nouvelle tragédie a eu lieu au seuil des années 1990, alors qu'on aurait pu croire que les responsables de la santé au pays avaient tiré des leçons profitables des événements antérieurs. Il

---

1. Brad Evanson, «Forgotten victims», *The Ottawa Citizen*, 26 mars 1994.
2. Extrait d'un reportage de Leslie McKinnon diffusé à l'émission *Prime Time News* de la CBC le 13 décembre 1994.
3. En 1990, un test spécifique à ce virus a été mis au point; la Croix-Rouge l'utilise depuis ce temps.

semble au contraire que les tristes épisodes du passé n'aient pas conduit à des changements d'attitude.

Et que nous réserve l'avenir? Depuis la fin des années 1970, nous avons connu trois vagues de contamination du sang par des virus (ceux de l'hépatite B, du sida et de l'hépatite C), et chaque fois les conséquences ont été plus dramatiques que la précédente. Que se passera-t-il quand de nouveaux virus infiltreront à leur tour les stocks de sang? Serons-nous bien protégés? Les autorités de la santé, en qui nous mettons toute notre confiance, sauront-elles faire face à une telle crise? Et puis, surtout, nous informeront-elles des dangers auxquels nous pourrions être exposés?

Don Francis, lui, est extrêmement inquiet. Cet éminent virologue et épidémiologiste américain, dont l'expertise a permis d'enrayer des épidémies en Afrique à la fin des années 1970, a été le premier, lorsqu'il était au Centers for Disease Control, à Atlanta, à sonner l'alarme en juillet 1982, puis en janvier 1983, au sujet de la contamination du sang par l'agent causal du sida. Aujourd'hui, il se demande si les autorités gouvernementales réagiront de manière appropriée à une crise semblable:

> Comment doit-on faire pour garder nos gouvernements et nos bureaucrates dans un état d'alerte constant, avec des connaissances sans cesse mises à jour, au moment où l'on réduit constamment leurs budgets et où leur moral est bas? [...] Je ne suis pas convaincu que nos institutions gouvernementales se montreront aussi vigilantes et aussi combatives qu'elles devraient l'être pour faire face aux problèmes qui nous attendent au tournant du siècle[1].

Ottawa, 3 janvier 1995

---

1. Extrait d'une entrevue accordée à Mike Hornbrook, *CBC News*, le 7 janvier 1994.

Chronologie

1979-1981

1979-1981: le sida, maladie encore inconnue, fait son apparition au Canada et aux États-Unis.

5 juin 1981: aux États-Unis, le Centers for Disease Control (CDC), à Atlanta, confirme que cinq premiers cas ont été identifiés, chez des homosexuels.

30 septembre 1981: création du Comité canadien du sang (CCS).

1982

27 mars: un premier cas de sida est rapporté au Canada par le Laboratoire de lutte contre la maladie (LLCM).

16 juillet: le CDC d'Atlanta rapporte les trois premiers cas d'hémophiles atteints du sida.

27 juillet: lors d'une réunion à Washington, le CDC tente d'alerter les leaders de l'industrie du sang et les hémophiles des dangers de transmission du sida par le sang.

1er août: huit cas de sida sont rapportés au Canada, dont six à Montréal.

3 et 4 août : la Direction générale de la protection de la santé (DGPS) demande à la Croix-Rouge d'accroître la surveillance des cas de sida chez les hémophiles.

13 septembre : un document interne du LLCM mentionne un cas de sida chez un hémophile canadien.

2 octobre : on compte 12 cas de sida au Canada, dont 10 à Montréal.

3 octobre : aux États-Unis, la National Hemophilia Foundation demande à l'industrie des produits sanguins de ne pas utiliser le sang de donneurs à risque pour fabriquer des concentrés de facteur VIII.

13 octobre : première réunion d'un groupe *ad hoc* sur le sida, à Toronto.

2 décembre : le groupe se réunit une deuxième fois, dans le but de trouver des fonds pour la recherche.

10 décembre : premier cas de sida par transfusion sanguine, chez un bébé, à San Francisco.

11 décembre : les premiers résultats d'une étude menée par le Dr Christos Tsoukas révèlent que 70 % des hémophiles montréalais étudiés présentent une immunité cellulaire anormale.

1983

4 janvier : nouvelle alerte du CDC d'Atlanta sur la transmission possible du sida par le sang.

13 janvier : la revue médicale *The New England Journal of Medecine* (NEJM) recommande de changer le traitement des hémophiles comme moyen de prévention.

14 janvier : à New York, l'American Association of Blood Banks, la Croix-Rouge américaine, le Council of Community Blood Centers et la US National Hemophilia Foundation publient une déclaration commune sur la transmission possible du sida par le sang et les produits sanguins ; la National Hemophilia Foundation adopte une série de recommandations visant à changer le traitement des hémophiles.

7 février: à Toronto, des experts médicaux de la Société canadienne de l'hémophilie (SCH) et du Bureau des produits biologiques (BPB) élaborent des recommandations similaires à l'intention des médecins traitant les hémophiles.

8 février: la SCH publie un communiqué recommandant aux hémophiles de ne rien changer à leur traitement à moins d'avis contraire de leur médecin.

4 mars: dans un communiqué, le ministère américain de la Santé confirme les dangers de transmission du sida par le sang et recommande d'exclure les donneurs à risque des collectes de sang et de plasma.

10 mars: la Croix-Rouge canadienne émet un communiqué recommandant l'exclusion volontaire des donneurs à risque.

21 mars: aux États-Unis, la Food and Drug Administration (FDA) approuve l'Hemofil T, premier produit antihémophilique chauffé des laboratoires Travenol.

31 mars: un premier hémophile canadien meurt du sida.

5 mai: première réunion à Ottawa du Groupe de travail national sur le sida.

20 mai: le Pr Luc Montagnier, de l'Institut Pasteur, en France, annonce que son équipe a isolé un rétrovirus chez un sidéen, le LAV, qui serait un agent causal du sida.

24 mai: selon un communiqué du ministère américain de la Santé, les produits de coagulation chauffés constituent un espoir pour la prévention du sida chez les hémophiles.

25 mai: Travenol soumet au Bureau des produits biologiques une demande d'approbation de l'Hemofil T.

23 juin: le Conseil de l'Europe recommande à ses membres d'éviter d'utiliser des produits de coagulation en provenance de pays où les donneurs sont rémunérés.

22 juillet: la Croix-Rouge canadienne annonce qu'elle ne changera pas ses critères de sélection des donneurs et qu'elle maintient sa politique d'exclusion volontaire.

1ᵉʳ septembre: des médecins de l'hôpital Sainte-Justine à Montréal rapportent, dans le NEJM, un premier cas de contamination par transfusion au Canada, chez un bébé.

1ᵉʳ octobre: publication des résultats de l'étude du Dʳ Tsoukas dans le *Journal de l'Association médicale canadienne*.

Automne: le Conseil de recherches médicales du Canada accorde une première subvention de 741 000 $ sur trois ans au Dʳ Phil Gold, de l'Hôpital général de Montréal, pour étudier «l'histoire naturelle du sida chez les hémophiles» (il s'agit de l'étude Tsoukas).

31 octobre: on compte maintenant 50 cas de sida au Canada, dont 3 chez des hémophiles.

23 novembre: le Bureau des produits biologiques émet un avis de conformité pour l'Hemofil T, le produit chauffé de Travenol.

22-25 novembre: alerte de l'Organisation mondiale de la santé sur les dangers de transmission du sida par les concentrés de facteur VIII.

1984

Janvier et février: la FDA approuve les produits chauffés d'Armour (HT Factorate), d'Alpha (Profilate HT) et de Cutter-Miles (Koate HT).

12 janvier: le NEJM présente les résultats de nouvelles études qui indiquent que le sida peut être transmis par les transfusions sanguines.

17 janvier: le Bureau des produits biologiques émet un avis de conformité pour le produit non chauffé d'Armour (Factorate).

Mars: dans *Hemophilia Ontario*, bulletin de la section ontarienne de la SCH, on recommande aux hémophiles de ne rien changer à leur traitement; le Comité consultatif national sur le sida (CCN-SIDA) publie 200 000 exemplaires d'un dépliant sur le sida à l'intention du public canadien et un encart dans *Le Courrier médical* et le *Medical Post* à l'intention du personnel soignant.

Avril: la Croix-Rouge américaine distribue aux États-Unis le produit chauffé de Cutter.

23 avril: les Américains annoncent la découverte du virus associé au sida, le HTLV-3; le Dr Robert Gallo, à qui on attribue cette découverte, a aussi mis au point un test non commercial pour détecter les anticorps du virus.

Juillet: le virologue canadien Michael O'Shaughnessy se rend au laboratoire du Dr Gallo pour se familiariser avec son épreuve de détection; il y analyse des échantillons de sang d'homosexuels et d'hémophiles canadiens; les échantillons de ces derniers ont été recueillis dans le cadre de l'étude nationale du Dr Tsoukas sur le sida et l'hémophilie.

Fin juillet/début août: Michael O'Shaughnessy et le Dr Tsoukas décodent les résultats des épreuves de détection et découvrent que 56 % des hémophiles testés présentent des anticorps du virus.

Mi-août: le Laboratoire de lutte contre la maladie poursuit les tests sur des milliers d'échantillons grâce à 20 000 réactifs fournis par le laboratoire du Dr Gallo.

10 septembre: la SCH rencontre les manufacturiers de produits sanguins et transmet ses inquiétudes sur l'absence de produits chauffés au Canada.

29 septembre: la revue médicale *The Lancet* publie un article sur l'inactivation par la chaleur du rétrovirus du sida chez la souris; la même technique serait également efficace pour les produits sanguins.

5 octobre: rapport du coroner sur la mort du premier hémophile canadien sidéen.

9 octobre: Michael O'Shaughnessy communique au CCN-SIDA les résultats des tests sur la contamination des hémophiles canadiens.

19 octobre: la SCH réclame des concentrés chauffés à la Croix-Rouge.

26 octobre: aux États-Unis, le CDC confirme que le traitement à la chaleur peut inactiver le virus du sida et recommande d'utiliser des concentrés de facteur VIII chauffés.

30 octobre: le sous-comité consultatif du Comité canadien du sang (CCS) discute de la pertinence d'acheter des produits chauffés et recommande la tenue d'une «réunion du consensus» ayant pour but d'établir une marche à suivre.

13 novembre: le Bureau des produits biologiques (BPB) accorde un avis de conformité au Koate HT, le produit chauffé de Cutter.

16 novembre: le BPB recommande de remplacer les concentrés non chauffés par des produits chauffés le plus tôt possible.

20 novembre: la Croix-Rouge canadienne cesse ses envois de plasma à l'usine de fractionnement Connaught, en Ontario, et expédie dorénavant son plasma chez Cutter, aux États-Unis.

20 et 26 novembre: la Croix-Rouge reçoit de Connaught 1 600 fioles de concentrés non chauffés fabriqués à partir de plasma commercial américain et 899 fioles de produits fabriqués à partir de plasma canadien.

26 novembre: la Croix-Rouge annonce à Connaught qu'elle acceptera jusqu'au 31 mars 1985 les produits non traités à la chaleur fabriqués à partir de plasma en cours de transformation.

3 décembre: la Croix-Rouge reçoit de Cutter 4 998 fioles de concentrés non chauffés fabriqués à partir de plasma commercial américain.

10 décembre: une «réunion du consensus» a lieu à Ottawa pour décider de la date d'introduction des produits chauffés au Canada.

10, 12 et 14 décembre: la Croix-Rouge reçoit de Connaught 3 280 fioles de concentrés non chauffés, dont 1 004 en provenance de plasma commercial américain.

12 décembre: la Croix-Rouge lance un appel d'offres pour des produits chauffés, précisant que la première date de livraison sera avril 1985.

20 décembre: la Croix-Rouge reçoit d'Armour 2 227 fioles de concentrés non chauffés faits de plasma commercial américain; dans un communiqué conjoint, la Croix-Rouge et la SCH annoncent que des produits chauffés seront disponibles avant mai 1985.

21 décembre: Travenol offre gratuitement à la Croix-Rouge sa technologie pour chauffer le plasma.

1985

Janvier-avril: la Croix-Rouge reçoit 29 818 fioles de produits non chauffés de Cutter, d'Armour et de Connaught.

31 janvier: la Croix-Rouge commande 30 millions d'unités chauffées à Cutter et 10 millions à Armour.

2 février: un article publié dans la revue *The Lancet* rapporte que 18 hémophiles traités exclusivement avec le produit chauffé Hemofil T de décembre 1982 à juin 1984 sont demeurés séronégatifs.

2 mars: la FDA approuve la première trousse de dépistage commercial; on peut commencer l'analyse des dons de sang aux États-Unis.

7 mars: un comité du CCN-SIDA demande à la Croix-Rouge de soumettre, avant le 30 avril, un plan de mise en œuvre du dépistage du VIH dans ses centres de transfusion.

25 et 29 avril, et 1er mai: Armour et Cutter livrent les premiers produits chauffés à la Croix-Rouge.

30 avril: la Croix-Rouge distribue ces produits chauffés dans ses centres de transfusion.

1er mai : la Croix-Rouge soumet au Comité canadien du sang (CCS) son plan, qui prévoit que les dons de sang pourront être analysés à compter du 1er août.

10 mai : annonce de la mort, à Vancouver, de deux hommes contaminés à la suite de transfusions sanguines.

4 et 5 juin : le CCS approuve, en principe, le plan de la Croix-Rouge, mais veut, avant l'approbation finale, consulter les ministères de la Santé des provinces.

10 juin : le CCS avise la Croix-Rouge qu'il retient les fonds destinés à l'analyse du sang pendant qu'il consulte les provinces au sujet de la mise sur pied de services d'analyse diagnostique et sur l'information à fournir aux donneurs.

14 juin : le ministre de la Santé Jake Epp annonce un octroi fédéral-provincial de 20 millions de dollars à la Croix-Rouge pour la construction d'un nouveau siège social à Ottawa.

1er juillet : tous les hémophiles peuvent maintenant recevoir des produits chauffés.

1er août : toutes les provinces ayant approuvé le plan d'introduction des tests sanguins, le CCS donne le feu vert à la Croix-Rouge ; l'implantation du programme de dépistage doit être complétée le 1er novembre.

20 août : le *Medical Post* demande une enquête sur les délais de l'entrée en vigueur des tests de dépistage au Canada.

Automne : les centres de transfusion de la Croix-Rouge commencent, entre la mi-septembre pour certains et le 4 novembre pour d'autres, à analyser le sang des donneurs.

1986-1989

Mars 1986 : le sida devient une maladie à déclaration obligatoire partout au Canada.

Avril 1987 : les hémophiles canadiens découvrent l'ampleur de la contamination au VIH au congrès annuel de la SCH.

14 décembre 1989 : le ministre fédéral de la Santé, Perrin Beatty, annonce un programme d'indemnisation de 120 000 $ par hémophile en échange de la renonciation à des poursuites contre le gouvernement fédéral.

1990-1994

Printemps 1991 : abolition du CCS et formation de l'Agence canadienne du sang.

18 juin 1992 : un sous-comité de la Chambre des communes sur les questions de santé entreprend une étude sur le sang contaminé.

14 avril 1993 : la Nouvelle-Écosse annonce son intention d'offrir une indemnisation aux victimes du sang de la province.

25 mai 1993 : le sous-comité de la Chambre des communes sur les questions de santé recommande la tenue d'une enquête publique sur le système canadien de collecte et de distribution du sang et sur les causes de la contamination des stocks de sang par le VIH au cours des années 1980.

11 août 1993 : la Nouvelle-Écosse ratifie un généreux plan d'indemnisation pour la vingtaine de victimes du sang contaminé de cette province, à la suite d'une bataille menée par Randy et Janet Connors, un hémophile et sa femme, tous deux contaminés par le VIH.

15 septembre 1993 : les autres provinces annoncent à leur tour un plan d'aide financière aux victimes du sang, leur donnant jusqu'au 15 mars 1994 pour l'accepter ou non.

16 septembre 1993 : la ministre fédérale de la Santé Mary Collins annonce la création d'une commission d'enquête sur l'approvisionnement en sang au Canada.

Décembre 1993 : cinq fabricants de produits sanguins ajoutent leur contribution au plan d'aide financière aux victimes du sang qui doivent, par conséquent, renoncer à les poursuivre.

14 février 1994 : début des audiences de la Commission d'enquête sur l'approvisionnement en sang au Canada.

Les principaux acteurs du système d'approvisionnement en sang au Canada au début des années 1980

Plusieurs organismes ont joué un rôle important dans l'affaire du sang contaminé au Canada. Pour mieux comprendre les événements décrits dans ce livre, il convient de présenter ceux dont les responsabilités étaient prépondérantes sur le plan national.

Il faut notamment retenir que, au début des années 1980 :

- Le Bureau des produits biologiques du ministère fédéral de la Santé réglementait les produits sanguins ;
- la Société canadienne de la Croix-Rouge recueillait le sang et distribuait les produits sanguins ;
- le Comité canadien du sang finançait la Croix-Rouge et définissait les politiques d'approvisionnement en sang au Canada.

SANTÉ ET BIEN-ÊTRE SOCIAL CANADA
(OU MINISTÈRE FÉDÉRAL DE LA SANTÉ)

Au Canada, la santé est de compétence provinciale. Mais la surveillance des maladies et la protection de la santé relèvent aussi du gouvernement fédéral. En fait, en vertu de la Loi sur les aliments et drogues, adoptée en 1952, et de la Loi sur le ministère de la Santé nationale (1970, 1985), le ministère fédéral de la Santé est la plus haute autorité au pays responsable de la protection de la santé des Canadiens. Pour exercer cette responsabilité, il dispose de très grands pouvoirs. Son rôle de «régulateur» fait de lui la police de la santé au Canada.

Le ministre de la Santé et ses fonctionnaires peuvent interdire la fabrication d'un médicament, saisir des produits considérés comme dangereux, forcer un manufacturier à fermer ses portes si ses procédés de fabrication menacent la santé des citoyens. Les produits sanguins, comme les concentrés de facteur VIII et de facteur IX nécessaires aux hémophiles, sont réglementés par la Loi sur les aliments et drogues depuis 1968.

Ce ministère compte sept directions, dont la *Direction générale de la protection de la santé* (DGPS), qui est chargée de l'application de la Loi sur les aliments et drogues. Son mandat est de protéger la population contre les risques à la santé d'origine naturelle et artificielle. De 1982 à 1985, son budget annuel est passé de 92 millions de dollars à 108 millions, et 2 000 fonctionnaires y travaillaient, sous l'autorité d'un sous-ministre adjoint qui relevait directement du sous-ministre. La DGPS chapeaute plusieurs directions, dont le *Laboratoire de lutte contre la maladie*, la *Direction de l'hygiène du milieu* et la *Direction des médicaments*. Le rôle particulier de ce dernier service est de «protéger et d'améliorer la santé publique en évaluant et en gérant les risques et les avantages liés à la vente et à la consommation des médicaments et des cosmétiques».

Le *Bureau des produits biologiques* (BPB), qui fait partie de la Direction des médicaments, est responsable de toutes les activités découlant de la réglementation sur les médicaments d'origine biologique, c'est-à-dire ceux qui sont élaborés à partir d'éléments humains et animaux ou de micro-organismes. Ces produits comprennent les dérivés sanguins utilisés par les hémophiles. Pour ce qui est du sang destiné aux transfusions, ce n'est qu'en 1989 que le ministère a jugé bon de l'inclure dans la liste des produits réglementés. En 1994, il ne réglemente toujours pas les dons d'organe ni le sperme pour l'insémination artificielle (la semence animale, par contre, est assujettie à la réglementation d'Agriculture Canada depuis plus de 25 ans).

Le Bureau des produits biologiques est responsable de l'évaluation des nouvelles drogues, des modalités de mise en circulation des lots de produits et de l'autorisation de la mise en vente de médicaments pour des traitements d'urgence. Avant qu'un produit sanguin puisse être vendu au Canada, il doit d'abord être approuvé ; il doit être homologué, c'est-à-dire qu'il doit obtenir un avis de conformité, celui-ci étant attribué après vérification de l'innocuité et de l'efficacité du produit ; l'usine où il est fabriqué doit être inspectée et chaque lot du produit qui entre au Canada doit être vérifié sur la base d'échantillons prélevés au hasard.

Les fonctionnaires du BPB ont le pouvoir de stopper la distribution de produits sanguins et de les rappeler s'ils les jugent dangereux pour la santé des patients. S'ils en autorisent la fabrication, la vente et la distribution, c'est qu'ils jugent ces produits sûrs.

Le *Laboratoire de lutte contre la maladie* (LLCM) est l'agence nationale de surveillance des maladies. Dans la structure du ministère, il se situe au même niveau que la Direction des médicaments. Les directeurs généraux de ces deux services relèvent du sous-ministre adjoint à la DGPS. Le LLCM recueille et analyse des informations dès les premiers signes d'apparition d'une nouvelle maladie au pays. Il maintient des rapports avec des organismes équivalents à l'étranger, notamment le Centers for Disease Control, à Atlanta, aux États-Unis. Le LLCM est au cœur du réseau de santé publique, en relation constante avec ses équivalents dans les ministères provinciaux de la Santé et avec les hôpitaux ; il sert de centre national de référence pour toute expérimentation majeure.

Le *Bureau des matériaux médicaux*, qui relève de la *Direction de l'hygiène du milieu*, réglemente notamment les trousses de dépistage du virus du sida. Celles-ci doivent donc, tout comme les produits sanguins, recevoir un avis de conformité et être soumises à des inspections avant d'être vendues au Canada.

La Société canadienne de la Croix-Rouge
(ou la Croix-Rouge canadienne)

La Société canadienne de la Croix-Rouge est un organisme humanitaire dirigé par un conseil d'administration formé de bénévoles. Au début des années 1980, elle administrait une quinzaine de programmes, notamment les secours d'urgence, l'assistance nationale et internationale et les services de sécurité aquatique. L'essentiel de son budget est consacré au programme du sang, qui est presque entièrement financé par les provinces. En 1982, 80 des 111 millions de dollars de revenus de la Croix-Rouge étaient attribués aux services de transfusion sanguine et au service de recrutement des donneurs. En 1993, sur un budget total de 398 millions, 225 millions provenaient des provinces pour les services de transfusion. Ce montant est passé à 238 millions en 1994 et on prévoit qu'il s'élèvera à 267 millions en 1995. La Croix-Rouge a le monopole de la collecte du sang et de la distribution des produits sanguins au Canada. En vertu de la Loi sur les aliments et drogues, la Croix-Rouge est considérée comme un manufacturier.

Les *services de transfusion de la Croix-Rouge* fournissent du sang et des produits sanguins à plus de 900 hôpitaux canadiens par l'intermédiaire de 17 centres de transfusion. Chacun de ces centres est dirigé par un directeur médical. Les 17 directeurs médicaux relèvent du directeur national des services de transfusion.

Le siège social de la Croix-Rouge est situé à Ottawa depuis 1987. Auparavant, il était à Toronto.

LE COMITÉ CANADIEN DU SANG

Le Comité canadien du sang (CCS) était, au cours des années 1980, un comité de fonctionnaires mis sur pied à l'automne 1981 par les ministres provinciaux de la Santé pour diriger et financer le système canadien du sang. Ce comité avait la responsabilité d'approuver le budget annuel de la Croix-Rouge.

Le CCS était constitué de 13 membres, nommés par les ministres fédéral, provinciaux et territoriaux de la Santé. Le Québec ne s'y est joint qu'en 1983. Le secrétariat du CCS était composé de fonctionnaires fédéraux et il se rapportait, sur le plan administratif, au sous-ministre adjoint à la Direction générale des services et de la promotion de la santé de Santé et Bien-être social Canada. Ce sous-ministre adjoint était vice-président du CCS.

Un comité consultatif conseillait le CCS. Ce comité était composé de représentants de la Croix-Rouge, du Bureau des produits biologiques, de l'Association des hôpitaux du Canada, de l'Association des anatomo-pathologistes, de la Société canadienne des anesthésistes, de la Société canadienne de l'hémophilie, de la Société canadienne de l'hématologie, de l'Association médicale canadienne et de l'industrie du fractionnement du sang.

Le Comité canadien du sang a été aboli en 1991 et remplacé par l'Agence canadienne du sang.

L'AGENCE CANADIENNE DU SANG

L'Agence canadienne du sang (ACS) a été constituée en société au printemps 1991 et elle a commencé ses activités à l'automne de la même année. Tout comme l'était le CCS, elle est responsable de la gestion et du financement du système de collecte du sang et de distribution des produits sanguins. Elle agit au nom de toutes les provinces et des territoires, mais le gouvernement fédéral n'en fait plus partie. De plus, contrairement au CCS, l'ACS est une entreprise constituée légalement, avec pouvoir d'emprunt.

LA SOCIÉTÉ CANADIENNE DE L'HÉMOPHILIE

Fondée en 1953, la Société canadienne de l'hémophilie (SCH) est une association de patients hémophiles. En 1982, elle employait trois personnes, à son bureau principal, à Hamilton, en Ontario. Dans les provinces, des bénévoles — des hémophiles ou des membres de leur famille — s'occupaient des activités. C'est en Ontario et au Manitoba que la SCH était la mieux structurée. À compter de 1985, des bureaux régionaux ont ouvert leurs portes, notamment au Québec. La SCH est conseillée par un comité médico-scientifique composé d'hématologues, un représentant par province.

LE COMITÉ CONSULTATIF NATIONAL SUR LE SIDA

Le Comité consultatif national sur le sida (CCN-SIDA) a été officiellement créé en août 1983 pour conseiller le ministre de la Santé. Il est issu du *Groupe de travail national sur le sida*, qui s'est réuni pour la première fois en mai 1983.

Dans les années 1980, le CCN-SIDA était formé d'une douzaine de médecins spécialistes (en immunologie, en maladies infectieuses, en épidémiologie) en plus du directeur des services de transfusion de la Croix-Rouge, du directeur du Bureau des produits biologiques et du directeur général du Laboratoire de lutte contre la maladie.

Index

Table des matières

Première partie
L'incertitude

Deuxième partie

L'inaction

Troisième partie

La catastrophe

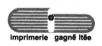

imprimerie gagné ltée

IMPRIMÉ AU CANADA